THE POWER OF
FUN
파워 오브 펀

THE POWER OF FUN

FUN

살아 있음을 느끼게 하는 재미의 재발견 | 파워 오브 펀

캐서린 프라이스 지음 | 박선령 옮김

한국경제신문

과거와 현재와 미래의 내 모든 펀 스쿼드에게,
살아 있다고 느끼게 해줘서 고마워요.

인생을 재미있게 살아가는 습관을 들이고 항상 그래야만 한다고 믿으면, 언제 그렇지 않은지 알아차리게 될 것이다. 나는 아주 오랫동안 인생을 재미있게 살아왔기 때문에 아무 재미도 없는 인생을 참고 견딘다는 건 상상도 할 수 없다. 그 반대 역시 마찬가지다. 재미없는 삶이 습관이 되면, 자기 인생이 그렇다는 걸 알아차리지 못하게 된다. 그게 익숙하기 때문이다.

마이클 루이스(《머니볼》 저자)

당신의 인생을 변화시킬 재미의 힘

가장 최근에 재미를 느낀 게 언제인가?

진지하게 묻는 거니까, 당신도 진지하게 생각해보기 바란다. 마지막으로 신나고 들떴던 때가 언제인가? 자기 자신이나 다른 사람에게 평가받는다는 기분을 느끼지 않았던 순간, 미래나 과거에 대한 생각에 흔들리지 않은 채 현재에 전적으로 몰입하고 집중했던 마지막 순간은 언제인가? 자유롭다는 기분을 느낀 건? 살아 있다고 느꼈던 건?

어쩌면 친구와 함께 웃음을 터뜨린 순간일 수도 있다. 새로운 곳을 탐험하거나 약간 반항적인 태도를 보였다는 데 으쓱했을 수도 있고, 처음으로 뭔가를 시도했거나 예상치 못한 누군가와 유대감을 느꼈을 수도 있다. 어떤 활동을 했든 결과는 같다. 당신은 웃고 미소

THE POWER OF **FUN**
파워 오브 펀

지었다. 책임에서 해방된 기분을 느꼈다. 그리고 그 경험은 당신에게 활력과 자양분을 공급하고 생기를 되찾아줬다.

이런 묘사에 어울리는 최근 순간을 떠올리기 힘들더라도 괜찮다. 나 역시 얼마 전까지만 해도 인생이 별로 즐겁지 않았다. 그러던 중 나를 변화시킨 두 가지 일이 일어났다.

첫 번째는 딸을 낳은 일이다. 아이를 가질까 말까 몇 년을 고민하고 1년 넘게 노력한 끝에 2014년 중반에 임신을 했다. 지금까지 옷장 정리나 주방 찬장을 이리저리 옮겨보는 소소한 프로젝트를 통해 보금자리 본능을 표현하던 남편과 나는 아이를 가진 김에 주방을 싹 뜯어고치는 게 좋겠다고 생각했다. 대서양 연안의 얼어붙은 1월 중순에 집의 벽 하나를 뜯어내야 하는 엄청난 공사였지만 말이다.

우리 부부는 둘 다 창의적인 프로젝트(와 그걸 통제하는 것)를 좋아하기 때문에 새 주방을 직접 설계하기로 했다. 남편은 주방용 수도꼭지를 알아보는 데 몇 시간씩 공을 들였고, 나는 여기저기서 긁어모은 물건들을 새로운 주방에 써먹을 방법을 찾아 끙끙거렸다. 예를 들어 지하실에서 끌어내 온 아주 고풍스러운 거울이 달린 무기 장식장은 문짝을 살짝 바꿔 요리책이나 그릇을 넣어두는 서랍장으로 쓰기로 했다. 또 주방에 추가할 흥미로운 세부 장식을 찾으려고 오랫동안 이베이를 뒤지기도 했다. 그러는 동안 내 노트북의 검색 기록에는 '빈티지 서랍 손잡이'나 '빅토리아풍 팬시 스틱' 같은 항목들이 쌓여갔다.

배가 점점 나오고 집이 추워지자, 우리는 이제 꽤 친해진 인부들과 함께 주방 공사와 내 임신 중 어느 쪽 프로젝트가 먼저 끝날 것인가를 놓고 농담을 주고받았다. 내가 이 대회에서 우승한 건 그들의 작업 속도가 느려서가 아니라 출산 예정일 5주 반 전에 응급으로 제왕절개 수술을 받았기 때문이다. 어쨌든 결국 주방 수리는 끝나 무기 장식장은 내가 꿈꾸던 서랍장으로 변신했으며, 나는 마침내 이베이 검색을 그만할 수 있게 됐다.

하지만 난 멈추지 않았다. 장식에 쓸 만한 골동품 목록을 30분씩이나 뒤지고 있는 이유를 설명할 그럴듯한 구실도 없었지만, 나는 여전히 휴대전화를 들면 자동으로 이베이에 접속했다. 심지어 한밤중에 딸에게 분유를 먹일 때도 자주 그랬다. 한 팔로 아이를 껴안은 채 다른 손으로 휴대전화를 들고 엄지로 화면을 스크롤했다. 우리 집의 모든 문에 이미 손잡이와 경첩이 달려 있다는 사실은 문제가 되지 않았다. 난 다른 사람들이 소셜 미디어를 소비하는 것과 똑같은 방식으로 건축 소품을 뒤졌다. 휴대전화 화면에 끝없이 이어지는 이미지의 흐름에 눈이 멍해지면서 가끔은 최면에 걸린 듯한 기분이 들었다.

그러던 어느 날 밤, 여전히 한참 동안 휴대전화를 들여다보다가 잠시 화면에서 눈을 뗐는데 문득 딸에게 시선이 갔다. 나를 바라보는 아이의 작은 얼굴에 휴대전화에서 나온 파란 불빛이 비치고 있

THE POWER OF **FUN**
파워 오브 펀

었다. 당시 휴대전화는 기본적으로 내 몸의 일부였다는 사실과 신생아가 얼마나 자주 분유를 먹는지를 고려한다면, 이런 일은 전에도 수없이 일어났을 것이다. 하지만 어떤 이유에선지 이번에는 달랐다. 어쩌면 내가 마음챙김에 대한 배경지식이 있었기 때문일 수도 있고, 수면 부족으로 인한 섬망 때문이었을 수도 있을 것이다. 내가 그 광경을 내 몸 밖에서 지켜보고 있었다. 마치 몸 위에 붕 떠 있는 것처럼 방에서 일어나는 일들을 위에서 내려다본 것이다. 아기는 엄마를 올려다보고 있고, 엄마는 휴대전화를 내려다보고 있었다. 처참한 기분이었다.

그 모습이 마치 범죄 현장 사진처럼 머릿속을 맴돌았다. 어떻게 이런 일이 일어난 걸까? 자기 인식 능력을 키우려고 그렇게 노력했는데 어떻게 휴대전화에 뜨는 이미지에 푹 빠진 좀비가 돼 내 품에 안긴 아기를 무시하게 됐을까? 이건 내 딸이 자기 엄마와의 관계는 물론이고 그 밖에 어떤 관계에서도 얻기를 바라는 인상은 아니다. 그리고 나도 모성이나 내 삶을 이런 식으로 경험하고 싶지 않았다. 그 순간, 휴대전화가 나를 통제하고 있다는 걸 깨달았다. 아침에 눈을 뜨자마자 가장 먼저 손을 뻗는 것도, 자기 전에 마지막으로 눈길을 주는 것도 휴대전화다. 잠시 조용히 있을 틈이 생길 때마다 내 손에는 휴대전화가 들려 있다. 버스에서, 엘리베이터에서, 침대에서 나는 항상 휴대전화를 들고 있다.

시간을 들여 곰곰이 생각해보니 요즘 들어 의식하게 된 다른 변화도 휴대전화와 관련이 있는 듯했다. 즉, 집중력이 떨어졌다. 책이든 잡지든 뭔가를 읽을 때, 휴대전화를 집어 들고 싶다는 충동을 느끼지 않은 채 한 페이지를 읽어본 게 언제인지 기억조차 안 난다. 친구들과 직접 대화를 나누는 것보다 문자를 주고받는 시간이 훨씬 더 길고, 기분만 나빠진다는 걸 알면서도 뉴스를 계속 확인하고, 이사할 생각도 없으면서 새로 올라온 부동산 매물을 살펴보는 등 객관적으로 말이 안 되는 일을 하고 있다.

전에는 연주를 하거나 새로운 기술을 배우거나 남편과 대화하는데 할애했던 시간을 이제는 화면을 응시하면서 보낸다. 남편과 같은 방에 함께 앉아 있으면서도 각자 자기 휴대전화만 스크롤한다. 매사에 관심과 호기심이 넘치고 독립적인 사고를 하는 사람이었던 내가 최면이라도 걸린 듯 작은 직사각형 물체에 얽매인 사람으로 변했다. 그 물체에는 내가 시간을 낭비해야 이익을 얻을 수 있는 거대 기업의 프로그래머가 세심하게 설계한 앱이 깔려 있다.

기술은 사악한 것이고 휴대전화와 태블릿은 전부 쓰레기통에 처박아야 한다고 말하는 게 아니다. 우리가 스크린 앞에서 보내는 시간 중 일부는 생산적이고 즐거우며 심지어는 필수적이기도 하다. 하지만 때로는 자기도 모르게 통제 불능 상태에 빠진다. 나는 휴대전화를 비롯한 모든 무선 모바일 기기가 우리 내면의 나침반을 심각하게 비틀어놓았다고, 우리 삶에 깊숙이 파고들어 단순히 주의만 분산시키는 게 아니라 실제로 우리 본질의 핵심을 바꾸고 있다고

확신하게 됐다.

그리고 이제 휴대전화는 가장 신성한 영역 중 하나인 딸과의 관계에까지 잠입했다. 이런 상황은 정말 좋지 않다. 남편의 의견에 따르면 나는 행복과 슬픔이 혼합된 통렬한 감정을 잘 느끼는 사람이라서, 어떤 감정을 한창 느끼는 중에 전혀 다른 감정을 동시에 느낄 정도다. 게다가 이런 성격적 특성은 아기를 가지면서 더 심해졌다. 인생은 짧고 아이들은 너무 빨리 자란다. 나는 딴 데 정신이 팔려서 아이에게는 대충 신경 쓰는 상태로 시간을 흘려보내고 싶지 않았다. 나는 제대로 살고 싶었다. 그러자면 내가 빨리 변해야 했다.

나는 개인적인 문제를 직업적인 프로젝트로 바꾸는 습관이 있는데, 이렇게 휴대전화에 정신이 팔린 사람이 남편과 나뿐만은 아니리라는 생각이 들었다. 단지 이런 문제에 주의를 기울이는 사람이 극히 적을 뿐이다. 당신도 직접 해보면 알게 될 테지만, 휴대전화에서 시선을 떼고 주변 세상을 둘러볼수록 걱정거리가 많아진다.

사람들이 고속도로에서 시속 110킬로미터로 차를 몰거나 번화가의 신호등을 건너면서 문자 메시지를 보내는 모습을 본 적 있을 것이다. 온 가족이 식당에 모여 앉아 각자 자기 모바일 장비에 시선을 고정한 채로 식사하는 건 너무나 흔한 장면이 됐고 말이다. 나는 친구나 가족과 함께 있을 때의 모습을 관찰해봤는데, 꼭 누군가는 휴대전화를 꺼내서 화면을 이리저리 만진 뒤 주머니에 다시 넣거나 테이블에 올려놓곤 했다. 《벌거숭이 임금님》의 현대판 실사 버전 속에 들어와 있는 듯한 기분이다. 우리 모두가 중독자처럼 행동하는데도, 모두가 똑같이 그런 상태기 때문에 다들 자기 행동이 정상이고 괜찮다고 착각한다.

매일 몇 시간씩 인터넷의 끊임없는 자극에 우리 뇌를 노출하는 바람에 발생하는 정신적·신체적 악영향을 경고하는 책은 많지만, 해결책을 제시하는 책은 드물다. 그래서 딸을 안고 나 자신을 성찰하는 순간을 보낸 직후에 《휴대전화와 헤어지는 법(How to Break Up With Your Phone)》을 쓰기 시작했다. 어떻게 해야 테크놀로지와 더 건강한 관계를 맺을 수 있는지, 그리고 왜 그래야 하는지에 관한 내용이다. 그 책을 쓴 이유는 전자 장비에 빼앗긴 통제권을 되찾아서 진짜 나다운 생활로 돌아가고, 다른 사람들도 그렇게 할 수 있도록 돕고 싶었기 때문이다. 그리고 그 과정이 끝날 무렵, 더욱 건전하고 지속 가능한 장기적 관계를 유지하기 위한 계획을 세우고 충실히 따랐다.

결과는 완벽하지 않았지만, 그래도 나는 놀랍게 바뀌었다. 집중력이 회복됐으며, 창의력이 높아지고, 스트레스를 덜 받았다. 당연히 남편과 딸에게 더 집중하게 됐다. 내 시간을 되찾는 데도 도움이 됐을 뿐만 아니라 테크놀로지와 나 사이에 더 확실한 경계를 만듦으로써 내 삶을 되찾을 수 있었다. 그리고 그것이 이 책에 영감을 준 두 번째 사건으로 이어졌다.

THE POWER OF **FUN**
파워 오브 펀

남편과 나는 《휴대전화와 헤어지는 법》을 쓸 때 금요일 밤부터 토요일 밤까지 24시간 동안 모든 스크린을 끄고 규칙적으로 휴식을 취했다. 일종의 조사 작업이라고도 할 수 있다. 우리는 이런 휴식 시간을 '디지털 안식일'이라고 불렀는데, 그것이 '시간'에 얼마나 많은 영향을 미치는지 계속해서 놀랐다. 스크린을 멀리한 덕에 순수한 시간의 양이 늘었을 뿐 아니라 시간의 흐름에 대한 인식도 느려졌다! 이제 우리는 시간이 아무렇게나 흘러가게 내버려 두는 게 아니라 그걸 어떻게 채워나갈지 직접 결정하게 됐다. 주의를 산만하게 하는 앱이 없으니 시간이 더 많이 생겼고, 그 시간을 우리가 정말 좋아하는 일에 자유롭게 사용할 수 있었다.

그런데 한 가지 문제가 있었다. 내가 뭘 좋아하는지 알 수가 없었다는 점이다. 휴대전화와 결별하는 것만으로도 엄청난 이점이 있지만, 이는 단지 첫 번째 단계에 불과했다. 정말로 내 삶을 되찾고 싶다면 어떻게 살아야 할지를 알아야 했다.

2017년 초 디지털 안식일을 보내던 어느 토요일 오후, 딸은 낮잠을 자고 남편은 볼일을 보러 나가서 나 혼자 거실 소파에 앉아 있었다. 갓난아기를 키우는 엄마에게 이건 가장 행복한 순간이어야 했다. 혼자였고, 조용했고, 적어도 1시간은 내가 원하는 대로 보낼 수 있었다. 하지만 무얼 하고 싶은지 아무리 생각해봐도 떠오르는 게 없었다. 책을 읽을 기분도 아니었고, 배도 고프지 않았고, 이야기를 나눌 사람도 없었다. 머릿속이 텅 빈 듯했다. 이윽고 내 특기 중 하나인 극단적으로 생각하기에 자연스레 빠져들면서 이런 생각에 이르렀다. '세상에! 그냥 가만히 앉아서 저녁때까지 시간이 흐르기만 기다리고 있네. 이건 곧 죽기를 기다린다는 뜻이 잖아.'

그즈음에 스탠퍼드의 두 교수가 디자인 원리를 이용해 사람들이 풍요롭고 즐거운 삶을 살 수 있도록 안내해주는 《디자인 유어 라이프》라는 책을 읽고 있었다. 거기에는 실습 과제가 제시되어 있는데 사랑, 일, 건강, 놀이라는 인생의 네 가지 영역에서 자신의 '탱크'가 얼마나 가득 차 있는지 파악하는 것이다. 그러면 특히 주의를 기울여야 하는 부분을 알아낼 수 있다. 자기계발과 관련된 건 뭐든지 열심히 하는 나는 곧장 펜을 들었다. 사랑, 건강, 일은 모두 충만한 상태였다. 하지만 놀이라고? 또는 저자들의 표현처럼 '그냥 하는 것만으로도 기쁨을 주는 활동'이라니? 그에 해당할 만한 건 거의 생각나지 않았다.

스크린과 전자 장비를 멀리하고 휴식을 취할 때의 많은 장점 중 하나는 아무것도 안 하고 가만히 있을 수 있다는 것이다. 그런 고요함이 매우 불편하게 느껴지기도 하지만, 뇌가 숨을 쉬면서 새로운 아이디어를 생각해낼 기회가 된다. 자리에 가만히 앉아 비어 있는 나의 놀이 탱크와 죽음을 향한 피할 수 없는 행진을 생각하면서, 이렇게 자문했다. '항상 하고 싶다고 말하면서도 시간이 없어서 못 했던 일이 뭘까?' 휴대전화에 소비하는 시간을 회수한다면, 당신 역시

생각했던 것보다 더 많은 시간을 이 질문을 곱씹는 데 쓸 수 있을 것이다.

가장 먼저 떠오른 답은 기타를 배워보자는 것이었다. 난 어릴 적부터 할머니와 매우 가까웠는데, 할머니는 기타를 연주하시곤 했다. 그래서 나도 기타 코드를 몇 개 배운 적이 있지만 이내 심드렁해졌고, 기타는 거의 20년 동안 벽장에서 먼지만 뒤집어쓰고 있었다. 그때 얼마 전에 본 한 전단이 생각났다. 사실 어린이들을 대상으로 '베이비 비욘세'라는 수업을 광고하는 것이었는데, 인터넷으로 검색을 해보니 미스터 존이라는 사람이 스튜디오를 운영하고 있었다. 그는 〈버스를 타고 달려요(Wheels on the Bus)〉 같은 전통적인 동요 대신 비욘세나 앨리샤 키스, 데이비드 보위 같은 가수를 그 주의 아티스트로 선정해서 수업을 한다고 했다. 그래서 학생들에게 인기가 높은 듯했다. 여하튼 그렇게 사이트를 이리저리 둘러보다가 '성인 취미반'이라는 메뉴를 발견했고, 어른들을 위한 초급 기타 교실도 있다는 걸 알게 됐다. 나는 더 고민할 것도 없이 기타 수업에 등록했다.

수업이 한창 진행되던 도중에 끼어든 데다 기타에 대해 아는 거라곤 코드 3개가 전부였기 때문에 처음에는 많이 긴장했다. 하지만 기타 수업은 각자 좋아하는 술을 가져와 마시면서 진행하는 분위기였기 때문에 학습에 대한 부담이 별로 없었다. 동료 학생들은 대부분 아이들과 떨어져 1시간 30분 동안 다른 성인들과 어울리는 걸 음악 수업 자체만큼이나 좋아하는 학부모들이었다. 그렇다고는 해도 기타가 뒷전인 건 아니었기에 언젠가 캠핑을 가면 직접 기타를 칠 정도의 수준은 되겠다고 느꼈다. 이렇게 난 매주 수요일 밤의 기타 수업을 착실히 다닌 덕에 즐길 수 있는 새 취미를 찾았고, 새로운 기술을 습득하는 데서 오는 만족감도 느꼈다. 이제 한가한 시간이 생기면 휴대전화를 들고 시간을 낭비하거나 실존적인 절망의 소용돌이에 빠질 가능성이 훨씬 작아졌다. 기타를 꺼내 연습하게 됐기 때문이다.

이런 변화 덕에 매우 큰 보람을 느꼈지만 곧 그보다 훨씬 중요한 뭔가가 진행되고 있다는 걸 깨달았다. 기타 수업 중에는 일을 할 때 느끼지 못했던 몰입감과 활력을 느꼈다. 시간이 빨리 가는 것 같았다. 매주 시계를 올려다보면서 어떻게 벌써 90분이 지났느냐며 믿을 수 없어 했다. 일상적인 책임에서 완전히 벗어나 나 자신 외에는 아무도 돌볼 필요가 없는 시간이었다. 평소 규칙을 잘 지키고 양심적으로 살아가는 성인인 나로서는 이런 해방감이 거의 반란처럼 느껴졌다.

수업 중에는 어깨가 가벼웠고 숨 쉬기도 한결 편했다. 마음 역시 자극을 받으면서도 편안함을 느꼈다. 당시에는 다른 학생들에 대해 잘 몰랐고, 나중에 함께 술을 마시러 다니면서 그들의 직업이 뭔지 알게 됐다. 그런데도 함께 수업할 때면 그들과 연결돼 있다는 기분이 들었다. 마치 외부 세계와 분리된 우리만의 은밀한 공동체를 만

든 것처럼 말이다. 그리고 내가 지금껏 시간을 들여서 했던 대부분의 일과 달리, 그 수업에는 반드시 이뤄야 하는 목표라는 게 없었다. 말 그대로, 우리의 목적은 그냥 노는 것이었다.

뭔가에 도취된 듯하면서도 어리둥절한 기분이었다. 코드에 점차 익숙해지면서 만족감을 느끼기는 했지만, 그것만으로는 수업을 받으러 갈 때의 기대감과 끝난 뒤의 활기를 도저히 설명할 수 없다. 그곳에 갈 때마다 콧노래가 절로 나왔고 상쾌한 기분으로 집에 돌아왔다. 수요일 밤은 곧 내 한 주의 하이라이트가 됐다.

더 흥미로운 사실은, 수업을 듣고 나면 온몸에 활기가 넘쳐서 며칠 동안 들뜬 기분으로 지내게 된다는 것이다. 남편에게 장난을 많이 치게 됐으며, 딸에게도 아낌없이 애정을 퍼부었다. 내게 주어진 의무에 분개하는 일이 줄었고, 해야 할 일들에 대한 부담도 이전보다 덜 느꼈다. 마치 새로운 에너지원이 하나 더 생긴 것 같았다. 그동안 있는 줄도 몰랐던 내 안의 무언가에 불이 붙었고, 그 에너지를 많이 경험할수록 더욱더 갈망하게 됐다.

이 기분은 뭘까? 아주 익숙했지만 뭐라고 불러야 할지 갈피를 잡을 수가 없었다. 그러던 어느 날 문득 떠올랐다. '난 재미를 느끼고 있는 거야!'

하지만 이건 우리가 흔히 이야기하는 부드럽고 가벼운 의미의 재미가 아니다. 손톱 관리를 받거나 새 TV를 사는 것처럼 자신을 위해 재미있는 일을 할 때의 느낌이 아니었다. 소셜 미디어를 통해 남들에게 보여주려고 하는 재미나 술집에서 잔뜩 취해 주정을 부리면서 느끼는 재미도 아니었다. 이번엔 뭔가 달랐고, 훨씬 강력하고 삶을 긍정하는 재미였다. 그래서 그 기분을 다른 것과 구별하기 위해 '진정한 재미'라고 부르기로 했다. 그때부터 나는 어떻게 하면 그런 재미를 더 많이 느낄 수 있는지 알아내기 위해 골몰했다. 내가 바라는 건 진정한 재미(바로 이게 부족했기 때문에 소파에 앉아서 존재론적 회의에 빠졌던 것임을 이제 깨달았다)를 발생시키는 요소를 확인해서, 그걸 가끔 일어나는 우연한 사건이 아니라 적극적으로 추구해 누릴 수 있게 하는 것이었다.

그리고 지금까지 진정한 재미를 느꼈던 또 다른 일들을 떠올려봤다. 남편과 함께 결혼식에 참석한 뒤 차에 친구들을 가득 태우고 다 함께 〈보헤미안 랩소디〉를 목청껏 부르면서 집으로 돌아왔던 기억이 난다.

뉴햄프셔에서 열린 스윙 댄스 캠프에 참가해서 5일 동안 계속 음악과 춤을 즐긴 적도 있다. 춤이 머리에 쏠려 있던 나의 중심을 몸으로 옮겨주었고, 너무나 유쾌했다. 평소에는 밤 10시 반이면 잠자리에 들지만 캠프에 참가하는 동안에는 너무 흥분해서 매일 밤 자정이 훨씬 넘도록 깨어 있었고, 마지막 날에는 새벽 4시가 넘어서야 자러 갔다.

대학을 졸업한 직후에는 자전거를 타고 미국 횡단 여행을 했다. 63일 동안 코네티컷에서 샌프란시스코까지 친구들과 함께 페달을

밟았다. 우리는 매일 100~160킬로미터씩 달렸으며, 맨바닥에서 잠을 자고 종종 여름의 더위를 피하려고 새벽 5시 전에 일어났다. 그 여행은 육체적으로 정말 힘들었다. 로키산맥을 올려다보면서 이제 곧 저 산을 넘어야 한다고 생각하는 것보다 더 힘든 일이 어디 있겠는가. 하지만 그 여행은 가장 친한 친구들과 함께 놀면서 두 달을 보내는 기회가 됐다. 스마트폰이 등장하기 전이었기 때문에 우리는 서로 장난을 치거나 직접 만든 게임을 하거나 지역 박람회를 방문하는 등 우리만의 오락거리를 만들면서 여가를 보냈다. 매일 신나게 웃어댔다. 힘든 일들도 많았지만 그 여름은 내 인생 최고의 시간이었다.

계속 생각하다 보니 다양한 사람들과 함께 다양한 상황에서 겪은 추억들이 더 많이 떠올랐다. 어떤 경우든 진정한 재미가 주는 감각은 분명했다. 마치 공기 중에 번개 같은 전류가 흐르는 것처럼 강력한 에너지가 방출된 느낌이었고, 특정한 요소들이 합류하는 지점에 그 모습을 드러냈다. 진정한 재미를 느낄 때면 이 에너지가 불꽃처럼 내 몸을 스쳐 지나갔다.

진정한 재미는 자기비판과 판단에서 벗어나 완전히 참여하고 몰두하는 느낌이라는 걸 깨달았다. 자기가 하는 일에 푹 빠져 결과에 신경 쓰지 않는 데서 오는 스릴이다. 웃음이고 장난스러운 반항이다. 기쁨이 넘치는 관계다. 자유롭게 행동하면서 느끼는 행복이다. 진정한 재미를 느낄 때 우리는 외롭지 않다. 불안하거나 스트레스를 받지도 않는다. 자기 의심이나 실존적 불안에 시달리지 않는다. 진정한 재미를 느낀 순간이 우리 기억 속에서 돋보이는 이유는 살아 있다고 느끼게 해주기 때문이다.

내 경험에 이름을 붙였다는 사실이 내심 뿌듯했지만, 기타 수업에서 느낀 기분을 '진정한 재미'라고 칭하자 더 많은 질문이 떠올랐다. 예를 들어 진정한 재미는 특정한 사람이나 상황에 따라 생기는 걸까? 그런 것 같지는 않다. 남편과 나는 함께 진정한 재미를 느낀 적이 셀 수 없이 많고, 친한 친구들과 함께할 때도 그런 경험을 꽤 자주 했다. 하지만 이들과 함께 있을 때 항상 진정한 재미를 느끼는 건 아니다. 또 친밀감도 필수 조건인 것 같지는 않다. 낯선 사람들과도 진정한 재미를 느꼈고, 몇몇 지인과 함께 있을 때도 꾸준히 그런 순간을 누렸다. 특정한 환경이 꽤 도움이 되는 것 같긴 하지만 장소에 제한을 받지는 않는다.

또 진정한 재미는 활동 자체에 의존하지도 않는다. 말하자면, 어떤 활동을 한다고 해서 반드시 그런 재미를 느끼는 게 아니라는 얘기다. 이 사실을 깨닫고 놀랐다. 왜냐하면 처음에는 진정한 재미가 내가 그 순간 하던 일의 결과일 것으로 생각했기 때문이다. 나는 기타 연주와 춤, 노래, 자전거 타기를 좋아한다. 이는 곧 이런 활동을 일정에 많이 추가하는 것이 더 큰 즐거움을 느끼는 비결임을 의미한다. 하지만 그런 생각을 하니 진이 빠지는 기분이었다. 게다가 똑같은 활동을 하면서도 큰 행복을 느끼지 못했던 상황들이 떠올랐

다. 혼자 연주를 하거나 자전거를 탈 때는 그런 즐거움을 느끼지 못했다. 댄스 수업에 갔을 때 부자연스럽고 어색하다고 느꼈던 적도 많다. 자동차에 여럿이 타서 노래를 부른 게 한두 번은 아니지만, 얼굴이 아플 때까지 깔깔 웃어댄 일은 많지 않다. 진정한 재미를 끌어모으는 특정한 활동이나 사람, 환경이 분명히 존재하긴 하지만 그 결과가 확실히 보장된 건 아니다.

반대로, 얼핏 불편해 보이거나 별로 특별할 것 없는 일이었지만 그게 진정한 재미를 안겨줬기에 소중한 추억으로 남은 경험들도 있다. 예를 들어 캠프 카운슬러로 일하다가 쉬는 날에 친구들과 오도 가도 못 하게 발이 묶이는 바람에 광장 바닥에서 자야 했던 일이 그렇다. 또 중학교에서 수학을 가르칠 때 학생들이 한 일을 보고 크게 웃은 적도 있다. 별일도 아니었는데, 그 순간 마법처럼 웃음보가 터졌다.

진정한 재미에 대해 생각하면 할수록 이를 구체적으로 생각해본 적이 없다는 걸 알게 됐다. 오랫동안 행복과 마음챙김에 관한 글을 읽고 써왔으면서도 말이다. 일상적인 의미의 '재미'와 '진정한 재미'의 차이는 무엇일까? 왜 어떤 활동은 처음에는 재미있는데 결국날 지치게 하는 걸까? 재미의 강도와 지속 시간이 크게 다른 이유는 무엇일까? 진정한 재미를 느끼기 위해 반드시 있어야 하는 요소는 무엇일까? 그리고 무엇보다, 어떻게 해야 더 많은 재미를 느낄 수 있을까?

이 질문들이 내 인생을 바꿔놓은 모험으로 이끌었다. 당신도 나와 함께 이 모험에 동참하길 바란다.

본격적으로 시작하기 전에 한 가지 짚고 넘어가자. 기본적인 욕구가 충족돼야만 진정한 재미에 집중할 수 있다는 것이다. 음식, 주거지, 적절한 휴식, 신체적 안전 등이 필수적인 전제 조건이며 빈곤, 질병, 학대, 외상, 직업적 불안정 같은 상황에 처해 있으면 재미에 집중하기가 어려워진다.

재미에 대해 크게 오해하는 사람들이 많고, 심지어 재미를 우선시하면 안 된다고 주장하는 사람들도 있다. 하지만 이런 주장을 깊이 들여다보면 마땅한 근거가 없다는 걸 알게 될 것이다. 예를 들어 자기는 '재미없는 사람'이라고 딱 잘라 말하는 이들이 있다. 그러나 앞서 얘기한 전제 조건이 충족된다면, 특정한 유형의 사람들만 재미를 느낄 수 있다는 규칙 같은 건 없다. 또 그걸 위해 서로 경쟁할 필요도 없다. 진정한 재미는 소수의 엘리트만 이용할 수 있는 희소 자원이 아니다. 또 부자들만 누릴 수 있는 것도 아니다. 물론 돈이 도움이 될 수는 있지만 필수적이진 않다. 나에게 변화를 가져다준 일들 중 일부는 기타 수업처럼 돈을 내야 하는 것이었지만 대부분은 무료였다. 심지어 어떤 건 오히려 돈을 절약해주기도 했다. 예를 들어, 물건을 쌓아두는 게 재미있는 삶으로 이어지지 않는다는 걸 깨닫고 나니 물건을 덜 사게 됐다.

어떤 사람들은 불안하고 우울하기 때문에 진정한 재미를 느낄

수 없다고 생각한다. 이는 오늘날 사회적으로도 큰 문제가 되고 있다. 지난 10년 동안 전 세계적으로 우울증과 불안에 시달리는 사람이 크게 늘었다. 공식적인 진단을 받지는 않았더라도 많은 이들이 공허함, 외로움, 지루함, 전반적인 무력감으로 고통받고 있다. 하지만 나는 사람들이 원인과 결과를 혼동하는 거라고 주장하고 싶다. 고통스러워서 재미를 느끼지 못하는 게 아니라 충분히 즐기지 못하기 때문에 고통을 겪게 되는 것이다.● 진정한 재미는 행복의 결과가 아니라 원인이라는 얘기다.

즐길 시간이 없다고 말하는 사람도 많다. 하지만 재미를 얻기 위해 이미 꽉 찬 일정에 어떤 활동을 추가해야 하는 건 아니다. 오히려 하는 일을 줄여서 여유를 만드는 게 중요하다. 그래야 당신의 삶에 이미 존재하는 진정한 재미를 발견하고, 목표가 더욱 확실하게 정해진 상태로 여가를 보낼 수 있다. 반대로, 이미 충분히 즐기고 있다고 생각해서 재미에 많은 에너지를 쏟는 걸 반대하는 사람들도

● 심각한 불안이나 우울증에 시달리는 이들의 고통을 가볍게 여기는 게 아니다. 이런 사람들은 반드시 정신건강 상담을 받아야 한다. 하지만 나는 재미가 일상적인 무력감과 권태감뿐만 아니라 가벼운 우울증에도 대항할 수 있는 도구라고 생각한다. 실제로 우울증을 치료할 때 사용하는 '행동 활성화(behavioral activation)'라는 인지 행동 치료 기법이 있는데, 삶에서 더 의미 있고 즐거운 활동을 늘리는 데 중점을 두는 치료법이다. 정신과 의사인 내 친구는 자기 환자들에게 늘 이런 말을 한다. "우울증은 당신을 속여서 '난 우울하니까 좋아하는 일을 할 수 없어'라고 생각하게 합니다. 하지만 사실은 그 반대예요. 좋아하는 일을 하지 않기 때문에 우울한 거죠."

있다. 나는 그런 사람들을 만나면 재미를 즐기는 비결을 다른 이들에게 가르쳐주라고 권한다. 하지만 대부분의 사람이 재미를 위해서 하는 일은 사실 가짜 재미만 안겨준다. 눈이 뻑뻑해질 때까지 드라마를 몰아서 보거나, 필요도 없는 물건을 사거나, 한 번에 몇 시간씩 소셜 미디어 화면을 스크롤하는 등의 일이 그렇다. 이런 가짜 재미를 추구하고 나면 멍하고 공허한 기분이 든다. 반면 진정한 재미는 활력이 넘치게 해준다.

진정한 재미를 우선시할 때 직면하게 되는 근본적인 문제는 재미, 특히 자신의 즐거움을 추구하는 게 경박하고 이기적이고 제멋대로이며 심지어 미성숙하고 유치한 행동이라고 생각돼 주저하게 된다는 것이다. 재미에만 집중하는 건 세상 문제에 충분히 관심을 기울이지 않거나 다른 사람들을 도울 생각이 없는 거라고 여기기 때문이다. 자기계발과 관련해서는 행복, 부, 장기적인 건강, 인생의 의미나 목적의식 같은 고귀하고 더욱 진지한 목표를 추구하는 데 노력을 집중하는 경향이 있다. 그래서 자기계발서를 읽고, 심리 치료사를 만나고, 항우울제를 복용하고, 땀 흘려 운동하면서 이런 목표를 끈질기게 추구한다. 직장에 나가고 세금을 내고 집 청소를 하고 아이를 키우는 등 성인으로서 생활의 의무를 다하는 데 필요한 시간을 생각하면 재미가 뒷전으로 밀려나는 건 충분히 이해할 만하다.

하지만 재미를 추구하는 건 경박하거나 이기적인 행동이 아니라,

오히려 이 모든 목표를 달성하는 데 도움이 된다. 인생은 제로섬 게임이 아니다. 재미를 추구하면서도 세상을 좋은 곳으로 만들기 위해 헌신하는 양심적인 시민이 될 수 있다. 재미는 그런 일을 할 에너지를 더 많이 안겨준다. 그리고 자기 삶이 만족스럽고 즐겁기를 바란다면 진정한 재미는 선택 사항이 아니다. 뒷전으로 밀려나서도 안 되며, 그것이 우리의 앞길을 밝혀주는 별이 돼야 한다.

진정한 재미가 중요하다는 생각을 받아들이고 그런 재미를 더 많이 누리겠다고 결심하더라도, 정작 어떻게 시작해야 할지 막막할 것이다. 진정한 재미를 더 느끼려고 할 때 생기는 문제 중 하나는 그 발생이 너무 무작위적이라고 생각될 수 있다는 점이다. 당신도 어쩌면 결코 재미있지 않은 상황을 어떻게든 풀어보려고 애써본 적이 있을 것이다. 어색한 분위기를 누그러뜨리려고 뜬금없이 날씨 얘기를 건넨 적이 한두 번은 있지 않은가? 그것으로도 분위기는 풀리지 않고 오히려 더 뻘쭘해졌기가 십상이다.

그런데 반대로, 일상적이고 지루한 상황에서 갑자기 진정한 재미가 튀어나오는 일도 경험해봤을 것이다. 식당에서 친구와 밥을 먹다가 아무것도 아닌 일을 가지고 엄청나게 웃어대거나, 어떤 일을 나중에 설명하려다가 "너도 그 자리에 있었어야 했는데"라고 말하는 순간이 그렇다. 진정한 재미를 느끼면 마치 마법처럼 느껴질 수도 있다. 그리고 어느 정도까지는 그게 사실일지도 모른다. 진정한 재미는 억지로 강요할 수 없다.

우리 모두는 기본적인 욕구가 충족되면 더 즐길 수 있는 힘을 가지고 있다. 기쁨, 황홀함, 행복 같은 이해하기 어려운 긍정적 상태와 다르게 진정한 재미는 접근하기 쉽고 현실적이다. 재미는 높은 곳에서 고고하게 내려다보지 않고 지상으로 내려와 우리와 함께 흙장난을 하고 싶어 한다. 우리 모두는 스스로 생각하는 것보다 즐거움을 통제하는 능력이 뛰어나다. 자신에게 재미를 안겨주는 요소가 뭔지 잘 파악하고, 그런 요소가 존재하는 상황을 많이 설계해서 참여하면 된다. 분명히 노력할 가치가 있는 일이다. 진정한 재미가 무엇이고 그게 어떤 느낌인지 이해한 후에 우선순위로 삼으면, 순간순간 자신의 시간과 관심을 어떻게 소비할 것인지 현명하게 결정할 수 있다. 나아가 그 장기적인 효과로 인생도 바뀐다.

진정한 재미는 회복력을 선사한다. 공감 능력을 키워주고, 공동체를 만들어주며, 분노를 줄여준다. 진정한 재미는 다른 사람들과 연결되고, 자기비판에서 벗어나고, 현재에 집중하게 함으로써 정서적인 안녕에 지대한 영향을 미친다. 진정한 재미를 중심으로 삶의 방향을 잡으면 창의력과 생산성이 높아진다. 그래서 더욱 바람직하고 행복한 파트너, 부모, 노동자, 시민, 친구로 만들어준다.

진정한 재미는 건강에도 좋다. 우리를 책상에서 일으키고, 복잡한 생각에서 벗어나 세상으로 나가도록 이끌어준다. 진정한 재미를 많이 느낄수록 스트레스 수준이 낮아지므로 스트레스로 촉발되거

나 악화되는 심장마비, 뇌졸중, 비만, 당뇨병, 치매 같은 문제의 위험성을 낮춰줄 가능성이 크다.

진정한 재미를 추구하다 보면 무의미하고 산만하고 공허한 취미 활동에 들이는 시간이 줄어들어 자신의 진짜 자아에 충실해진다. 또한 자신에게 의미와 기쁨을 안겨주는 사람과 경험과 활동에 더 많은 시간을 할애할 수 있다.

무엇보다도 진정한 재미를 중심으로 삶의 방향을 잡으면, 즐겁다! 목표를 달성하려면 의지력과 자제력을 발휘해야 하는 대부분의 자기계발 프로젝트와 달리, 재미를 우선시하면 지금 이 순간 더 활기차고 즐거워진다.

나는 지금까지 몇 년 동안 진정한 재미의 마법을 더 많이 만들어낼 수 있는 구체적인 단계를 알아내기 위해 노력했다. 이제 그 결과를 당신에게 알려주고자 한다. 우선 진정한 재미란 무엇인지 정의부터 내려보자. 그런 다음에는 왜 최근에 진정한 재미를 느꼈던 순간을 떠올리는 게 그렇게 어려운지 알아볼 것이다. 다시 말해 왜 내면이 죽은 듯한 느낌이 드는지 얘기해보자는 것이다. 그렇게 당신을 절망의 문턱까지 데려갔던 기분이 갑자기 방향을 선회해서 진정한 재미를 선사하는 순간, 그 순간의 기분뿐만 아니라 장기적으로 정서적·육체적 건강과 삶의 풍요로움에까지 어떤 영향을 미치는지 과학적으로 알아볼 것이다.

그리고 진정한 재미와 관련된 사례를 제시한 뒤 어떻게 하면 그런 재미를 더 많이 누릴 수 있는지도 살펴본다. 그러고 나서는 진정한 재미가 발생했을 때 그걸 식별하는 방법과 이를 사악한 '가짜 재미'와 구별하는 방법을 설명한다. 그러면 자기가 지금 진정한 재미를 얼마나 누리고 있는지 파악하고, 진정한 재미를 끌어들일 가능성이 가장 큰 사람·활동·환경과 재미 요소를 향해 나아갈 수 있다. 내가 창안한 'SPARK'라는 약어를 사용해서 당신의 일상생활에 더 많은 재미를 불러올 실용적인 실전 기술도 알려줄 것이다. 그리고 앞으로도 계속 재미를 우선시하기 위해 장기적이고 지속 가능한 계획을 세울 생각이다.

당신이 내 충고를 따르면 끝없는 즐거움으로 가득한 삶을 살 수 있다거나, 그런 삶을 목표로 삼아야 한다고 말하는 게 아니다. 아무리 즐거운 삶도 항상 재미로 가득 차 있지는 않다. 하지만 진정한 재미를 나침반으로 삼는다면 더 행복해지고 더 건강해지며 삶이 어떤 시련을 줘도 잘 대처할 수 있을 것이다. 더 많이 웃고, 더 많이 미소 짓고, 살아 있다는 기분을 더 자주 느낄 것이다. 살아 있다는 느낌, 그게 바로 이 책의 핵심이다.

이 책에는 우리가 지구라는 행성에 존재하는 짧은 시간 동안 깨어서 온전히 집중할 수 있게 하는 재미의 힘을 활용하는 방법이 담겨 있다. 내 목표는 내가 지금껏 배운 걸 이용해서 당신이 진정한 재미로 가득 찬 풍요롭고 몰입도 높은 삶을 살도록 도와주는 것이다. 만약 이 일이 제대로 된다면, 최근의 즐거운 경험을 얘기

THE POWER OF **FUN**
파워 오브 펀

해달라고 했을 때 당신은 그 즉시 이야기를 술술 하게 될 것이다. 그 일을 떠올리는 것만으로도 너무나 즐거워 눈을 반짝거리면서 말이다.

PART
1

진지하게
살펴보는 재미

01

의외로 어려운 재미의 정의

 재미를 개념화하는 건 간단한 문제가 아니다.

I. C. 맥머너스·에이드리언 퍼넘(유니버시티 칼리지 런던 교수)

진정한 재미와 그걸 더 많이 누릴 방법에 대해 생각하기 시작했을 때, 가장 먼저 직면한 과제는 그 실체를 정의하는 것이었다. 나는 '재미'가 기타 수업을 하면서 느낀 강렬한 기분을 표현하는 가장 좋은 단어라고 확신했지만, 그 단어가 온갖 맥락에서 사용된다는 문제가 있었다. 예를 들어 일과 무관하다고 생각되는 활동을 가리킬 때도 이 단어를 쓴다. "재미를 위해 하는 거야." 그러나 재미라는 말을 이렇게 사용하면, 구체적인 특징이나 정서적 경험보다는 거기에 해당하느냐 아니냐에 따라 활동을 분류하게 된다. 게다가 우리가 재미를 위해서 한다고 말하는 활동에는 친구들과 시간을 보내는 것 같은 능동적인 일만이 아니라 TV 시청 같은 수동적인 것까지 모두 포함된다. 이 활

동들이 만들어내는 에너지 수준이 근본적으로 다른데도 말이다.

우리는 또 재미라는 단어를 즐거웠다고 생각되는 경험을 이야기할 때도 사용한다. "그날 소풍 참 재미있었어." 하지만 자기가 하는 말이 진심인지는 신경 쓰지 않는 경우가 많다. 나 역시 친구들과 함께한 엄청나게 즐거웠던 밤 외출부터 전혀 즐겁지 않았던 저녁 모임에 이르기까지 모든 것에 대해 그냥 "재미있었어"라고 말하곤 한다.

우리가 재미있었다고 말하는 경험과 정서적 강도의 광범위한 범위를 생각하면, 재미가 인생을 바꾸는 힘이라는 생각이 과장되게 느껴질 수도 있을 것이다. 하지만 그건 재미의 잘못이 아니다. 우리가 부주의하게 남용하면서 그 단어의 가치를 떨어뜨린 탓이다. 따라서 정말 재미가 지닌 모든 힘을 이해하고 활용하려면 그 단어를 사용하는 때와 방법에 대해 훨씬 더 엄밀해질 필요가 있다.

재미를 정의하는 여정

재미를 확실하게 정의하는 건 의외로 어렵다. 옥스퍼드 영어 사전에서는 재미를 '흥밋거리, 오락 또는 가벼운 즐거움'*이라고 정의

●   옥스퍼드 영어 사전은 또 fun을 설명하면서 '신나게 살다(living it up)', '야호 (whoopee)', '흥청망청 놀기(jollification, 진짜 있는 단어다!)' 같은 기상천외한 동의어와 '마시고 노는 편안한 생활(beer and skittles)' 같은 불가사의한 표현도 제시한다. 재미의 반대말로는 '지루함', '고통' 등이 있다.

한다. 하지만 '재미'라는 말은 진지하게 받아들이지 않아야 하는 것(예: "악의 없는 장난이었어")을 뜻하거나 심지어 '놀리다(make fun)'의 경우처럼 조롱 또는 장난을 의미하기도 한다. 'fun'이라는 단어 자체가 '바보 취급하다, 바보처럼 굴다'를 의미하는 중세 영어 'fon'에서 유래한 것으로, 다른 사람을 바보로 만드는 것은 우리가 정의하는 재미에 절대 포함되지 않는다. 이 책에서는 관련된 모든 사람이 재미를 느끼는 경험에 대해서만 이야기한다.* 그리고 물론 우리를 즐겁게 해주거나 예상치 못했던 것, 이상한 것을 가리킬 때도 "재미있네(funny)"라고 표현한다.

인터넷에서 '재미있게 즐기는 방법'을 검색하면 우리가 그 단어를 얼마나 광범위하고 부주의하게 사용하는지를 금방 확인할 수 있다. CNN에서 제안한 아이디어 중에는 칠면조 굽기와 잠 많이 자기, 다 함께 모여서 사랑하는 고인을 기리는 제단 만들기, 기후변화에 관한 다큐멘터리 시청하기 같은 것도 포함돼 있다. 〈리얼 심플(Real Simple)〉이라는 잡지에 실린 비슷한 목록에서는 더 재미있게 놀고 싶다면 쿠키를 굽고, 모든 사람에게 재미있는 신학기용 공책과 준비물을 제공하고, 호리병박으로 식탁을 장식하라고 제안한다.**

- •   fon은 fond(누군가를 좋아하다)의 어원이기도 하다.
- ••   〈리얼 심플〉의 내용은 우리가 즐거운 활동이나 물건을 설명하기 위해 재미라는 말을 어떻게 사용하는지 보여주는 예다. 반면 CNN의 제안은 전부 엉망진창이다.

어쩌면 당신은 학자들이 '재미'라는 말을 사용하는 빈도와 그걸 활용하는 문맥을 놓고 열심히 토론할 거라고 생각할지도 모르겠다. 행복이나 기쁨 같은 추상적이고 모호한 개념의 정의에 대해서 토론하는 걸 좋아하는 사람들이니 말이다. 하지만 그들은 놀랍게도 이 주제를 거의 무시해왔다. 자기들이 다루기에는 지나치게 시시해 보여서 그런 건지는 모르지만. 재미와 관련된 가장 중요한 학술 연구는 놀이에 관한 것이다. 그리고 심지어 놀이를 연구하는 학자들도 재미를 정의하는 건 포기했다.

1938년에 《호모 루덴스》(라틴어로 유희적 인간이란 뜻)라는, 놀이에 관한 책을 처음 출간한 네덜란드의 역사가 요한 하위징아를 예로 들어보겠다. 그는 "재미는 삶의 일차적 범주로 누구에게나 친숙하고 심지어 동물 수준에서도 발견된다"라고 말했다. 그에 따르면, 우리는 모두 재미가 어떤 느낌인지 알고 있고 그걸 추구하려는 생물학적 추진력을 갖고 있는 듯하다. 하지만 그는 재미에 대해 "모든 분석과 논리적 해석을 거부한다. 하나의 개념으로서 재미는 다른 정신적 범주로 축소할 수 없다. 내가 아는 현대 언어에는 영어의 'fun'과 똑같은 의미를 가진 단어가 없다"라고도 했다.

역사학자 브루스 C. 대니얼스는 《청교도인의 놀이(Puritans at Play)》에서 재미의 정의가 "미칠 정도로 모호하다"라고 했다.

재미의 심리적 또는 신체적 영향을 직접 연구하려는 사람이 거의 없는 이유는 아마 정의가 확실치 않기 때문일 것이다. 게다가 애초에 관심을 가질 만큼 진지한 문제가 아니라는 가정도 한몫할 테고 말이다.

재미의 일반적인 개념을 다룬 논문들도 조사해봤다. 내가 찾아낼 수 있었던 몇 안 되는 논문에서 2017년도에 발표된 한 논문의 저자들은 "재미의 중요성을 조사한 연구는 상대적으로 적다"라면서 "재미라는 단어는 우리가 알고 있는 감정이나 사회심리학 분야의 교과서나 핸드북에 색인 용어로 등장하지 않는다"라고 지적한다. 다른 논문도 같은 주장을 했다. 저자들은 "재미에 관한 심리학 문헌은 매우 한정적"이라면서 "심리학자들은 가끔 재미를 비롯한 특정 개념들은 심리학 연구에 한 번도 등장하지 않은 것 같다고 말하기도 한다"라고 덧붙였다.

신체적 영향에 관해서도 구체적이고 적절한 연구가 거의 없어서 미국 국립의학도서관이 운영하는 생물의학 문헌 검색 엔진인 펍메드(PubMed)에서 '재미'를 검색해봤다. 결과 목록 맨 위에 〈균류에 재미를 더하다: 발톱 진균증〉이라는 제목의 논문이 떴다. 말할 필요도 없겠지만, 이는 내가 당신에게 추구하라고 권하는 종류의 재미가 아니다.

학문적인 이정표가 없었기 때문에 '진정한 재미'라는 용어를 시작으로 나만의 용어를 개발했다. 기타 교실에서의 경험으로 촉발된 행복감과 평범하게 사용되는 '재미'라는 말을 구분하고 싶었기 때문이다. 또 진정한 재미가 특정한 활동으로 생겨나는 게 아니라는

것도 명확하게 밝히고 싶었다. 즉, 더 많은 재미를 느끼기 위해 일부러 이런저런 행사를 찾아다니거나 새로운 운동 방법을 배울 필요는 없다고 생각했다.

어쨌든 내가 느낀 감정에 '진정한 재미'라는 이름을 붙인 이상 간결한 정의를 내릴 필요가 있다. "직접 느껴보면 알 것이다"라는 말로 끝낼 수는 없으니까. 그래서 진정한 재미의 경험을 정의할 수 있는 요소들을 식별하기 위해 인간의 행복을 이해하고자 하는 학문 분야인 긍정심리학이라는 렌즈를 통해 내 경험을 분석하는 일부터 시작했다.

내가 알아낸 사실이 내게만 국한된 게 아니라는 점을 확인하기 위해 1,500명 이상의 사람들로 구성된 펀 스쿼드(Fun Squad)라는 글로벌 그룹을 모집했다. 재미에 대한 자신들의 정의를 탐구해보겠다고 자원한 그들은 약 한 달 동안 내 아이디어를 테스트하고 피드백을 제공해주었다. 펀 스쿼드의 구성원은 10대 청소년부터 은퇴자까지 연령대가 다양했고 모든 소득 및 교육 계층에 걸쳐 있었다. 개중에는 독신도 있고 기혼자도 있고, 자녀가 있는 사람도 있고 없는 사람도 있었다. 직업군 역시 학생, 교사, 변호사, 가정주부, 그래픽 디자이너, 소프트웨어 엔지니어, 과학자, 의료 종사자, 재무 분석가, 작가, 컨설턴트 등 다양했다. 이들은 미국 전역은 물론이고 스웨덴부터 남아프리카, 인도, 바레인에 이르기까지 세계 각지에 흩어져 살았다.

펀 스쿼드 구성원들의 인구통계학 정보를 수집한 후, 진정한 재미의 예로 기억에 남아 있는 세 가지 경험을 알려달라고 요청했다. 당시 몇 살이었고 무엇을 하고 있었으며 누가 관련됐는지를 자세히 적어달라고 했다. 물론 특정한 정의를 제안하지 않았고, "당신의 경험이 사소해 보이더라도 걱정할 필요 없다. 하지만 내가 물어봤을 때 '정말 재미있었다'고 말할 수 있는 경험, 즉 재미가 주가 되는 경험에 초점을 맞추도록 노력하라"라는 지침만 제공했다.

그런 다음 앞으로 준비하거나 참여하고 싶은 재미있는 이벤트나 경험을 설명해달라고 했다. 무엇을 할 건지, 누구와 할 건지, 어디에서 할 건지, 그리고 그게 왜 재미있는지 다시 물어봤다. 그리고 이상의 활동이 기쁘고 편안하고 즐겁고 만족스럽고 보람 있다고 생각하는 다른 경험이나 활동과 다른 점은 무엇인지 물었다.

사람들이 공유한 일화는 흥미로웠다. 진정한 재미의 기억은 어린 시절이나 성인기 초반에만 생기는 게 아니었다. 사람들은 설문지를 작성하기 전날 일어난 경험에 대해서도 썼다(설문지는 코로나19 팬데믹으로 각종 제한과 봉쇄가 진행 중이던 2020년 여름에 보냈다). 가장 주목할 만한 점은 내가 아직 어떤 정의를 제시하지 않았는데도 대부분이 '재미'란 말 앞에 '정말'을 추가했다는 점이다. 그들은 자신들이 느낀 게 무엇인지를 본능적으로 알고 있는 듯했다.

몇 가지 예를 살펴보자.

나는 드럼을 치고 남편은 기타, 열다섯 살짜리 아들은 베이스, 아홉 살짜리 아들은 키보드를 연주한다. 이 드럼은 마흔아홉 번째 생일 선물로 받은 것이다. 내가 드럼 연습을 하러 지하실에 내려갈 때마다 가족들은 하던 일을 내려놓고 저마다 자기 악기를 들고 따라 내려온다. 드럼을 치면서 가족과 소통하는 게 너무 재미있다. 많은 대화가 오가지는 않지만 우리는 다른 차원의 의사소통을 한다. 우리는 실력이 아주 뛰어나지 않기 때문에 한 곡씩 연주를 마칠 때마다 웃곤 하지만 계속 노력한다. (…) 이 경험이 얼마나 많은 즐거움과 재미를 안겨주는지 말로 다 할 수 없다. 중년의 나이에 드럼을 배우기로 마음먹었을 때 그게 우리 가족을 이렇게 재미있고 즐겁고 창조적인 방식으로 한데 모이게 할 거라고는 생각도 못 했다.

가장 먼저 떠오르는 건 진흙에 발가락을 밀어 넣는 것이다. 진흙 속을 걷는 건 재미있다(물론 기분 나쁠 때도 있다). 최근에 이런 일을 한 게 언제인지는 확실하지 않지만, 내 감각 기억에 남아 있는 건 고등학교 때 친구 마거릿과 함께 어떤 길을 따라 걸었던 때인 듯하다. 젖은 모래에 발가락을 밀어 넣는 것도 즐겁지만 진흙에서 하는 것만큼 재미있지는 않다. 아마도 진흙이 훨씬 더 지저분하기 때문인 것 같다.

아는 사람이 전혀 없는 웃음 워크숍에 참가했다. 우리는 원숭이인 척하면서 인사를 나누는 등 온갖 바보 같은 짓을 해야 했다. 난 그때 예순 살이었다. 정말 재미있었다!

일흔다섯 살 때 언니와 형부가 시골집에 내려가 있는 2주 동안 언니네 집으로 가 발코니에서 혼자 그림을 그렸다. 미술 도구 외에는 아무것도 없고 나뿐이었다. 태양이 내리쬐고 바람 소리와 도로의 자동차 소리만 들렸다. (…) 거의 불가능해 보이는 일에 완전히 몰두한, 정말 재미있는 경험이었다.

댄스 수업. 금요일 아침마다 노부인들이 교회 강당에 모여서 즐기는 이 재미에 흠뻑 빠지곤 한다. 마흔한 살부터 이 수업을 들었고 지금은 마흔여섯 살인데, 그곳에 오는 사람들 중에 내가 제일 어리다. 우리는 상상의 꼬리를 흔들고(좌악 펼쳐지는 공작 깃털이나 솜털 같은 토끼 꼬리를 상상한다), 상상 속의 목욕물을 찰박이고, 구름을 간지럽히고, 새처럼 짹짹거리고, 허공을 할퀴고, 발이 마시멜로 안에 잠겨 있는 것처럼 발가락을 꼼지락거린다. 정말 재미있다.

활기 넘치는 개와 던진 물건 물어 오는 게임 하기. 지난 주말에 있었던 일이다. 난 서른두 살이다.

중학교 때 있었던 일이다. 엄마와 함께 내 침실을 프랑스 파리 느낌이 물씬 풍기는 분홍색 방으로 꾸몄다. 새로 단장한 방에서 맞은 첫날 밤

에 엄마와 나는 가장 멋진 잠옷을 차려입고 쿠키를 먹으면서 영국식 억양으로 긴 대화를 나누는 파티를 했다. 그런 우리 모습이 너무 재미나서 밤새도록 웃었다.

스무 살 때 시베리아 북부 오지(아직 소련이 존재하던 시절이었다)로 여행을 간 적이 있는데, 그곳 사람들은 그때까지 서구인을 한 번도 본 적이 없을 정도로 폐쇄적으로 살고 있었다. 백야가 계속되는 여름 방학에 전 세계에서 온 10여 명의 대학생과 함께 한 달간 환경 자원봉사를 하러 간 것이었다. 어느 주말, 어린이 캠프를 방문해서 함께 노래하고 작은 호수에서 물장구를 치며 하루를 보낸 적이 있다. 나는 그들의 언어를 알아듣지 못했고 그들 역시 마찬가지였다. (…) 하지만 그 여름날 내 인생에서 가장 순수한 기쁨을 느꼈다. 아이들 100명이 뿜어내는 순수한 진심과 철없음 그리고 노래가 완벽한 경이로 가득한 그들의 세상으로 우리를 불러들였다. 그 덕에 나 자신을 잊고 그냥 존재한다는 사실 자체를 기념하게 됐고, 그 일은 내 DNA에 각인돼 있다. 더 괜찮은 표현을 찾을 수가 없는데, 어쨌든 정말 재미있었다. 음식과 음악 외에는 아무것도 없는 상태에서 영혼에서 깨어난 순수함을 담아 마음껏 웃고 새로운 걸 만들며 긴 여름날을 순수하게 축하한 그 경험은, 재미의 완벽한 본보기다.

무슨 말인지 알겠는가?

사람들이 들려준 일화의 세부 사항은 전부 달랐다. 어떤 재미는 자연 속에서, 어떤 재미는 음악, 신체 활동, 창의성, 참신함, 어리석은 행동을 통해 얻었다. 때로는 친구들이 함께 있었고, 낯선 사람과 함께한 순간도 있었다. 하지만 그들의 에너지는 모두 같았다. 기쁘면서도 꽤 감동적인 뭔가가 있었다. 가벼운 기분과 충만함, 너무나 짜릿하고 자유롭고 전염성이 강해서 황홀감을 느낄 정도의 흥분도 있었다. 진정한 재미를 느낀 순간은 오래도록 기억하게 된다. 그런 경험들이 인생을 살 만한 가치가 있게 만들어준다. 그 기억이 지닌 감정적인 힘은 진정한 재미가 경박하지 않고 심오하다는 증거다.

사람들이 자기 경험을 적고 나면(앞서도 말했지만 내가 재미의 정의를 제시하기 전에 적은 것이다), 재미라는 말을 접해본 적이 없는 이들에게 재미를 어떻게 정의할 것인지 추가로 물어봤다. 놀랍게도, 그들의 답변 중에는 비슷한 주제를 다룬 것이 많았다.

어떤 사람은 "억제할 수 없는 열정"이라고 썼고 또 어떤 사람은 "순수한 기쁨, 행복, 그리고 사랑!"이라고 했다. 내가 가장 좋아하는 답변은 이것이다. "마음이 넓어지고 공중으로 둥둥 떠오를 것 같은 기분이 드는 본능적인 가벼움. 웃음과 기쁨이 흘러넘쳐서 지금 있는 곳 외에는 세상 어디에도 가고 싶지 않은 것. 다른 사람들이 어떻게 생각하든 신경 쓰지 않고 자기가 좋아하는 일을 다른 사람들

과 함께하는 것. 해방감. 평소보다 약간 무모해져서 내면의 아이가 밖으로 나와 놀 기회를 주는 것."

당시 다섯 살이던 딸에게 재미를 색으로 표현해보라고 했더니, 잠시 생각한 뒤 "햇빛색"이라고 말했다. 혼자서 그림 그리기에 몰두하고, 시베리아 아이들과 함께 노래를 부르고, 친구와 맨발로 진흙 속을 걷고, 개를 데리고 물건 물어 오기 놀이를 하는 등의 다양한 경험에서 어떻게 똑같이 활력 넘치는 에너지가 솟아나는 걸까? 무엇 때문에 햇빛 같은 기분을 느끼게 되는 걸까?

이런 경험들에 대해 읽을수록 진정한 재미는 끝없이 다양한 맥락에서 발생할 수 있더라도 모든 사람과 상황에 적용되는 보편적인 정의가 존재한다는 확신이 더욱 깊어졌다.

진정한 재미는 장난기, 유대감, 몰입의 결합이다. 우리는 이 세 가지 상태가 동시에 일어날 때마다 진정한 재미를 경험한다. 이는 이론적으로는 매우 간단하지만 완전히 이해하려면 각각의 요소를 깊이 분석해봐야 한다.

재미의 세 가지 요소

장난기

진정한 재미는 사람들이 장난을 칠 때만 생겨난다. 장난기란 어떤 행동을 하면서 그 결과에는 크게 신경 쓰지 않는 가벼운 마음과 자유로운 정신을 의미한다.

펀 스쿼드가 공유한 사례를 통해서도 분명히 알 수 있는 것처럼, 진정한 재미에는 의무감이 따르지 않는다. 장난기는 현실에서 벗어난 듯한 느낌을 준다. 우리는 장난을 칠 때 눈에 보이는 보상이 없어도 개의치 않는다. 일상적인 책임에서 벗어나 편안함을 느끼고, 자주 미소 짓고, 쉽게 웃음을 터뜨린다. 사람들은 장난을 칠 때 생기로 반짝인다.

유대감

진정한 재미는 항상 유대감, 즉 다른 사람 또는 다른 무언가와 특별한 경험을 공유하는 듯한 느낌을 동반한다. 그런 느낌은 당신이 물

리적 환경, 참여 중인 활동 또는 반려동물이나 자신의 몸과 평소와 다르게 연결돼 있다고 여길 때 발생하는데 대개는 다른 사람과 관련이 있다. 사람들은 진정한 재미를 설명할 때 누군가와 함께하는 듯한 기분이 드는 동시에 자신을 온전히 느꼈다고 말한다. 외향적인 사람들뿐만 아니라 내향적인 사람들도 마찬가지다. 펀 스쿼드의 사례들에 따르면 내향적인 사람은 다수의 낯선 사람보다 몇몇 친구들 사이에서 진정한 재미를 경험할 가능성이 크지만, 외향적인 사람들과 마찬가지로 혼자 있을 때는 경험하지 않는다.

몰입

몰입은 시간의 흐름을 잊어버릴 정도로 현재의 경험에 완전히 몰두하는 상태를 일컫는 심리학 용어다. '즐거울 때는 시간 가는 줄 모른다'는 속담도 있지 않은가. 그게 몰입이다. 자의식과 비판(자기가 하는 비판이든 남이 하는 비판이든)은 몰입에 큰 해를 끼치며 집중을 방해하는 다른 것들도 마찬가지다. 한창 경기를 치르는 운동선수나 자기가 만들어내는 멜로디에 도취된 음악가를 생각해보라. 또는 어떤 일이나 대화에 푹 빠졌다가 정신을 차리고 보니 1시간이나 지났다는 걸 깨달은 적이 있지 않은가? 몰입은 현재의 순간에 우리를 붙잡아두는 능력이 있기에 진정한 재미의 본질적인 부분이 된다. 그게 없으면 진정한 재미는 일어날 수 없다. 펀 스쿼드가 공유하는 모든 경험은 몰입의 맥락에서 발생했다.

장난기, 유대감, 몰입은 각각 독립적으로 성취, 기쁨, 만족감, 행복, 경외 같은 많은 긍정적인 감정을 끌어낼 수 있다. 나는 지금까지 장난기나 유대감, 몰입감을 느끼게 하는 경험을 한 뒤에 "글쎄, 그냥 시간 낭비였어"라고 말하는 사람을 본 적이 없다.•

또한 이 세 가지 상태 가운데 두 가지를 함께 경험할 수도 있다. 예를 들어 열띤 대화를 나누거나 종교 모임에 참석할 때는 타인과 연결된 몰입이 발생할 수 있다. 십자말풀이를 하거나 도자기를 만드는 등 혼자만의 취미에 푹 빠져 있을 때는 장난스러운 몰입이 발생할 수 있다. 누군가를 향해 나도 안다는 듯한 표정을 짓거나 친구와 둘이서만 아는 농담을 나누는 등 외부와 분리된 상황에서도 장난스러운 유대감이 생긴다. 이런 조합은 전부 추구할 가치가 있다. 그런데 장난기, 유대감, 몰입이 동시에 발생하면 마법 같은 결과가 생긴다. 진정한 재미를 경험하게 되는 것이다!

진정한 재미의 정의를 내린 뒤, 펀 스쿼드 회원들에게 이 정의가 그들의 경험에 부합하는지 확인하자 많은 것이 이해됐다. 장난기·유대감·몰입은 모두 우리가 적극적으로 참여하면서 집중한다는 느낌을 주는데, 이는 진정한 재미가 생기를 북돋아 주는 힘인 이유를 설명해준다. 여기에서 발생하는 에너지는 진정한 재미에 따라오는

• 특히 생산성에 집착하는 물질주의적인 문화권에서 이걸 측정 기준이나 목표로 사용하지 않는 건 매우 유감스러운 일이다.

THE POWER OF **FUN**
파워 오브 펀

짜릿한 느낌을 설명한다. 그리고 이 에너지의 강도와 지속 시간이 다를 수 있다는 사실은, 진정한 재미를 느꼈던 어떤 사건은 잠깐만 기쁨을 줄 뿐 기억에 남지 않지만 어떤 건 더 오래 지속되면서 평생 기억되는 이유를 명확히 알려준다.

장난기·유대감·몰입은 우리가 그걸 느끼는 순간에만 존재하는데, 이는 진정한 재미가 오로지 현재 시점에서만 발생한다는 매혹적인 사실을 설명한다. 또 행복이나 만족감 같은 긍정적인 상태와 다르게 진정한 재미는 '경험'이다. 즉, 진정한 재미를 느끼는 모든 사례에는 시작과 끝이 있어서 그 감정을 계속 느낄 수는 없다는 뜻이다. 하지만 반대로 생각하면 이 때문에 재미를 더 쉽게 느낄 수 있다. 어떻게 해야 행복하거나 만족스러운 사람이 될 수 있는지 상상하는 것보다 자기가 즐길 수 있는 특정한 상황을 상상하는 게 더 쉽기 때문이다.

또한 재미는 평가하기도 쉽다. "행복한가?"라는 질문을 받으면 내면에서 철학적인 고민을 하다가(행복하다는 건 무엇을 뜻할까?, 행복이란 무엇인가? 등) 결국 "음, 그런 것도 같고 아닌 것도 같고…"라고 말하게 될 것이다. 반면, 지난 주말에 정말 즐거운 시간을 보냈는지 물어본다면 '예' 또는 '아니요'로 쉽게 대답할 수 있다.

장난기·유대감·몰입은 모두 억제된 태도와 격식을 버리도록 유도하는데, 아마 그래서 진정한 재미를 느낄 때면 자신의 진정한 자아와 접촉하는 느낌이 드는 것일지도 모른다. 그리고 이런 상태가 특정한 활동에 의존하지 않기 때문에 같은 사람이 같은 일을 해도 그 순간의 기분이나 태도, 함께 어울린 사람들 같은 변수에 따라 완전히 다른 경험을 할 수 있다. 진정한 재미를 '장난스러운 기분으로 함께 느끼는 몰입감'이라고 정의하면 이 경험의 가장 불가사의한 요소 중 하나를 명확하게 이해할 수 있다. 즉, 다들 그게 뭔지 알면서도 어떻게 완전히 다른 방식으로 경험할 수 있는가 하는 것이다. 진정한 재미는 보편적인 동시에 유일무이한 경험이다.

재미를 방해하는 요소

진정한 재미가 무엇인지 정의하면 무엇이 진정한 재미가 아닌지를 명확히 하는 데도 도움이 된다. 간단히 말해서, 앞서의 세 가지 요소 중 아무것도 존재하지 않는다면 진정한 재미가 아니다. 그리고 우리가 그중 하나를 경험하지 못하도록 방해하는 게 있다면, 그럴 때도 진정한 재미를 누릴 수 없다.

주의 산만

주의 산만은 이 세 가지를 모두 방해하기 때문에 가장 큰 원흉이다. 관심이 다른 데 분산돼 있으면 진정한 재미를 느낄 수 없다. 재미를 느끼려면 몰입해야 하고, 몰입하려면 완전히 존재해야 하기 때문이다. 산만하다는 건 눈앞의 현실에 집중하지 않는다는 뜻이기 때문

THE POWER OF **FUN**
파워 오브 펀

에 우리의 주의를 산만하게 하는 것들은 전부 진정한 재미를 가로막는다. 진정한 재미를 더 많이 경험하고 싶다면 동시에 여러 가지 것에 주의를 기울이는 시간을 최소화해야 한다. 게다가 산만함은 적극적인 참여가 필요한 장난기에도 방해가 된다. 예컨대 대화에 집중하지 않으면 재치 있는 농담을 계속 이어갈 수 없다. 또 산만함은 유대감도 파괴한다. 당신도 어쩌면 몸은 옆에 있지만 마음은 딴데 가 있는 사람과 함께 있으면서 좌절감과 외로움을 느꼈던 적이 한두 번은 있을 것이다. 진정한 재미와 산만함은 기름과 물 같아서 서로 섞이지 않는다.

판단과 비교

판단도 재미를 말살하기는 마찬가지다. 어떤 걸 판단할 때는 일단 경험에서 벗어나야 하는데 현재의 경험에서 벗어나면 몰입이 불가능해진다. 심지어 소셜 미디어에서 '좋아요'를 누르거나 방금 찍은 셀카를 편집하는 등의 일상적인 평가도 판단으로 볼 수 있다. 자의식(또 하나의 재미 말살자)을 조장하기 때문에 그 순간 재미를 느끼는 능력이 파괴된다. '비교는 기쁨을 앗아 가는 도둑'이라는 말이 있듯이 자신을 다른 사람과 비교하는 것도 일종의 판단이며 재미에 독이 된다.

진정한 재미와 가짜 재미

진정한 재미의 정의에 대해 생각하면 할수록 미묘한 부분이 많이 드러난다. 우리가 살아 있다는 기분을 느끼게 해주지만 누구도 진정한 재미로 분류하지 않는 특정한 경험이 있는데, 출산이 대표적인 예다. 그리고 만족감, 놀라움, 경외심같이 진정한 재미의 정의에 꼭 들어맞지는 않지만 객관적으로 긍정적인 상태도 많다. 물론 재미가 종종 만족감, 놀라움, 경외심으로 이어질 수도 있지만 그런 상태 자체가 '재미'는 아니다. 예를 들어 나는 아름다운 일몰에 경외감을 느끼곤 하지만, 일몰을 감상하면서 재미있다고는 말하지는 않을 것이다. 반대로 경외감을 불러일으키지 않거나 심오하지 않은 일을 하면서 진정한 재미를 느낄 수도 있다. 예를 들면 친구들과 차에서 목청껏 노래 부르기가 그렇다.

특정한 활동과 환경, 사람이 진정한 재미의 발생 가능성에 기여할 수는 있지만, 우리는 저마다 다른 어느 것보다 진정한 재미를 느낄 가능성이 큰 활동과 환경, 사람들의 모음을 가지고 있다. 나는 이걸 '재미 자석(fun magnets)'이라고 부른다. 본질적으로 재미있는 활동이나 환경, 사람 같은 건 없다. 예를 들어 당신은 요리를 좋아하고 집에서 파티를 여는 걸 즐길지도 모른다. 하지만 같은 손님을 초대해 같은 장소에서 같은 음식을 제공하더라도 어떤 저녁의 파티는 다른 파티보다 훨씬 재미있게 느껴질 것이다.

THE POWER OF **FUN**
파워 오브 펀

또 가끔 강박적으로 집착하지만 솔직히 재미 없는 것들도 있다. 예를 들어 분주한 움직임 같은 것이다. 특히 재미를 극대화하기 위해 일정을 너무 빽빽하게 짜는 휴가 여행이 그렇다. 진정한 재미는 느슨하게 긴장을 풀 수 있을 때 발생할 가능성이 더 크다.

또 재미없는 게 있다면? 바로 물질적인 소유물이다. 재미있다고 광고하는 것들을 사려고 열심히 일하는 이들이 많다. 하지만 그런 소유물이 재미를 촉진할 수는 있어도(예: 수상스키) 물건 자체가 재미를 주는 건 아니다.

자기 치료도 마찬가지다. 한 걸음 물러서서 어른들이 '재미있게 노는' 모습을 관찰해보면 그들이 재미있다고 생각하는 많은 일이 사실은 현실을 외면하거나 잊기 위한 것임이 드러난다. 술 또는 마약에 취하거나 드라마를 몰아 보거나 몇 시간 동안 아무 생각 없이 휴대전화 화면을 스크롤하는 것 등이 그 예다. 자기 치료는 어느 정도까지는 마음을 진정시키거나 즐거움을 줄 수 있고, 술도 적당히 마시면 불안감과 억눌린 기분을 해소해주기도 한다. 그러나 여기에는 몇 가지 주목할 만한 대가가 따를 수 있다. 즉, 자기가 누렸던 모든 즐거움을 기억하지 못하거나 행동이 너무 억제되지 않은 탓에 자신의 가치관에 어긋나는 일을 하게 될 수도 있다. 그리고 알코올과 약물에는 중독과 의존의 위험이 따르는데, 확실히 재미있는 게 아니다. 가능하면 외부의 도움 없이 긴장을 푸는 방법을 배워야 한다.

장난기, 유대감, 몰입이 모두 적극적인 상태를 나타낸다는 것은 곧 수동적인 소비만으로는 진정한 재미를 만들어낼 수 없다는 뜻이기도 하다. 우리가 재미를 위해 하는 많은 일, 즉 TV 시청이나 소셜 미디어 피드 확인 같은 것들은 수동적인 활동이다. 그런데 거기에 시간을 들일 가치가 있다고 설득하기 위해 기업들이 얼마나 많은 돈과 노력을 쏟아붓고 있는가.

이런 생각에 반발하고 싶은 기분이 든다면, 그건 수동적인 소비가 편하고 즐거우며 심지어 교육적이고 만족스러울 수도 있기 때문이다. 실제로 소비가 정말 즐겁거나 보람 있는 상황도 많은데, 이런 상황들 때문에 진정한 재미와 쉽게 혼동하게 된다. 예컨대 콘서트나 연극, 댄스 공연은 신나고 즐겁고 심지어 변혁적인 경험이 될 수 있다. 나는 영화를 보러 가거나 책을 읽거나 좋아하는 드라마를 보는 게 시간 낭비라고 말하는 것도 아니고, 우리 삶에서 수동적인 소비를 완전히 제거해야 한다고 말하는 것도 아니다. 하지만 엄밀히 따져보면 이런 일들이 정말 재미있는 건 아니지 않은가. 그 경험과 관련된 뭔가가 장난기, 유대감, 몰입을 제공한다면 모를까. 이럴 때 그 경험은 적극적 소비로 바뀔 수 있다.●

● 즐거움의 원천이 수동적인 소비 형태에서 상호작용을 위한 소재로 바뀌면 재미가 촉진되기도 한다. 예를 들어 내 친구 중 하나는 남편과 함께 영화를 보면서 대사를 미리 알아맞히는 데서 일상적인 재미를 느낀다. 이 경우에는 영화 자체가 재미있는 게 아니다. 영화는 게임 소재를 제공할 뿐이며, 진짜 재미는 두 사람이 함께하는 게임에서 나온다.

THE POWER OF **FUN**
파워 오브 펀

수동적 소비의 주된 문제는 쾌락을 추구하고 고통을 피하려고 사용하는 마약처럼 될 위험이 있다는 것이다. 이런 습관은 의존성을 유발할 수 있을 뿐만 아니라, 때로는 수동적 소비를 선택 사항에서 기본 사항으로 바꿔 결국 다른 선택안이 존재한다는 사실을 잊게 한다. 그리고 수동적 소비에 빠져서 멍하니 시간을 흘려보낼 때마다 진정한 재미를 추구하는 데 쏟아야 할 시간과 에너지가 줄어든다.

이런 분석이 상황을 더 복잡하게 만드는 것 같지만, 중요한 건 어떤 게 진정한 재미고 어떤 게 아닌지 잘 이해할수록 시간을 보내는 방법에 대해 더 나은 결정을 내릴 수 있다는 점이다. 장난기·유대감·몰입이라는 필터를 통해 삶을 평가하는 것의 장점은 그것이 진정한 재미를 촉발할 잠재력이 있는 것(즉, 당신의 재미 자석)과 재미있는 것(진정한 재미를 만들어내지는 못하더라도 가치 있는 일), 그리고 시간만 낭비하는 것을 식별하는 데 도움이 된다는 것이다.

문제는 당신이 표면적으로 '재미'를 위해 하는 많은 일이 사실은 진정한 재미를 안겨주지 못한다는 사실을 받아들여야 한다는 것이다. 어쩌면 그런 일들에서 가벼운 즐거움조차 느끼지 못할지도 모른다. 이 문제를 간단히 해결할 수도 있다. 우리가 여가를 위해 하는 모든 일은 자발적인 것이다. 여가 활동은 즐거워야 하기 때문이다. 그러니 만약 지금 하는 여가 활동이 즐겁지 않다면 그걸 멈추고 다른 일을 위한 공간을 만들어야 한다. 예를 들어 지금 하는 보드게임이 지루하다면 다른 걸 하자고 제안할 수 있다. 모노폴리 게임을 거부해서 죽은 사람은 아무도 없다.

물론 의무감 때문에 특정한 활동을 그만두기 어려울 수도 있다. 예를 들어 독서 모임에서 많은 즐거움을 얻지 못한다는 걸 알게 됐지만 친구들을 실망시키고 싶지 않아서, 또는 책에 관해 토론하는 건 즐겁지 않지만 친구들과 어울릴 기회가 좋아서 계속하는 경우가 그렇다. 또는 가끔은 즐거울 때도 있기 때문에 그 일을 계속하기로 할 수도 있다. 하지만 이런 범주에 속하는 취미 활동을 식별하기 위해 노력해보면, 적어도 자기가 어떻게 그 일을 하게 됐는지 알지도 못하는 채로 계속하는 일은 없을 것이다. 이런 취미 활동은 우리가 눈을 떼지 못할 정도로 매혹적인 일이 아니다. 그리고 무의식중에 그쪽으로 향하게 될 정도로 참여하기 쉬운 것도 아니다. 만약 당신이 그런 일을 하면서 시간을 보내고 있다면 그건 자신의 선택에 따른 것이다.

때로는 궁극적으로 즐겁지 않고 결코 진정한 재미로 이어지지 않는다는 사실을 깨달았음에도 그 일에 계속 매료될 수도 있다. 소셜 미디어에 빠져들거나, 뉴스 기사를 계속 스크롤하거나, 데이트 앱에 등록된 이성의 프로필을 아무 생각 없이 훑어보거나, 소파에 들러붙어서 하루를 허비하거나, 필요 없거나 감당할 수 없을 만큼 비싼 물건을 사는 것 등이 그렇다. 그게 시간을 보람 있게 사용하는 방법이 아니고 결국 기분이 나빠지거나 불만족스러울 수 있다는 걸

머리로는 충분히 알면서도 계속 그런 일에 빠져들 수도 있다. 그런 일들의 속박에 빠지면 헤어 나오기가 매우 어렵다. 이런 일이 생겼다면 당신은 내가 '가짜 재미'라고 부르는 것에 유혹당했을 가능성이 크다. 가짜 재미는 진정한 재미를 안겨주리라고 생각하게끔 의도적으로 고안된 활동과 일들을 가리키며, 실제로는 장난스러운 유대감이나 몰입감을 안겨주지 않는다.

가짜 재미는 위장술이 뛰어나기 때문에 처음에는 식별하기가 어려울 것이다. 진정한 재미를 느낄 때 우리 몸과 뇌에 존재하는 화학물질 중 일부를 방출하도록 고안됐으니 말이다. 하지만 그건 실제로는 보상과 가치관, 목표가 우리와 매우 다른 사람이나 기업이 만든 재미의 신기루다. 정크푸드처럼 가짜 재미 역시 신속한 즐거움을 주지만, 궁극적으로 완전한 만족감을 느끼게 해주지는 않는다. 그리고 시간이 지나면 우리의 정신적·육체적 건강을 해칠 수도 있다.

또 그것 때문에 우리 내면의 나침반이 궤도에서 벗어나기도 한다. 우리가 가짜 재미의 유혹에 굴복하면 길잡이별이 구름에 가려진다. 가짜 재미는 별로 가고 싶지 않은 방향으로 우리를 데려가서 공허감과 불안감, 멍한 기분을 느끼게 한다. 한마디로, 가짜 재미가 나침반을 장악하게 내버려 둘수록 내면이 죽은 듯한 기분을 자주 느끼게 된다. 우리의 나침반이 계속 올바른 방향을 향하게 하려면 어떻게 해야 할까?

02
내면이 죽은 것처럼 느껴진다면

페이스북을 처음 시작했을 때 사람들은 이렇게 말했다. "나는 소셜 미디어를 좋아하지 않아요. (…) 실제 상호작용을 소중하게 여기죠. 그 순간을 소중히 여기고 함께 있으면서 느끼는 친밀감을 중시합니다." 그러면 난 이렇게 대꾸하곤 했다. "결국 우리가 당신을 사로잡게 될 겁니다."

숀 파커(페이스북 초대 사장)

우리가 왜 가짜 재미에 그렇게 잘 속아 넘어가고 그게 왜 우리 내면이 죽은 듯한 기분을 느끼게 하는지 얘기하기 전에, 이것이 중요한 이유부터 잠시 살펴보자.

이유는 정말 간단하다. 우리는 모두 죽게 될 것이기 때문이다. 직설적으로 말해서 미안하지만, 문제가 뭔지를 더 간결하게 설명할 방법이 생각나지 않는다. 은유적인 죽음에 관해 얘기하는 게 꼭 필

요한 이유는 우리가 말 그대로 머지않아 죽음을 맞게 되기 때문이다. 이는 아무도 인정하고 싶어 하지 않는 불편하고 매우 재미없는 인생의 진리다. 즉, 인생은 덧없이 짧다.[*]

로마의 시인 카툴루스[**]는 연인[***]에게 보내는 사랑의 시에 이 상황을 요약했는데, 고등학교 때 읽은 그 시가 뇌리에서 떠나지 않는다. "해는 졌다가 다시 뜰지도 모른다. 하지만 우리는 이 짧은 빛이 저물면 영원히 끝나지 않는 밤을 보내야 한다."

우리 모두 죽을 거라는 사실은 지금 밤잠을 이루지 못하게 하는 많은 문제가 결국에는 별로 중요하지 않다는 뜻이기도 하다. 경력도 중요하지 않고, 성취와 실패도 중요하지 않으며, 자산도 중요하지 않고, 소셜 미디어 팔로워 수도 당연히 중요하지 않다. 우리가 집착하고 스트레스를 받았던 많은 일이 무의미하다는 뜻이다(이런! 재미에 관한 책을 집어 들었을 때 당신이 예상한 건 분명 이런 내용은 아니었을 것이다. 걱정 마시라. 금방 다시 가벼운 주제로 돌아갈 것이다. 하지만 내 주장을 밝히려

---

[*] 최근에 친구가 '당신은 죽을 운명'이라는 메시지를 매일 보내주는 앱에 관해 얘기했는데, 이것은 매 순간을 소중히 여기면서 어리석은 일에 시간을 낭비하지 않게 하는 방법이다. 친구가 그 앱을 설치하겠느냐고 물어봤을 때 처음에는 단호하게 싫다고 대답했다. 나는 이미 실존적인 고민에 너무 많은 시간을 쓰고 있다고 생각해서다. 하지만 다시 생각해보니 죽음에 대한 집착을 앱에 아웃소싱해서 하루 한 번만 상기할 수 있다면 정말 괜찮을 것 같다.

[**] 그는 죽었다.

[***] 그녀도 죽었다.

면 조금 어두운 내용을 짚고 넘어갈 수밖에 없다).

우리는 죽으리라는 사실을 통제할 수 없다. 하지만 자신이 제대로 살고 있는지 아닌지는 통제할 수 있다. 하루하루를 그냥 간신히 견디며 살 것인지, 아니면 마음껏 경험하면서 즐길 것인지 통제할 수 있다. 임종을 맞을 때 평생 시간을 낭비했다는 기분을 느낄 것인지, 아니면 태양 아래에서 보낸 찬란한 순간을 떠올릴 것인지 통제할 수 있다. 우리가 얽매여 있는 대부분의 것이 중요하지 않다는 생각은 당황스러우면서도 동시에 자유로운 기분을 안겨준다. 우리는 자기만의 의미와 목적과 기쁨을 만들 수 있다. 자기만의 경로를 기록할 수 있다. 그리고 그 길을 안내해주는 것이 진정한 재미다.

우리가 주목하는 것이 곧 우리 삶이 된다

가장 먼저 인정해야 할 사실은 우리 삶은 우리가 주목해야 할 대상이라는 것이다. 관심은 우리가 가진 가장 가치 있는 자원이다.

우리는 자기가 주목하는 것만 경험하고, 자기가 주목하는 것만 기억한다. 어떤 순간에 어디에 주의를 기울일지에 대한 선택은 별것 아닌 것처럼 보일 수도 있지만, 이런 결정들이 전부 합쳐지면 매우 중요한 결과를 낳는다. 애니 딜러드가 썼듯이, "우리가 하루를 보내는 방식이 곧 인생을 보내는 방식이 된다".

THE POWER OF **FUN**
파워 오브 펀

철학자 시몬 베유가 관심을 "가장 희귀하고 순수한 형태의 관대함"이라고 이야기한 것도 이 때문이다. 당신이 가장 소중히 여기는 어릴 때 기억을 떠올려보면, 거기에는 열 일 제쳐놓고 당신에게 관심을 기울이기로 한 어른이 꼭 포함돼 있을 것이다. 정말 재미있는 경험에 대한 편 스쿼드의 글을 읽다 보면 이런 주제가 자주 튀어나온다. 그들은 조부모와 함께 보낸 특별한 주말, 또는 어머니나 아버지가 자신과 하루를 보내기 위해 일을 포기한 어떤 날을 묘사했다. 시몬 베유는 이렇게 썼다. "가장 높은 수준의 관심은 기도와도 같다. 그것은 믿음과 사랑을 전제로 한다."

우리 관심을 어디에 쏟을 것인가 하는 선택은 감정과 기분에도 영향을 미친다. 당신이 자기를 화나게 하는 것들에 습관적으로 주의를 기울인다면 늘 두렵고 속상한 기분으로 세상을 경험하게 될 것이다. 불필요한 우려를 자아내는 뉴스 헤드라인이나 소셜 미디어의 장광설 등이 그 예다. 반대로, 기분을 좋게 하거나 장난기·유대감·몰입을 위한 기회를 제공하는 것들에 주의를 기울인다면 더욱 긍정적인 시각으로 세상을 경험하게 될 것이다.

우리가 관심과 시간에 관해 얘기할 때 쓰는 단어[관심을 준다(pay), 시간을 쓴다(spend) 등]는 돈에 관해 얘기할 때 쓰는 동사와 같은데, 적어도 무의식적으로는 관심과 시간의 가치를 알고 있음을 뜻한다. 또 한편으로는 시간을 '죽이거나', '낭비하거나', '보내기' 위해서 하는 일들은 모두 경계해야 한다는 걸 시사한다. 하지만 의미와 기쁨과 재미를 경험할 때 관심의 가치가 가장 크다는 점은 잘 인식하지 못한다. 뭔가를 위해 돈을 낭비해도 이론상 다시 얻을 수 있다. 하지만 관심은 다시 만들어낼 수 없다. 뭔가에 관심을 쏟고 나면 그것으로 끝이다.

게다가 우리 뇌는 인지 능력이 많이 요구되는 일에는 한 번에 한 가지씩만 주의를 기울일 수 있다. 예를 들어 뉴스를 들으면서 빨래를 갤 수는 있지만 뉴스를 들으면서 책을 읽을 수는 없다. 다시 말해 우리 뇌는 멀티태스킹을 할 수 없다. 이 말이 믿기지 않는다면 혜민이《멈추면 비로소 보이는 것들》에서 얘기한 방법을 시도해보자. "정신은 한 번에 두 가지 생각을 할 수 없다. 동시에 두 가지 생각을 할 수 있는지 한번 해보라. 어떤가, 그럴 수 있는가?"•

주의를 분산시킬 수 없다는 얘기는 어떤 순간 어디에 집중할 것인지 결정할 때마다 암묵적으로 어디에 집중하지 않을 건지에 대한 결정도 내리고 있다는 뜻이다. 다시 말해 우리의 관심은 제로섬으

• 당연히 불가능하다. 이 말이 믿기지 않는다면 멀티태스킹에 관한 연구를 살펴보길 권한다. 연구 결과, 동시에 여러 가지 일을 하려고 할수록 단순한 기억력 작업을 제대로 수행하지 못하고 효율성과 생산성도 떨어진다는 사실이 밝혀졌다. 이는 우리가 '멀티태스킹'이라고 부르는 것이 사실은 심리학자들이 말하는 작업 전환, 즉 여러 개의 작업을 빠르게 전환하는 것이기 때문이다. 자동차가 코너를 돌 때는 속도를 줄여야 하는 것처럼 우리 뇌도 방향을 바꿀 때마다 속도를 줄여야 한다. 당신은 이런 경우에 해당하지 않는다고 주장하고 싶다면, 멀티태스킹에 가장 뛰어나다고 주장하는 이들이 사실은 최악의 성과를 낸다는 사실을 생각해보기 바란다. 자세한 정보를 알고 싶으면 스탠퍼드대학교 교수 클리퍼드 나스의 연구를 확인해보라.

THE POWER OF **FUN**
파워 오브 펀

로, 작은 원 하나만 비추고 나머지는 전부 어둠 속에 남겨두는 작은 스포트라이트와 비슷하다. 우리는 매 순간 주변에서 일어나는 일들을 대부분 놓치고 있는데, 이는 필요한 일이기도 하다. 그렇지 않으면 온갖 정보에 완전히 압도당해버릴 테니 말이다. 따라서 어디에 빛을 비출지를 의도적으로 선택하는 것은 정말 중요하다.

아이들은 진정한 재미를 위한 기회에 스포트라이트를 비추는 데 타고난 전문가들이다. 다섯 살짜리 아이들이 활동하는 모습을 지켜보면 뭔가에 몰입하면서 끊임없이 놀 기회를 만들어낸다는 걸 알 수 있다. 유대감과 관련해서도 마찬가지다. 적당한 놀이 친구가 당장 눈앞에 없더라도 어떻게든 찾거나 만들어낸다.

안타깝게도 이런 재능은 나이가 들면서 위축되거나 사라지며, 부모가 될 때쯤에는 자신보다 자녀에게 매력적으로 느껴지는 경험을 만들기 위해 훨씬 많은 시간과 돈을 소비한다. 톰 밴더빌트가 《일단 해보기의 기술》에서 말한 것처럼, 아이들이 춤을 추거나 노래를 부르거나 경쟁을 벌이는 동안 어른들은 "창문도 없는 저층 학교 건물의 먼지 쌓인 타일 바닥에 앉아, 전자 장비를 계속 작동시키려고 전기 콘센트 근처에 옹기종기 모여 있다". 아이들이 놀 수 있게 하려고 열심히 일하는 것이다.

그렇다고 아이들을 질투하지는 말자. 한편으로는 아이들 역시 부모의 발자취를 따라가고 있으니 말이다. 갈수록 점점 어린 나이의 아이들에게 압력과 요구가 가해지고, 그에 따라 정신건강 문제가 많이 발생한다.

　성공을 위한 황금 티켓*을 제공해주리라고 기대하는 엘리트 학교에 입학하기 위해 어릴 때부터 경쟁을 벌여야 하기 때문이다. 어린 시절을 이력서를 만들 시기로 취급하면서 목적 없는 놀이는 하지 못하게 하는 바람에 아이들이 진정한 재미를 누리지 못한다는 점이 무엇보다 안타깝다.

　게다가 우리는 진정한 재미를 느끼는 아이들의 능력을 감소시키는 가치 체계를 만들고 있다. 장난기와 유대감과 몰입이 중요하다는 걸 배운 적이 없는데, 더 우려스럽게는 애초에 그런 걸 경험해보지도 못했는데 어떻게 장난기와 유대감과 몰입으로 가득 찬 삶을 살 수 있겠는가. 자라는 동안 인생을 희소한 자원과 기회를 차지하기 위한 경쟁으로 여기고, 끊임없이 순위가 매겨지고 평가를 받는다면 어떻게 진정한 재미의 가치를 알고 그 기쁨에 빠져들 수 있겠는가.

　현대인의 삶은 진정한 재미를 끌어들이도록 설정돼 있지 않다. 어른과 아이 모두 진정한 재미를 거의 누리지 못하기 때문에 그게 어떤 느낌인지 잊어버렸고, 심지어 자기가 뭘 놓치고 있는지조차

●　보통은 법률·금융·의학·사업 등의 분야에서 경력을 쌓는 걸 의미하지만, 그런 분야에서 일하는 사람들이 겪는 극심한 피로와 불행의 정도나 그런 직업을 얻기 위해 공부하는 과정에서 발생하는 학자금 부채를 생각하면 '황금 수갑'이 더 적절한 용어일 것이다.

깨닫지 못한다. 마치 먹을 수 있는 음식이라고는 귀리죽밖에 없는 디킨스 소설 속의 보육원에 갇힌 격이다. 이런 맛없는 삶에 너무 익숙해진 나머지 더 영양가 있고 맛 좋은 음식을 요구해야겠다는 생각조차 하지 못하게 됐다.

《휴대전화와 헤어지는 법》에 관해 얘기할 때도 이런 모습을 목격했다. 프레젠테이션 도중에 사람들에게 최근에 살아 있다는 기분을 느꼈던 경험을 떠올려보라고 했다. 그리고 그 기억을 여기 모인 사람들에게 들려달라고 요청했다.

기업 경영진, 교사, 학생, 의료 종사자, 부모, 편집자, 인터넷 보안 전문가, 스파 손님 등에게 물어봤는데 처음에 보이는 반응은 항상 똑같았다. 침묵이다. 간혹 대답을 하는 이들이 있었는데, 말꼬리가 올라가는 억양으로 부드럽고 조심스럽게 말해서 답변도 꼭 질문처럼 들렸다. "조카들과 놀았던 일?" "개 산책시킨 것?" 암묵적인 물음표가 포함되지 않은 유일한 답변은 애리조나에서 열린 한 강연회에서 나왔다. 한동안 침묵이 흐른 뒤 한 남자가 손을 번쩍 들고 의기양양하게 말했다. "오늘 아침에 보브캣을 봤어요!"

사람들이 이렇게 말수가 적은 건 수줍음 때문일 수도 있다. 하지만 이런 일이 워낙 자주 생기다 보니 뭔가 다른 이유가 있는 게 틀림없다는 확신이 들었다. 즉, 진정한 재미를 추구하고 우선시하는 것이나 장난기·유대감·몰입이 발생했을 때 그 경험에 주의를 기울이는 데 서투르다는 것이다.

물론 이는 역사적으로 인간이 언제 이런 부분에 관심을 기울이는 데 능숙했는지, 그리고 인간에게 그런 문제를 고려할 자유와 특권이 있었는지 하는 질문으로 이어질 수도 있다. 하지만 안타깝게도 진정한 재미를 구체적으로 연구한 사람이 아무도 없기 때문에 이 질문에 대한 확실한 답도 없다. 다만 분명한 것은 풍요로운 삶을 누리려면 사회적 유대가 필요하고, 우리의 가장 위대한 업적은 몰입할 때 발생하며, 놀이에 대한 욕구는 본질적이고 생물학적으로 주도되며, 모든 문화권과 시대에 걸쳐 일관되게 나타난다는 것이다. 실제로 동물들도 대부분 본능적으로 장난을 친다.* 장난치는 능력은 생활 환경에 따라 다르게 나타나지만 몰입할 기회는 인류 역사 내내 대부분 사람에게 비교적 풍부했다. 옛날 사람들은 지리적으로 제약을 받았고 인터넷도 없었기 때문에 지금처럼 많은 이들과 연결될 수 없었다. 하지만 종교 집단이나 시민 단체, 가족 간의 결속력은 오늘날 사람들이 트위터 팔로워들과 맺고 있는 어떤 관계보다 훨씬 강력했을 것이다.

사람들이 이 세 가지 상태를 한꺼번에 경험하는 일이 얼마나 자주 있는지, 또는 그런 융합이 발생했을 때 어떤 기분을 느끼는지는

---

* 놀이를 연구하는 학자인 고든 M. 버가트는 유대류, 새, 도마뱀을 비롯해 우리가 예상치 못한 동물 집단도 장난을 친다는 증거를 제시했다. 그의 책《놀이의 기원(The Genesis of Play)》에는 '오리너구리도 놀까?', '뛰어오르고, 곡예하고, 서로 놀리는 물고기' 같은 흥미로운 제목의 챕터가 포함돼 있다.

THE POWER OF **FUN**
파워 오브 펀

알 수 없다. 계층, 문화, 자유, 부 같은 요소에 따라 여가가 크게 달라질 수 있다는 걸 생각하면, 사람들이 이용할 수 있었던 여가의 양을 시대 구분 없이 일반화하는 건 현명하지 못한 일일 것이다.

그러나 적어도 서구 세계에서는 논쟁의 여지가 없으면서 재미와 매우 관련성이 큰 사실이 하나 있는데, 바로 지난 250년 사이에 우리가 시간을 평가하는 방법이 크게 달라졌다는 것이다. 그리고 이에 따라 시간을 사용하는 방식이나 장난, 연결, 몰입에 할애하거나 할애하지 않는 시간의 양에도 큰 변화가 생겼다. 산업혁명은 진정으로 혁명적이었고 인터넷의 출현은 또 다른 중요한 전환점이었다. 그리고 2007년 이후로 다들 주머니에 넣고 다니는 스마트폰 때문에 시간을 보내는 방식과 해체하는 방식에 매우 극적인 변화가 발생했다.

시간-가치 역설

나는 시간과 관심에 대해 생각하면 할수록 시간-가치의 역설에 더욱 매료됐다. 우리는 시간은 매우 소중하므로 절대 낭비해선 안 된다고 배웠으면서도, 종종 시간을 낭비하는 것처럼 느껴지는 일에 몰두하곤 한다. 우리가 왜 이런 짓을 하는지 알면 이 함정에 빠지지 않도록 잘 대비할 수 있을 거라고 생각했다.

셀레스트 헤들리가 2020년에 쓴 책 《바쁨 중독》에서는 시간에 대한 사고방식의 진화를 다루는데 매우 흥미로운 세부 사항까지 나온다. 이 책에서 그녀는 대부분의 인류 역사에서는 노동에 들인 시간보다 사람들이 성취하거나 창출한 것을 기준으로 노동생산성(유급 노동자라면 수입)을 측정했다고 말한다. "산업화 시대 이전에는 대부분 사람이 수확물을 거두고 헛간을 짓고 이불을 꿰매는 등 특정한 작업을 완료하기 위해 일했다." 이런 작업이 끝나면 그날 하루 일도 끝났다. 그 결과 1800년 이전에는 대부분 사람이 "실제로 불 주위에 둘러앉아서 《베어울프》처럼 3,182줄이나 되는 서사시를 모두 들을 시간이 있었다". 그녀는 "당시에는 그게 가족과 함께 즐거운 밤을 보내는 방법이었다"라고 덧붙였다.

그러나 산업혁명과 공장 일자리의 출현은 유급 노동자들에 대한 보상 방식에 큰 변화를 가져왔다. 즉, 성과가 아니라 그들이 직장에서 보낸 시간을 기준으로 수입이 결정되기 시작했다. 이는 구두를 수선하고 그 대가를 받는 구두 수선공(종료 시점이 정해져 있고 성공을 측정하는 명확한 방법이 있다)과 이론상 무한정 반복할 수 있는 작업을 수행한 시간에 따라 보상을 받는 공장 근로자의 차이다. 후자는 사람들이 더 많은 돈을 벌기 위해 견딜 수 있는 한 계속 일하고자 하는 금전적 인센티브를 제공한다.

또 공장 노동으로의 전환은 여가와 재미에 대한 생각에 영향을 미치는 새로운 문제를 야기했다. 사람들의 관심을 작업 완수에서 생산 쪽으로 돌리면 당연히 많은 물건이 생겨날 것이다. 여기서 이윤을 남기려면 당신이 생산한 물건을 사도록 사람들을 설득해야 한

다. 다시 말해 수요를 창출해야 한다. 이를 위한 방법 중 하나는 광고와 마케팅 같은 산업을 새로 구축해서 사람들이 더 많은 걸 원하고 필요로 하도록 설득하는 것이다. 이때 정말 효과적인 방법은 무엇일까? 당신이 만든 물건을 사면 행복하고 즐거워진다고 말하는 것이다. 물론 누가 더 많은 물건을 얻을 수 있는지 서로 경쟁하게 하면 훨씬 더 효과적이다. 하지만 당신이 만든 물건을 사고 신용카드 빚을 갚으려면 돈이 필요하고, 돈을 벌려면 일을 많이 해야 한다. 그래서 대개는 더 많은 물건을 생산하는 직장에서 일을 한다. 그러면 또 이윤을 내기 위해 그 물건을 팔아야만 한다. 이런 식으로 상황이 계속 되풀이된다(당신은 지금 한 단락으로 요약한 물질주의와 소비문화의 역사를 보고 있다).

이런 악순환은 진정한 재미를 유발하는 능력과 관련해 많은 문제를 일으킨다. 많은 돈과 물질적 소유물을 재미와 결합하면, 더 많은 물건을 살 돈을 벌기 위해 일에 더 많은 시간을 쏟으려는 동기가 생긴다. 다시 말해 일이 여가를 침범하도록 부추기는 역효과가 생긴다. 이 때문에 제대로 휴식을 취하지 못하는 듯한 기분을 느끼게 되고, 실제로 진정한 재미를 만들어낼 수 있는 경험에 참여할 시간도 줄어든다. 그러면 재미 부족으로 공허함과 불만을 느끼게 된다. 하지만 장난기·유대감·몰입의 가치를 인식하지 못한 우리는 종종 밤과 주말까지 더 열심히 일하면서 돈을 많이 벌어 더 많은 걸 사는 방법으로 감정적인 공백을 메우려고 노력한다.

결국 이로 인해 시간은 거래할 수 있는 상품이고, 그걸 거래할 때 사용할 수 있는 가장 중요한 재화는 돈이라는 생각이 내재화됐다. 이에 따라 금전적 보상으로 이어지지 않는 것은 시간을 가치 있게 사용하는 방법이 아니라는 생각이 만연하게 됐다.

헤들리는 "이 생각이 세상에 가져온 변화는 엄청나다"라고 썼다. "시간이 돈이라면 한가한 시간은 돈을 낭비하는 것이다. 이것이 현대인이 받는 모든 스트레스의 철학적 토대다. 시간은 너무나 소중하므로 절대로 낭비해선 안 된다는 것이다."

오늘날에는 공장에서 일하지 않는 사람들에게도 시간은 돈이라는 생각이 배어 있다. 사실 급여를 받는 직업은 대부분 양쪽에서 가장 안 좋은 부분을 합쳐놓은 것이다. 당신이 벌 수 있는 돈의 액수는 봉급으로 제한되지만, 할 수 있는 일 또는 자기가 '헌신적인' 직원임을 증명하거나 동료들과 보조를 맞추기 위해서 해야만 한다고 느끼는 일은 언제나 더 많다. 또 눈앞에 승진이나 보너스라는 당근이 대롱대롱 매달려 있으면 더 열심히 일할 것이다.

직장에서 하는 일 중 일부는 정말 생산적이고 성취감도 주지만 대부분은 그렇지 않다. 그래서 사람들은 그냥 남들에게 뒤처지지 않을 정도로 슬렁슬렁 일하면서 많은 시간을 보낸다. 헤들리의 말처럼, "우리 중에는 중요한 일은 거의 이루지 못하지만 그래도 필요하다고 느끼는 일을 열심히 하느라 (…) 기진맥진한 사람들이 많다". 안타깝게도 "생산적인 듯한 기분을 느낀다고 해서 실제로 뭔

가를 생산하는 건 아니다".

만족과 즐거움보다 결과와 효율성을 강조하는 분위기는 10대 청소년, 특히 엘리트 대학에 입학하기 위한 학교에 다니는 학생들의 우울증과 불안감이 높은 이유를 부분적으로 설명해준다. 그리고 많은 어른이 진정한 재미를 우선시하지 못하고, 그런 재미가 생겨도 즐기지 못하는 이유 역시 명확하게 보여준다. 우리가 하는 모든 일에는 목적이 있어야 하며 그렇지 않은 일은 시간 낭비일 뿐이라고 세뇌돼왔기 때문이다. 결과적으로 순수한 즐거움을 안겨주는 경험은 우선순위로 취급할 가치가 없어 보이고 심지어 죄책감까지 일으킨다.

예를 들어 나는 자전거 타는 걸 좋아하지만 열심히 노력해서 유지한 힘과 체력을 좋아하는 신체 활동에 이용하기는커녕 밖에 나가 신선한 공기를 마시는 일조차 거의 없다. 그보다는 컴퓨터 앞에 몇 시간씩 계속 앉아 있다가 몸이 너무 늘어지는 걸 느끼면 격렬한 운동을 하면서 이렇게 앉아만 있는 생활에 맞서야겠다고 결심하곤 한다. 이런 충동이 '생산적'으로 살아야 한다는 강박적인 욕구와 결합할 때면, 짬을 내서 실내 사이클링 수업에 참석하기도 한다. 어두운 방에서 다른 사람들 틈에 끼어 실내 자전거를 타고 달리면 방 앞쪽에 있는 스크린에 순위가 뜬다. 가상의 언덕을 오르라고 소리를 질러대는 강사와 귀마개를 착용해야 할 정도로 쾅쾅 울려대는 팝 음악을 들으면서 우리는 누가 가장 빨리 달려 가상의 목적지에 도달할 수 있는지를 놓고 경쟁한다. 물론 이건 심혈관 건강에 도움이 되는 일이다. 하지만 꽤 디스토피아적인 모습이고, 재미있지도 않다.

일과 생산성을 강조하다 보면 재미를 덜 추구하게 되고, 그러다 보면 남들과 연결될 기회가 줄어든다. 요즘에는 직장에 따라 거처를 옮기기 때문에 가족이나 친구와 멀리 떨어져 사는 이들이 많다. 그리고 미국만 보더라도 지역사회 조직에 참여하는 일도 1940년부터 1965년 사이에 정점에 달한 이후 급격히 감소했다. 유대감과 공동체 의식을 키워주는 우연한 연결고리와 자발적인 상호작용을 촉진하는 사회적 구조와 발판을 많이 잃어버렸기 때문이다.

당신도 다른 사람들과 비슷하다면, 친구들과 만나고자 할 때 문자 메시지나 이메일을 주고받으면서 미리 계획을 세울 것이다(즉흥적으로 만남을 시도할 시간이 어디 있겠는가). 그리고 직접 만나기보다는 문자 메시지와 소셜 미디어를 통해 연락하는 시간이 더 많을 것이다(전화 통화보다 훨씬 효율적이니까). 이는 관계를 유지하는 좋은 방법이고 어느 정도까지는 즐길 수도 있다. 그렇지만 말풍선과 이모티콘을 주고받으면서 비동기적으로 의사소통을 하는 건 직접 만나 함께 시간을 보내는 것과 완전히 다르다. 그리고 안타깝게도 그런 식의 연락조차 예전에 비하면 상당히 줄었다.

사실 우리는 많은 전문가가 말하는 외로움의 전염병 속에 살고 있다. AARP(미국은퇴자협회)의 2018년 조사에 따르면, 45세 이상의 미국 성인 중 3분의 1 이상이 외롭다고 느끼는 것으로 나타났다(20

THE POWER OF **FUN**
파워 오브 펀

년 전에 비슷한 연령 집단을 대상으로 조사했을 때는 20퍼센트였다). 같은 해에 글로벌 건강 서비스 회사인 시그나(Cigna)가 미국 성인 2만 명 이상을 대상으로 실시한 조사에서는 응답자의 거의 절반이 '가끔 또는 항상 외로움을 느낀다'라고 답했고, 날마다 친구와 장시간 대화를 나누거나 가족과 즐거운 시간을 보내는 등 의미 있는 사회적 상호작용을 한다고 답한 사람도 절반에 그쳤다.

미국인만 겪는 문제가 아니다. 2018년 1월에 영국 총리 테리사 메이는 자국의 고독 문제를 평가하고 감소시키기 위해 실제로 고독부라는 부처를 설립하고 장관을 임명했다(농담이 아니라 진짜다). 아마 언젠가는 재미부 장관도 생길지 모른다. 고독부가 창설되자 앨리스 에이디라는 영국 영화 제작자는 익명의 시민들이 고독부 장관에게 남긴 음성 메시지 내용을 담은 〈디스커넥티드〉라는 미니 다큐멘터리를 제작했다. 등장인물들의 사연은 정말 가슴이 아픈데 그 이유 중 하나는 매우 공감이 되기 때문이다. 어떤 사람은 이런 메시지를 남겼다. "내 아파트에 앉아서 사람들이 지나가는 모습을 보고 있노라면, '이렇게 사람들이 많은 곳에서 나는 왜 혼자 있는 거지?'라는 생각이 든다."

아이러니하게도, 전화 같은 통신 장치를 이용한 상호작용이 문제를 더 악화시키기도 한다. 2017년에 월간 문예평론지 〈애틀랜틱〉에 실린 '스마트폰이 한 세대를 파괴했을까?'라는 제목의 커버스토리에서 심리학 교수 진 트웬지는 "(스마트폰과 함께 성장한 세대가) 수십 년

만에 최악의 정신건강 위기에 직면해 있다고 말하는 건 과장이 아니다. 그 원인은 대개 휴대전화에서 찾을 수 있다"라고 썼다.

기사와 함께 실린 차트가 특히 눈에 띄었는데 '소외감을 자주 느낀다', '외로움을 느낄 때가 많다' 같은 문장에 '동의'하거나 '거의 동의'하는 8학년, 10학년, 12학년 학생들의 비율을 보여줬다. 이 비율은 스마트폰이 처음 출시된 해인 2008년경부터 증가하기 시작했고, 2010년 이후에는 기하급수적으로 증가했다.

상관관계가 곧 인과관계는 아니지만, 2010년이 인스타그램이 만들어진 해라는 건 우연이 아닌 것 같다. 휴대전화를 전화기로만 사용한다면(즉, 누군가에게 전화를 걸 때만 쓴다면) 지금보다 더 외로워지지 않겠지만 다른 사람들의 피드를 수동적으로 스크롤하는 건 우울증이나 낮은 자존감, 낮은 자부심 같은 증상과 관련이 있다. 사람들에게 잘 받아들여지지 못하고 더 소외되는 건 말할 것도 없고 자신의 외모와 사회적 지위에 대해서도 부정적으로 생각하기 쉽다. 사회적으로 배제됐다고 느끼거나 다른 사람이 사회적으로 배제되는 모습을 보면 육체적 고통과 관련된 뇌 부위의 네트워크가 활성화된다.

외로움에 관한 연구 분야의 전문가 존 카시오포는 2012년, 그러니까 소셜 미디어가 지금처럼 만연하지 않았던 시절에 〈애틀랜틱〉 기자에게 "대면 상호작용 비중이 클수록 덜 외롭고, 온라인 상호작용 비중이 클수록 더 외로워진다"라고 말했다. 기자는 "시간과 공간의 제약을 받지 않는 즉각적이고 절대적인 의사소통의 세계에서

우리는 전례 없는 소외감에 시달린다. 지금처럼 서로에게서 멀어지거나 외로웠던 적이 없다"라고 결론을 내렸다.

이 정도면 장난기와 유대감 쪽의 상황이 좋지 않다는 걸 알게 됐을 텐데, 안타깝게도 몰입은 상황이 더 나쁘다. 긱 경제와 (건강보험과 퇴직금부터 유급 육아휴직에 이르기까지) 안전망 부족 탓에 모든 것이 너무나도 불안정하게 느껴지기 때문에 이 순간을 즐기기는커녕 충실하게 살아가는 것조차 힘들다. 그래서 끊임없이 불안을 느낀다.

몰입이 더 어려운 이유는 우리가 무엇을 하고 있든 자녀의 부름, 이메일, 뉴스 알림, 문자 메시지, 기타 자극에 끊임없이 방해를 받기 때문이다. 진정한 재미를 느끼는 능력과 관련해서도 이런 끊임없는 방해가 가장 큰 장애물이 될 수 있다. 간단히 말해, 당신의 주의가 분산되면 몰입이 불가능하고 따라서 진정한 재미를 느끼는 것도 불가능하다. 그리고 주머니에 넣고 다니는 각종 장비 때문에 우리의 주의는 늘 분산된다.●

시간당 산출물을 중시하고 재미의 가치는 인정하지 않는 행태는 사회생활에서 정량화할 수 있는 결과만을 추구하게 한다. 돈을 측정 기준으로 사용할 수 없을 때는 결국 자신의 가치를 증명하기 위해 외부 검증에 의존하게 된다. 그래서 많은 이들이 자기가 재미있

● 이는 장치의 콘텐츠가 주의를 분산시키기 때문이기도 하고 장치가 제공하는 지속적인 자극 때문에 뇌에 변화가 생겨서 더 산만해지기 때문이기도 하다.

고 흥미로운 사람이라는 증거를 소셜 미디어를 통해 제공하기 위해 자신의 경험을 강박적으로 기록하는 것이다. 하지만 자신의 모든 시간을 소셜 미디어에 쏟으면 그렇게 흥미로운 사람이 될 수 없고, 사진을 올리느라 즐거운 경험이 중간중간 끊기면 제대로 즐길 수 없다는 사실에는 신경 쓰지 않는다.

외부 검증을 많이 받을수록 더 많은 검증을 갈망하고 더 의존하게 된다. 그러다 보면 머지않아 자기 삶을 관리해야 하는 브랜드로 여기고, 자녀들 역시 부모의 일을 반영하는 상품처럼 취급하게 된다. 일테면 타인과 교류하고 싶다는 욕망으로 유치원에 다니는 자녀의 독서 수준을 페이스북에서 겸손한 척 자랑한다든가 하는 것 말이다. 그리고 자기가 실제로 원하는 게 아니라 지금까지 키워온 대중적인 이미지를 바탕으로 결정을 내린다. 이런 불협화음 때문에 진정한 자신을 반영하지 못하는 방식으로 행동하게 될 뿐만 아니라, 극단적인 경우에는 자신과 자녀들의 진정한 모습을 처음부터 깨닫지 못한 채로 진만 빠지게 된다. 결국 장난기·유대감·몰입을 추구할 에너지가 하나도 남지 않는데, 참으로 불행한 아이러니다. 장난기와 유대감, 몰입은 소셜 미디어에서 힘들게 얻어낸 '좋아요'보다 훨씬 많은 에너지와 만족감을 주기 때문이다.

이것만으로는 충분치 않다는 듯이, 전 세계적인 코로나19 팬데믹과 동시에 발생한 사회적·정치적·경제적 불안의 증가로 진정한 재미에 대한 전망은 더욱 어두워졌다. 두려움과 불안이 우리를 산

만하게 했고 장난기와 몰입을 경험하는 능력을 가로막았다. 사회적 거리두기와 봉쇄 때문에 직접적인 교류도 차단됐다. 원래 존재하던 고립과 외로움이 전염병처럼 확산됐다. 팬데믹이 발생하기 전에도 시간을 관리하거나 일과 삶의 균형(또는 내가 스크린과 삶의 균형이라고 부르는 것)을 유지하는 데 능숙하지 못했는데, 재택근무는 우리에게 남은 경계마저 모두 무너뜨렸다.

당연히 많은 사람이 학교, 직장에서의 회의, 친구들과의 모임 등 더는 현실에서 이용할 수 없는 것들을 가상 세계에서 재현하기 위해 스크린에 훨씬 더 의존하면서 팬데믹에 대처했다. 기술은 곧 생명선이 됐다. 휴대전화 서비스와 와이파이 연결이 없었다면 이런 상황에 어떻게 대처했을지 생각하고 싶지도 않다. 그러나 이로 인해 전자 기기에 몰두하면서 현실에 대처하는 습관이 더 강해졌다. 다들 인터넷에 너무 의존하게 돼, 주말 내내는커녕 하룻밤이라도 인터넷 접속을 끊는다는 건 상상도 할 수 없게 됐다.

모든 문제를 기술 탓으로 돌리려는 게 아니다. 또 하던 일을 그만두고 휴대전화나 인터넷 서비스가 없는 숲속의 외딴 오두막으로 이사해야 한다고 말하려는 것도 아니다. 진정한 재미를 경험하는 능력과 관련해 우리를 방해하는 것들이 많고, 특히 커뮤니케이션이나 엔터테인먼트, 업무 등에는 기술이 꼭 필요한 상황들이 분명히 있다. 하지만 대체로 전자 장비는 우리가 이미 겪고 있는 문제를 더 키울 뿐이다. 일과 가정생활 사이에 적절한 경계가 없는 것, 자아 존

중감의 대용물로 외부 검증에 의지하는 것, 자기 시간의 가치에 대한 척도로 돈을 지나치게 강조하는 것, 그리고 건강·성공·행복을 이루는 가장 좋은 방법은 자기가 하는 모든 일을 극대화하는 것이라는 생각을 받아들이는 것 등이 그것이다. 현대 생활에는 장난기·유대감·몰입을 경험하기 힘들게 해서 그런 목표를 달성하지 못하게 하는 측면들이 많지만, 전자 장비와의 역기능적인 관계는 우리 앞길을 가로막는 가장 큰 장애물 중 하나다.

스크린과 삶의 균형

우리가 전자 장비와 관계를 맺고 있다는 말은 진심이다. 우리는 그걸 단순히 사용하기만 하는 게 아니라 그것과 상호작용을 한다. 그리고 이런 상호작용은 양방향으로 이루어진다. 알림음에 반응해서 스마트폰을 확인할 때도 있지만 특정한 목적을 염두에 두고 스마트폰을 집어 드는 일도 그만큼 많다. 어떤 이유로든 휴대전화를 손에 들면, 시간을 훔치는 다양한 유혹에 빠져서 곁길로 새곤 한다. 20분 동안 디지털 블랙홀에 빠져 있다가 정신을 차리고 나면 처음에 찾던 앱이 뭔지 기억도 안 나는 경험을 당신도 해봤을 것이다. 더 나쁜 건, 휴대전화를 확인하는 행동은 대부분 우리 무의식 속에 너무 깊이 뿌리내린 탓에 존재한다는 사실조차 모르는 잠재의식적 갈망과 습관의 결과물이라는 것이다. 휴대전화가 어떻게, 또는 왜 거기에

있는지도 모르는 채로 손에 들고 있었던 적이 얼마나 많은가.

게다가 우리는 집 주변이나 사무실, 거리, 화장실, 심지어 침대까지 모든 곳에 휴대전화를 가지고 다닌다. 그리고 아침에는 옆에서 자던 사람과 인사를 나누기도 전부터 휴대전화를 집어 든다. 스마트폰을 비롯한 무선 모바일 장비는 이런 조건(우리를 방해할 수 있고, 잠재의식을 조종할 수 있고, 어딜 가든 항상 들고 다니는 것)을 모두 갖추고 있어서 라디오, TV, 전통적인 전화, 영화 같은 기존의 모든 기술과 차별화된다.● 또 우리가 평소에 사용하는 다른 기술들과도 구분된다. 나는 《휴대전화와 헤어지는 법》이라는 책을 썼지만 '오븐과 헤어지는 법'이라는 후속편을 쓰게 될 것 같지는 않다.

나는 지금도 스마트폰을 가지고 있고 이 책을 깃털 펜으로 쓰고 있는 것도 물론 아니다. 기술 발전에 감사하며, 그것 없이 살고 싶지도 않다. 하지만 지금 우리가 스크린을 들여다보는 시간은 대부분 의식적인 선택의 결과가 아니다. 우리가 전자 장비를 통제하는 게 아니라 장비가 우리를 통제한다. 우리와 전자 장비의 관계는 건전한 관계가 아니다.

나침반 바늘이 계속 북쪽을 가리키게 하려면 다른 자석의 영향을 받지 않도록 바늘을 보호해야 한다. 우리 삶에도 같은 원리가 적

● 　그들의 가장 가까운 조상은 블랙베리라는 휴대용 단말기(매우 기본적인 기능만 탑재돼 있고 주로 사업가들이 사용했음)인데, 그걸 가지고 있는 이들이 중독자처럼 행동한 탓에 '크랙베리(Crackberries)'라고 조롱 조로 부르는 이들이 많았다.

용된다. 의미 있고, 즐겁고, 완전히 몰입된 삶을 살고 싶다면 우리의 주의를 산만하게 하거나 가짜 재미로 이끄는 것들을 멀리해야 하는데, 가장 먼저 물리쳐야 하는 게 스크린의 유혹이다.

가장 기본적인 수준에서 우리가 직면한 과제는 시간이다. 시간의 가치에 대해 어떻게 생각하는지가 문제가 아니라 전자 장비에 얼마나 많은 시간을 소비하는지가 문제다. 하루는 24시간뿐이고 그중 적어도 4분의 1은 잠을 잔다. 코로나19 대유행 전까지 평균적인 성인은 하루에 4시간 이상 휴대전화를 사용했는데, 지금은 그 시간이 훨씬 길어진 사람들이 많다. 하루 4시간씩 1년이면 거의 60일이다. 일주일에 40시간씩 일한다면 9개월 치에 달하는 근무시간이고, 깨어 있는 시간의 4분의 1이나 된다.

더욱이 이 수치는 휴대전화 사용 시간만 계산한 것이다. 태블릿과 TV, 컴퓨터, 비디오 게임기 등을 합치면 많은 사람이 깨어 있는 시간의 대부분을 스크린을 응시하면서 보낸다고 해도 과언이 아니다. 물론 그중 일부는 업무에 필요하다. 하지만 생각해보라. 솔직히 취미생활을 하거나 파트너, 가족, 친구 등과 직접 만나서 함께 보내는 시간이 하루에 얼마나 되는가? 그걸 다 합치면 스크린 앞에서 보내는 총시간까지는 안 되더라도 4시간 가까이는 되는가?

우리에게 영향을 미치는 건 시간의 양뿐만이 아니다. 우리가 전자 장비와 상호작용하는 방식, 더욱 구체적으로 말하자면 우리가 실생활과 스크린 사이를 오가면서 주의가 분산되는 것 때문에 일부 전문

가가 '오염된 시간' 또는 '시간 파편'이라고 부르는 결과가 생겨난다. 이 용어는 브리지드 셜트라는 저널리스트가 비생산적이고 만족스럽지 못한 멀티태스킹으로 허비되는 모든 자잘한 시간을 가리키기 위해 만든 말이다. 휴대전화와 컴퓨터는 새로운 문자 메시지나 이메일이 수신될 때마다 알림음을 울리도록 기본으로 설정돼 있어서 상황을 더 악화시킨다. 이것 때문에 전문가들이 말하는 여가의 양(믿기지 않지만, 전문가들은 오늘날이 1950년대보다 여가가 늘었다고 주장한다)과 우리가 사용할 수 있다고 느끼는 시간 사이에 차이가 생기는 듯하다.

시간 관리 전문가 애슐리 윌런스는 《시간을 찾아드립니다》에서 사람들의 관심을 현재의 경험에서 스트레스를 유발하는 활동으로 전환하도록 요청한 실험에 대해 설명했다. "사람들이 여가를 덜 즐기게 됐고, 나중에 그때의 상황을 돌아보게 하자 실제보다 여가가 적었다고 추정했다. 이를 통해 기술이 만들어낸 시간의 함정이 얼마나 파괴적인지 알 수 있다. 시간이 파편화되면 실제보다 더 시간이 부족하다고 느끼게 된다."

몰입은 활기를 되찾게 해주지만 시간 파편은 우리를 지치게 한다. 한 번에 너무 많은 걸 머릿속에 담으려고 하면 작업 기억에 부담이 가서 뇌가 피로를 느끼기 때문이다. 심리학 전문지 〈사이콜로지 투데이〉에서 정의한 바에 따르면, 작업 기억이란 '즉각적인 정신적 사용을 위해 준비된, 제한된 양의 정보를 보유할 수 있게 해주는 기억의 한 형태'다. 이걸 이용해서 암산을 하거나 방금 파티에서 만난 사람들의 이름을 일시적으로 기억할 수 있다. 온종일 이런 작업을 수행하고 나면 너무 기진맥진해져서, 친구를 만나거나 운동을 하러 가거나 개를 산책시키면 기분이 훨씬 나아지리라는 걸 알면서도 소파에 털썩 주저앉아 리모컨이나 휴대전화에 손을 뻗게 된다. 온종일 화면을 응시하면서 시간을 보낸 뒤임에도 말이다. 결과적으로 여가 대부분을 스크린 앞에서 보내면서 단순한 '재미를 위한' 일을 하게 된다.

우리가 스크린 앞에서 하는 여가 활동은 대부분 가짜 재미의 범주에 들어간다. 이런 활동은 약간의 만족감을 주기도 하지만 결국은 더 큰 불안과 외로움을 느끼게 하는 자기 치료, 오락, 소비,* 주의 산만의 형태를 취한다.

해킹당한 우리 뇌

프롤로그에서 얘기한, 딸과 함께 있으면서 유체 이탈을 경험했던 날 밤의 장면은 《크리스마스 캐럴》의 현실 버전이었다. 크리스마스 유령이 스크루지를 찾아와 만약 그가 지금과 같은 길을 계속 간다

---

* 스크린과 삶 사이의 균형 부족으로 발생하는 아이러니 하나는 재미에 굶주려 있으면서도 너무 피곤한 나머지 그런 재미를 느낄 수 있는 일을 아무것도 하지 못한다는 것이다. 그래서 대신 더 많은 소비를 한다. 예를 들어 파티를 여는 것보다 새로운 평면 TV를 주문하는 게 훨씬 쉽다. 안타깝게도 TV를 살 때 생긴 신용카드 빚을 갚기 위해 훨씬 더 오랜 시간 일해야 할 수도 있다. 그러면 너무 피곤해서 더 재미있는 일을 하지 못하고 그냥 구입한 TV나 보면서 여가를 보내게 될 것이다.

면 미래가 어떻게 될지 보여주고, 그걸 본 스크루지가 삶의 방식을 바꾸겠다고 결심한 장면 말이다. 그 순간 내 눈을 덮고 있던 비늘이 떨어졌고, 지금 무슨 일이 벌어지고 있으며 이 습관을 고치지 않는다면 미래에 무슨 일이 벌어질지를 분명히 볼 수 있었다. 즉, 중요하지도 않은 일에 내 인생을 낭비하면서 내 딸까지 그렇게 하도록 부추길 위험에 처해 있었던 것이다. 그걸 깨닫자 겁에 질려서 바꿔야겠다고 결심했고, 책을 쓰는 여정을 시작했다.

그런 깨달음을 얻게 된 건 정말 감사한 일이지만, '왜 더 일찍 깨우치지 못했을까?'라는 의문이 들었다. 나는 스크린과 삶의 균형이 엉망인 상태였고 수년 동안 중독까지는 아니더라도 강박 증세를 보여왔다. 그런데 왜 그런 상황을 명확히 깨닫기 위해 수면 부족으로 인한 짧은 환각의 순간이 필요했던 걸까?

스물두 살 때 제1형 당뇨병 진단을 받았을 때가 생각났다. 돌이켜보면, 진단을 받진 않았지만 그 전에도 해당하는 증상이 모두 있었다. 일단 늘 배가 고팠다. 그리고 목이 너무 말라서 탄산수 꿈을 꾸다가 한밤중에 일어나 기숙사 욕실 수도꼭지를 틀어 물을 마시기도 했다. 계속 먹었는데도 체중이 9킬로그램이나 줄었다. 그런데도 룸메이트가 병원에 가보라고 재촉하기 전까지는 병원에 갈 생각을 안 했는데, 가자마자 즉시 당뇨병 진단을 받았다. 지금 와서 생각하면 모든 게 명백해 보인다. 하지만 그 순간에는 무슨 일이 벌어지고 있는지 몰랐다. 제1형 당뇨병에 걸렸으리란 생각은 애초에 하지도 못했던 데다, 고혈당이 인지 기능에 미치는 영향 때문에 말 그대로 뇌가 제대로 작동하지 않았기 때문이다.

이제 그와 비슷한 일이 기술 부문에서도 일어나고 있다. 이론적으로는 전자 장비가 우리 정신을 둔화시키고 진정한 재미를 경험하지 못하게 가로막는 정도를 알아차리는 건 별로 어렵지 않을 것 같다. 휴대전화와의 관계를 합리적으로 분석할 수 있다면, 업무 처리를 위해 휴대전화가 필요한 경우도 많지만 우리가 '재미 삼아' 휴대전화로 하는 일들 대부분이 사실 의미나 만족감은커녕 진정한 재미도 안겨주지 못하므로 그런 소일거리는 거부해야 한다는 걸 인정할 것이다.

예를 들어 '좋아요'를 얼마나 받을 수 있을까에 대한 예상에 따라 활동을 선택하는 건 별로 만족스럽지 못한 삶의 방식이라는 걸 깨닫게 될 것이다. 우리는 이상적인 연인을 만나게 되리라는 희망을 품고 데이트 앱에 가입하지만, 마치 게임이라도 하는 것처럼 사람들의 프로필 사진을 훑어보면서 그 사진이 나타내는 실제 인간에 대해서는 생각조차 해보지 않은 채 중요한 기회를 날려버린다. 게다가 근처에 있을지도 모르는 실제 인간도 무시한다. 예전에 한 바텐더에게서 요즘에 술집을 찾는 독신 남녀들은 바에 앉아 옆 사람과 대화를 나눌 생각은 안 하고 데이트 앱만 훑어본다는 얘기를 들은 적이 있다. 우리는 소셜 미디어에서 다른 사람들이 이상적으로 꾸며놓은 사진을 보거나, 뉴스를 스크롤하거나, 강박적으로 이메일을 확인하거나, 몇 시간씩 게임을 하거나, 드라마를 몰아서 보거나,

인터넷에서 필요도 없는 물건을 사들여도 기분이 좋아지지 않는다는 걸 안다. 다른 사람과 대화를 나누는 중에 휴대전화를 확인하는 건 무례한 행동이고 상대방의 기분을 상하게 한다는 것도 안다. 그러니 그만해야 한다.

하지만 그러지 못한다. 왜 그럴까?

우리 뇌가 해킹당했기 때문이다. 우리가 계속 스크린을 응시하도록 특별히 설계된 알고리즘을 사용하는 기업들에 해킹당했다. 이 기업들은 우리 뇌를 우리에게 불리한 방향으로 활용하는 방법을 알아냈고, 이를 통해 신경화학적인 변화를 촉발해서 실제로는 즐겁지 않은데도 즐겁다고 여기게 한다. 그래서 우리는 자신이 아니라 앱 제작자에게 이익이 되는 방식으로 행동하게 됐다.

뇌 해킹의 알고리즘

스마트폰을 비롯한 무선 모바일 기기와 건전하지 않은 관계를 맺고 있다고 해서 자신을 탓할 필요는 없다. 그건 당신 잘못이 아니다. 나는 스크린 응시 시간과 관련해 자제력이 부족하다며 심하게 자책하는 이들을 많이 만나봤다. 하지만 실제로 스크린 중독 때문에 자신을 탓하는 건 흡연자들이 담배의 중독성을 자기 탓으로 돌리는 것과 마찬가지다. 습관을 바꾸는 게 어렵다고 해서 우리에게 뭔가 문제가 있거나 의지력이 없다는 얘기는 아니다. 애초에 앱이 우리 마음을 사로잡도록 설계됐기 때문이다.

앱을 이런 식으로 설계하는 이유는 가장 문제가 많고 시간을 낭비하게 하는 앱들은 대부분 '관심 경제', 좀 더 위협적이면서 정확하게 표현하자면 '감시 자본주의'의 일부기 때문이다. 이 경제체제에서는 사고파는 대상이 재화와 용역이 아니라 우리의 관심이다.

〈소셜 딜레마〉 같은 영화나 인도적기술센터(Center for Humane Technology)를 설립한 트리스탄 해리스처럼 이 문제에 경종을 울리는 전직 기술계 인사들 덕에 최근 관심 경제에 많은 관심이 쏠리고 있다. 이는 진정한 재미를 경험하는 능력에 치명적인 영향을 미치는 문제기 때문에 잠시 시간을 내서 그 작동 방식을 명확히 밝힐 필요가 있다.

관심 경제에서 우리는 고객이나 판매자가 아니라 사용자(불길한 용어다!)고, 판매되는 제품은 우리의 관심이다. 광고주가 고객이고 그들은 우리의 관심을 끌 기회를 얻기 위해 소셜 미디어 앱을 만드는 다른 회사에 돈을 낸다.• 우리가 앱에 관심을 기울일수록 그 앱이 맞

• 그들이 우리에게 돈을 주는 건 아니다. 기술 전문가인 재런 러니어는 기업들이 우리가 제공하는 데이터와 관심에 보상을 해야 할 경우 4인 가족 기준 보상금이 연간 약 2만 달러가 되리라고 추정한다. 러니어의 계획이 실제로 실현될 수 있느냐 아니냐와 상관없이, 인스타그램과 왓츠앱을 소유한 페이스북 같은 기업의 임원들이 어떻게 우리에게서 훔쳐 간 물품을 팔아 세계에서 가장 부유해졌는지(페이스북은 한때 기업 가치가 1조 달러를 넘기도 했다) 한번 물어볼 필요가 있다. 그들이 우리의 관심을 이용해서 재산상 이익을 얻는 방법을 보면, 가히 현대판 악덕 자본가라고 할 만하다.

THE POWER OF **FUN**
파워 오브 펀

춤화된 개인 타깃 광고와 콘텐츠를 제공하거나 우리에 대한 데이터를 수집할 기회가 많아지고, 앞으로도 이 데이터를 이용해 더 많은 타깃 광고와 콘텐츠를 보여주면서 수익을 늘리게 될 것이다.

관심 경제의 일부인 모든 앱과 사이트는 동일한 최종 목표를 가지고 있다. 어떤 슬로건을 내세우건 상관없이 그들의 목표는 우리를 서로 연결하거나 기쁘게 해주거나 영감을 주거나 교육하거나 만족감을 선사하는 게 아니다. 우리가 즐겁게 지내는 데 도움을 주는 것도 아니다. 그들의 목표는 우리가 최대한 자주 실제 경험을 중단하고 최대한 오래 스크린을 응시하게 하는 것이다.

페이스북의 '좋아요' 버튼 개발을 도왔던 전 페이스북 엔지니어 저스틴 로즌스타인은 〈소셜 딜레마〉에 출연해서 "우리의 관심은 채굴할 수 있는 대상"이라고 말했다. "우리가 풍요로운 방식으로 살아가는 것보다 스크린을 응시하고 광고를 보면서 시간을 보내는 게 기업에 더 이익이 된다."

그들이 추구하는 건 우리의 관심뿐만이 아니다. 기술 전문가이자 가상현실 분야의 선구자인 재런 러니어는 광고주(그리고 유료 콘텐츠를 제작하는 사람이나 기업)가 페이스북 같은 회사에 돈을 내는 이유는 우리가 단순히 그들의 광고를 흘깃 보고 넘어가게 하려는 게 아니라고 지적한다. 그들은 우리의 인식, 감정, 행동에 점진적이고 미약한 변화를 일으키면 훗날 그들의 이익이나 수익에 도움이 되리라는 희망을 갖고 돈을 낸다. 다시 말해, 그들의 목표는 우리가 뭔가를 하도록 유도하는 것이다. "한때는 광고라고 불렀던 것을 이제는 거대한 규모의 '지속적인 행동 수정'으로 이해해야 한다"라고 러니어는 말한다. 그가 한마디로 요약하는 것처럼, "당신의 특정한 행동 변화가 제품으로 바뀌었다".

기업들은 '적응형 알고리즘'이라는 걸 이용해서 우리 행동을 수정한다. 이는 기본적으로 앱이 인간과의 상호작용을 통해 학습해서 더욱 개인화된 광고와 콘텐츠를 보여줄 수 있게 하는 컴퓨터 프로그램이다. •

친구와 어떤 일에 관해 얘기를 나눈 뒤, 일테면 새 신발에 관해 얘기를 나눈 뒤 당신이 직접 검색한 적이 없는데도 소셜 미디어 피드에서 그 신발 광고를 본 적은 없는가? 이것이 적응형 알고리즘의 예다.

이런 일이 생기면 몹시 불안해하며 휴대전화가 도청된다는 결론을 내릴지도 모른다. 하지만 페이스북 초기 투자자이면서 현재는 비평가 입장에서 《마크 저커버그의 배신》이라는 책을 쓴 로저 맥나미의 말에 따르면 그건 "오늘날에는 타당한 결론이 아니다. 행동 예

• 세계 최고의 AI 알고리즘은 그걸 만든 기업들에 매우 중요하며, 이는 기업이 알고리즘을 얼마나 세심하게 보호하는지를 통해서도 알 수 있다. 러니어는 "페이스북이나 구글 같은 기업들이 이용하는 알고리즘은 전 세계에서 몇 개 안 되는 해킹 불가능한 파일에 저장돼 있다. 그건 기밀 사항이다. NSA(미국국가안전보장국)와 CIA(미국중앙정보국)의 가장 은밀한 비밀은 꾸준히 유출되고 있지만, 구글의 검색 알고리즘이나 페이스북의 피드 알고리즘 사본은 다크 웹에서도 찾아볼 수 없다"고 말했다.

측 엔진(그 사이트의 알고리즘)이 정확한 예측을 했다고 생각하는 게 더 타당하다".

즉, 당신은 자기가 신발에 관심이 있다는 걸 아직 모르더라도 알고리즘은 당신이나 당신과 비슷한 다른 이들을 통해 수집한 데이터를 바탕으로 당신이 신발 구입에 관심이 있을지도 모른다고 짐작한다. 또 여러 가지 정보 출처(이를 통틀어서 메타데이터라고 한다) 가운데 위치 데이터와 채팅 기록을 바탕으로, 당신이 최근에 특정한 친구와 시간을 보냈고 그 친구가 사이트나 앱에서 유료 광고를 한 브랜드에서 신발을 샀다는 걸 알 수도 있다. 그래서 알고리즘이 그 광고 중 하나를 보여주는 것이다.

이게 일반적으로 알고리즘이 우리에게 뭘 보여줄지 결정하는 방식이다. 그들은 우리와 우리의 과거 행동에 대한 데이터를 인구 통계나 행동 면에서 우리와 비슷한 다른 사용자 수백만 명의 프로필이나 과거 행동과 비교한다. 러니어는 커뮤니케이션 내용, 관심사, 움직임, 타인과의 접촉, 상황에 대한 감정적 반응, 표정, 구매 이력, 심지어 활력 징후 같은 다양한 출처(계속 늘어나는 무한히 다양한 데이터)를 통해 이런 정보를 수집할 수 있다고 말한다. 그러면 알고리즘은 다른 이들의 후속 행동을 보고 판단한 바를 통해 우리가 다음에 무엇을 할 준비가 돼 있는지 예측한다.

앞에서는 일부러 '다음에 무엇을 할 것인지' 대신 '다음에 무엇을 할 준비가 돼 있는지'라고 했다. '다음에 무엇을 할 것이다'라고 하면 우리가 자신의 결정을 다 통제하고 있고, 알고리즘은 단지 수정 구슬 역할을 할 뿐임을 의미하게 된다. 하지만 실제로 최고의 알고리즘은 마법사에 가까워서 우리에게 제공되는 옵션을 조작해 제작자가 원하는 결과를 얻도록 유도할 수 있다. 알고리즘 예측이 항상 정확한 건 아니다. 하지만 정확할 때는 알고리즘을 설계한 사람이나 회사에 가장 도움이 되는 방향으로 우리를 이끌 수 있다. 게다가 나날이 정확해지고 있다. 맥나미는 "그건 매우 소름 끼치는 일"이라고 썼다. "기술이 발전할수록 더 소름 끼치는 일이 많아질 것이다."

물론 소름 끼치기는 하지만, 얼핏 보면 이런 알고리즘 중심의 행동 변화로 인한 비용은 무시해도 되는 수준으로 느껴질 것이다. 그렇다면 점심을 먹으러 줄을 서서 기다리는 1분 동안 앱 알고리즘이 선택한 뉴스 기사나 소셜 미디어 게시물을 본다면 어떻게 될까? 딱 1분 동안 말이다. 그리고 알고리즘의 권유에 따라 점심 메뉴를 선택한다면? 어쩌면 그 알고리즘은 당신이 실제로 가고 싶은 방향으로 유도했을 수도 있다. 당신이 관심을 두고 있는 것에 대한 광고를 보여주면서 말이다. 게다가 그건 당신이 하루에 내리는 수많은 결정 중 하나에 불과하다.

하지만 이런 알고리즘이 하도록 유도하는 일만 문제인 게 아니라, 그로 인해 하지 않게 되는 다른 모든 일도 문제가 된다. 특히 앱과 알고리즘을 설계하는 사람들(대부분 비도덕적이지는 않지만 자신의 이익을 추구하는)의 동기가 우리가 실제로 삶을 사는 방법과 일치하지

않기 때문에 더더욱 그렇다. 휴대전화를 내려놓으면 뭔가를 놓치게 될지도 모른다는 두려움에 사로잡히기보다는 휴대전화를 들고 있는 바람에 확실히 놓치고 있는 모든 것에 대해 생각해야 한다. 요컨대 알고리즘으로 생성된 링크를 따라가는 모든 순간에는 책을 읽거나 악기를 연습하거나 친구와 대화를 나누거나 심지어 하늘을 쳐다보는 등 자신을 위한 무언가를 하지 않게 된다. 시간을 파편화할수록 우리는 자신을 더 보기 좋게 가꿔야 하는 일종의 상품으로 취급하게 된다. 다시 말해 이런 상황에 많이 연루될수록 몰입하거나 진정한 자아를 드러내거나 진정한 재미를 느끼는 능력이 줄어든다.

알고리즘은 또 감정을 조작하기 위해 의도적으로 선택한 콘텐츠를 노출함으로써 우리 감정을 형성하고 행동 방식에도 영향을 미친다.* 일례로 뉴스 사이트의 알고리즘은 선정적인 헤드라인이 가장 많은 클릭을 유도한다는 걸 알고 있기 때문에 우리에게 알림을 보낼 때 그런 헤드라인을 먼저 고른다. 저널리즘 업계에는 '유혈이 낭자할수록 인기가 높다'라는 오래된 격언도 있다. 그게 우리 일상에 스트레스를 더한다고 한들 누가 신경이나 쓰겠는가? 심지어 뚜렷한 금전적 동기가 없는 일부 알고리즘이 선택한 콘텐츠도 우리가

---

* 페이스북은 2012년에 콘텐츠의 정서적인 분위기가 이를 접하는 사용자들의 기분에 영향을 미치는지 알아보기 위한 연구를 하면서 거의 70만 명 가까운 사용자들의 피드를 변경해서 격렬한 비난을 받았다. 당시 페이스북은 사용자들에게 사전에 고지하지도 않았고 명시적인 동의도 받지 않았다.

스스로 선택하지 않았을 방식으로 기분에 영향을 미칠 수 있다. 예를 들어 우리의 개인적인 사진 라이브러리를 이용해서 자동으로 슬라이드 쇼를 생성하고 감상적인 음악을 깐 뒤 '새로운 추억이 생겼다'라는 유쾌한 알림음과 함께 제공하는 애플의 사진 앱 기능을 생각해보라. 내가 '작은 노스텔지어 폭탄'이라고 부르는 이 기능은 하루를 망칠 만한 힘을 가지고 있다.

또 우리는 알고리즘이 선택한 콘텐츠에 하루 한두 번만 노출되는 게 아니라 앱을 열 때마다 노출된다. 그리고 우리는 휴대전화를 볼 때마다 앱을 열며, 휴대전화를 들여다보는 횟수는 하루에도 수십, 수백 번에 달한다. 이걸 따로 떼어서 생각하면 각각의 순간은 큰 문제가 아닐 수도 있지만, 전부 합쳐지면 자유 의지에 의문을 제기할 정도의 영향력을 발휘한다.

"주변을 둘러보면서 무엇이 당신의 제품, 미디어, 사람 선택에 영향을 미치는지 자문해보라." 카르티크 호사나가는 알고리즘에 관한 저서 《기계 지능 가이드(A Human's Guide to Machine Intelligence)》에서 이렇게 말했다. "격렬한 신기술 반대자가 아니라면 알고리즘이 이미 당신의 삶을 조용히 바꿔놓고 있을 것이다. 과거에는 알고리즘이 우리를 대신해 더 빠르고 나은 결정을 내릴 것이므로 다들 가족과 함께하거나 여가를 보낼 시간이 많아지리라고 했다. 하지만 현실은 그렇게 간단하지 않다. 이 신세계에서는 우리의 많은 선택이 실제로 예정돼 있고 알고리즘이 우리의 결정에 미치는, 얼핏 대

수롭지 않아 보이는 영향이 모두 더해져서 우리 삶을 변혁 수준으로 바꿔놓는다. 결국 우리가 평생 내리는 다양한 결정의 총합이 지금의 우리 모습을 형성하기 때문이다."

스크린에서 벗어나기가 힘들거나 자신의 실제 가치관과 우선순위 또는 진정한 재미의 정의에 부합하지 않는 방식으로 행동하고 있다고 해서 우리가 실패인 건 아니다. 그건 앱 제작자들의 독창성과 그들이 우리를 통제하기 위해서 들인 노력을 나타낼 뿐이다.

"(사람들이 앱에 시간과 관심을 쏟도록 유도하는) 기술을 야심만만한 기술 기업가들에게 가르치는 책과 세미나, 워크숍, 교육에 대해 생각해보라." 구글에서 '제품 사색가'로 일하다가 환멸을 느끼고 인도적 기술센터를 공동 설립한 트리스탄 해리스는 이렇게 썼다. "날마다 당신의 마음을 사로잡을 새로운 방법을 고안하는 게 주요 업무인 엔지니어들이 가득 모여 있는 방을 상상해보라."

이 엔지니어들(나는 그들을 '주의력 도둑'이라고 부른다)은 '브레인 해킹'이라는 기술을 사용해서 우리 관심을 화면에 집중시키고, 우리가 그들의 이익에 부합하는 방향으로 행동하도록 유도할 기회를 많이 만들어낸다. 페이스북 초대 사장(나중에 소셜 미디어에 대한 양심적 거부자가 됐다)인 숀 파커는 2017년에 필라델피아에서 열린 액시오스(Axios) 행사에서 이렇게 말했다. "이런 애플리케이션을 구축하는 데 들어간 사고 과정을 가장 먼저 만든 회사 중 하나가 페이스북입니다. (…) 그들이 고민한 건 '어떻게 하면 당신의 시간과 의식적인 관심을 최대한 많이 사로잡을 수 있을까?' 하는 것이었죠."

관심 도둑들이 생각해낸 답은 다른 기기의 전술을 베끼는 것이었는데, 가짜 재미의 또 다른 원천이 바로 슬롯머신이다. 휴대전화와 슬롯머신 사이에는 유사점이 너무나 많기 때문에 해리스 같은 전문가들은 휴대전화를 '주머니에 넣고 다니는 슬롯머신'이라고 부른다. 슬롯머신이 지금까지 발명된 물건들 가운데 가장 중독성이 강한 기계로 간주된다는 점을 고려할 때 이는 큰 문제다.•

"주머니에서 휴대전화를 꺼낼 때마다 슬롯머신을 작동시켜서 어떤 알림을 받았는지 확인하는 것이나 마찬가지다." 해리스는 이렇게 썼다. "손가락으로 화면을 움직여 인스타그램 피드를 스크롤하는 건 어떤 사진이 나올지 보기 위해 슬롯머신을 하는 것이다. 이메일을 '새로 고침'하는 건 어떤 메일을 받았는지 확인하기 위해 슬롯머신을 하는 것이다. 틴더 같은 데이트 앱에서 얼굴 사진을 좌우로 넘기는 건 자신에게 어울리는 짝이 있는지 찾기 위해 슬롯머신을 하는 것이다."

이런 기술(완곡하게 말해서 '설득형 디자인'이라고 하는)을 자세히 알게 될수록 어른과 아이 모두에 대한 걱정이 더 커졌다. 심리학자이자

• 《설계된 중독(Addiction by Design)》의 저자 너태샤 다우 슐은 CBS에 출연해 "도박 업계는 사람들을 중독시킬 수 있는 기계를 설계하고 있다"라고 말했다. CBS 뉴스에 따르면 미국인들은 테마파크, 야구, 영화에 쓰는 돈을 다 합친 것보다 더 많은 돈을 슬롯머신에 쓰고 있다.

THE POWER OF **FUN**
파워 오브 펀

《산만한 정신(The Distracted Mind)》의 공동 저자인 래리 로즌이 강박장애(OCD)나 주의력결핍과잉행동장애(ADHD) 같은 정신질환에서 나타나는 것과 유사하다고 말한 방식으로 행동하는 사람이 많다. 내 친구 미리엄 스튜어트는 〈나의 조용하지 못한 수행(My Not-So-Silent Retreat)〉이라는 에세이에서 명상 수련을 하는 동안에도 스마트폰을 확인하고 싶어질 정도로 우리의 기능 장애 정도가 심각하다고 얘기했다. "정신이 멀쩡한 사람 중에 내가 휴대전화를 확인하는 것만큼 자주 통신 수단을 사용하는 사람은 없을 것이다." 미리엄은 이렇게 썼다. "20분 동안 열두 번씩 TV를 켜고 *끄거나* 신문을 펼쳤다가 덮는 사람은 없다. 또 1시간에 몇 번씩 전화를 걸어 한 문장만 말하고 전화를 끊는 사람도 없을 것이다."

중독으로 이끄는 도파민 보상 시스템

사실 많은 경우 우리 습관은 너무 극단적이어서 행동 중독처럼 보인다.** 별로 놀라운 일도 아니다. 캘리포니아대학교 샌프란시스코 캠퍼스의 소아 내분비학 명예 교수이자 《미국인의 뇌를 해킹하다

** 미국정신의학협회(APA)에 따르면 중독의 기본 정의는 '결과가 해로운데도 약물을 무분별하게 사용하는 것'이다. 다시 말해 당신은 뭔가가 자기에게 나쁘다는 걸 알면서도 멈출 힘이 없다고 느낀다. 중독은 강한 욕구나 집착, 그리고 그 중독성 물질을 쾌락을 추구하고 감정적인 고통을 피하려고 사용하는 경향이 특징이다.

(The Hacking of the American Mind)》의 저자인 로버트 러스티그는 이 습관이 도파민 시스템을 활성화한다고 말했다. "휴대전화는 마약과 똑같은 방식으로 우리의 뇌에 영향을 미친다." 우리는 확실히 휴대전화를 마약처럼 사용한다. 순간적인 쾌락을 느끼고 감정적인 고통을 피하려고 말이다. 하지만 문제가 너무 광범위하기 때문에 그 심각성을 인정하는 걸 꺼린다.

이 문제를 이해하려면 며칠 동안 주변 사람들이 자기 휴대전화와 상호작용하는 방식을 주의 깊게 살펴보는 게 좋다. 예를 들어 다음번에 사람들이 많이 모인 곳에 가면 부모가 자녀의 축구 경기를

중독이 악화되면 인간관계에서 고통을 받기 시작할 수도 있다. 즐기던 취미나 사회 활동을 그만둘지도 모른다. 자기가 중독된 것에 항상 접근할 수 있도록 삶을 구성하고, 공급이 중단되면 동요하거나 심지어 화를 낼 수도 있다. 예컨대 휴가 중에 호텔 인터넷 연결이 끊기면 비이성적으로 화를 내는 경우 등이다. 그리고 중독자들은 문제를 직시해야 하는 상황에서도 자기에게 문제가 있다는 걸 부인할 가능성이 크다.

보통 '중독'이라는 말은 담배나 술 같은 물질 중독을 가리킨다. 그러나 APA는 《정신질환진단및통계편람(DSM)》 최신 판에서 처음으로 도박 장애를 '행동 중독'에 포함해 다른 행동도 중독으로 분류할 수 있는 문을 열었다. 또 가장 최근 버전인 《DSM-5》는 '인터넷 게임 장애'도 추가로 연구할 가치가 있는 증상에 포함했는데, 인터넷 관련 활동을 이런 식으로 분류한 최초의 결정이다.

이 글을 쓰는 시점에는 아직 APA가 스마트폰이나 인터넷 중독을 공식적인 장애로 인정하지 않았다. 내가 이 용어를 사용하는 걸 우려하는 모든 중독 심리학자에게 강조하고 싶은 게 바로 이것이다. 나는 이 용어를 가벼운 기분으로 쓰는 게 아니다. 어떤 형태로든 이게 중독으로 인식되는 건 시간문제일 뿐이라고 생각한다. 《DSM-5》가 2013년에 출간됐다는 사실은 주목할 가치가 있다. 당시에는 오늘날 사람들이 가장 많은 시간을 낭비하는 앱 가운데 일부가 막 출시됐고 대부분은 아예 존재하지도 않았다. 예를 들어 인스타그램은 2010년, 스냅챗은 2011년, 틴더는 2012년, 틱톡은 2016년에 출시됐다. 기술적인 측면에서 볼 때 2013년은 몇 광년 전이라고 할 수 있다.

'관람'하면서 업무 이메일을 확인하는 모습에 주목하자. 혼잡한 교차로를 건너면서 문자 메시지를 보내는 사람들도 살펴보자. 심지어 운전 중에 휴대전화로 뭔가를 타이핑하는 모습도 보일 것이다. 식당에서는 대부분 손님이 마치 식기 세트의 일부인 것처럼 휴대전화를 테이블에 올려놓고 있을 것이다. 그리고 온 가족이 '함께' 테이블에 둘러앉아서 각자 자기 전자 장비에만 푹 빠져 있는 장면도 주목하자. 친구들의 행동도 주의 깊게 살펴보고 가족과 자기 모습에도 주목하자. 그런 다음 우리가 휴대전화 대신 담배나 주사기를 들고 있다고 상상해보라.

인터넷기술중독센터(Center for Internet and Technology Addiction) 설립자인 데이비드 그린필드는 스마트폰 강박 테스트라는 평가 도구를 만들어서 기술과의 관계에 얼마나 문제가 많은지 설명해준다. 15문항짜리 퀴즈는 '휴대전화나 스마트폰을 사용하고 있으면 시간 가는 줄 모르는가?', '해야 할 일은 팽개쳐둔 채 밤낮없이 문자, 트위터, 이메일을 읽고 답장을 보내는가?' 같은 질문에 '예', '아니요'로 답하게 되어 있다.●

테스트 문항 중 5개 이상에 '예'라고 답했다면 '문제가 있거나 강박적인 스마트폰 사용 습관을 지녔을 가능성이 크다'라는 걸 나타낸다. 점수가 8점 이상이면 '행동 중독을 전문으로 하는 심리학

● 　인터넷기술중독센터 홈페이지(virtual-addiction.com)에서 테스트해볼 수 있다.

자나 정신과 의사, 심리 치료사를 찾아가 상담을 받는 게 좋다'라는 뜻이다.

스포일러성 경고를 하자면, 스마트폰이 있는 사람은 이 퀴즈 점수가 낮게 나올 것이다. 심지어 그린필드 자신도 낮은 점수를 받을 것이라고 말한다. 그렇다고 해서 테스트에 문제가 있는 건 아니다. 이는 문제가 우리가 기꺼이 인정하는 수준보다 더 심각하고 만연해 있음을 의미한다. 구글이 모든 장소에서 조사한 내용을 담은 한 보고서에서는 새로운 콘텐츠가 뜨기를 기대하면서 앱을 계속 터치하는 등의 '중독적인 참여 패턴'에 주목했다. 요컨대 우리는 모두 중독돼 있다.

통제권을 되찾고 진정한 재미를 느끼고 싶다면 우리가 어떻게 조종당하는지 알아야 한다. 그러니 무슨 일이 일어나고 있는지 살펴보자.

앱과 슬롯머신은 뇌의 화학 작용을 가로채서 우리를 유혹한다. 좀 더 구체적으로 말하면 이들은 도파민 방출을 촉발하도록 설계돼 있는데, 도파민은 진정한 재미와 가짜 재미에 모두 반응해서 방출된다. 지금부터 생화학 관련 문제를 지나치게 단순화해서 설명하려고 하니 이해해주기 바란다.

기본적인 수준에서 도파민은 중요한 지표다. 어떤 일을 다시 할 가치가 있을 때 그걸 기록해두고, 미래에 그 행동을 반복하도록 동기를 부여하기 위해 뇌가 사용하는 도구라고 생각하면 된다. 도파

민은 생화학적인 길잡이별과도 같다. 나침반 바늘이 저절로 북쪽을 가리키는 것처럼, 우리는 도파민 시스템이 중요하다고 꼬리표를 붙인 활동에 이끌린다.

도파민 시스템의 가장 중요한 역할은 우리 종의 생존에 필수적인 활동을 식별해서 기억하고 반복하도록 동기를 부여하는 것이다. 예를 들어 도파민은 음식과 섹스에 반응해서 방출된다. 또 사회적 유대감이나 재미처럼 절대적으로 필요한 건 아니더라도 생존에 도움이 되는 활동에 반응해서 방출되기도 한다.

방출된 계기가 무엇이든, 도파민은 우리 감각을 고양하고 주의를 집중하게 하며 미래에 그 경험을 재현하기 위해 세부적인 부분까지 기억할 수 있도록 인식을 고조시키고 참여도를 높인다. 살아 있다는 기분을 절실히 느낀 순간, 진정한 재미를 느낀 순간을 되돌아보면 의심할 여지 없이 도파민이 관련돼 있다. 동기 부여와 기억에서 도파민이 하는 역할을 보면 도파민이 학습에 도움이 되는 이유도 알 수 있다.*

그런데 문제가 하나 있다. 도파민 시스템은 무차별적이라는 것이

---

* 도파민은 새로운 어휘를 배우거나 외국어를 공부하거나 기초적인 수학적 사실을 외우거나 악보 읽는 법을 배우는 등 암기가 필요한 기술을 습득하려고 할 때 특히 도움이 된다. 실제로 가장 인기 있고 효과적인 학습 앱을 살펴보면 다양한 도파민 분비 요인이 설계에 포함돼 있다(예: 뭔가를 올바르게 이해했을 때 울리는 진동음이나 딩동 소리). 이 방법은 원하는 목표를 달성하게 해주기 때문에 인공적인 도파민 분비 요인을 잘 활용한 사례라고 생각한다.

다. 나침반이 지구의 자기력과 냉장고 자석이 당기는 힘의 차이를 구분할 수 없는 것처럼, 우리 뇌도 우리에게 좋은 도파민 분비 요인과 그렇지 않은 분비 요인을 분간하지 못한다. 또 진정한 재미와 가짜 재미도 구별하지 못한다. 그러기는커녕 완전히 자동으로 반응한다. 우리 뇌는 도파민 분비 요인을 만나면 도파민을 방출한 다음에 완전히 멈춘다. 그리고 그 일을 실제로 반복할 가치가 있느냐 아니냐와 상관없이 다시 그 분비 요인을 찾으려고 한다(도파민은 중독에서 중요한 역할을 한다). 가짜 재미가 우리를 강력하게 유혹하는 것도 이 때문이다. 가짜 재미는 도파민 방출을 촉발해서 그게 진짜 재미있다고 생각하도록 우리를 속인다. 그래서 즉각적인 만족감을 얻을 수는 있지만, 결국에는 내면이 공허해진 기분을 느끼게 된다.

도파민 분비를 촉진하는 대표적인 세 가지 요인

도파민 시스템의 비차별적인 특성은 우리 내면의 나침반을 흔들어 놓는 게 매우 쉽다는 뜻이기도 하다. 제품 설계에 도파민 분비 요인을 집어넣기만 하면 되는데, 그게 바로 앱 제작자들이 하는 일이다.

"당신이 올린 사진이나 게시물에 누군가가 '좋아요'를 누르거나 댓글을 달면 때때로 도파민이 약간씩 방출된다." 숀 파커는 페이스북 같은 플랫폼이 우리의 시간과 관심을 사로잡기 위해 사용하는 기술에 대해 이렇게 설명한다. "그러면 당신은 더 많은 콘텐츠를 제공

해서 (…) 더 많은 '좋아요'와 댓글을 얻으려고 할 것이다. 그게 사회적 확인 피드백 루프다. 당신이 인간 심리의 취약점을 악용하고 있기 때문에 나 같은 해커가 이런 방법을 생각해내는 것이다." 그가 덧붙였다. "(페이스북, 인스타그램, 기타 유사한 앱의) 발명가와 제작자는 이걸 의식적으로 이해했다. 그리고 우리도 어떻게든 해냈다."

피처럼 붉은색을 띤 알림 창부터 쇼핑 카트에 뭔가를 넣을 때 발생하는 미세한 진동까지 도파민 분비 요인은 우리 휴대전화 곳곳에 있다. 가짜 재미를 추구하면서 시간을 낭비하도록 우리를 속이는 것과 관련해 가장 관련성 높은 세 가지는 새로움, 보상, 예측 불가능성이다. 이들 각각은 그 자체로도 강력하며 휴대전화를 들여다볼 때 종종 그러는 것처럼 한꺼번에 경험하면 거의 저항이 불가능하다. 하지만 이들을 잘 파악하고 있으면 저항할 기회가 많아진다.

새로움

새로운 걸 경험할 때마다 도파민이 약간씩 분비된다. 우리가 왜 이런 식으로 진화했는지는 쉽게 알 수 있다. 새로운 것을 추구해야 발전할 수 있기 때문이다.

새로움을 추구하는 것의 진화적인 이점은 새로움이 재미와 연관되는 경우가 많은 이유를 설명해준다. 우리의 가장 즐거운 기억 중에는 그 순간 새롭게 느껴진 활동이 포함된 경우가 많다. 첫 키스를 했던 순간이나 처음 구입한 차를 운전하던 순간, 새로운 곳으로 처음 여행을 갔을 때를 떠올려보라. 우리가 '재미'라고 부르는 기분에는 즐거움과 기쁨을 이용해서 새로운 걸 시도하도록 동기를 부여하는 진화적인 목적이 있을지도 모른다.

물론 새로움은 영원히 지속될 수 없다. 실생활에서는 새로운 건 결국 사라지고 다른 것 또는 다른 사람으로 옮겨 가게 된다. 하지만 휴대전화는 집어 들 때마다 새로운 걸 제공하기에 휴대전화를 확인하는 일은 결코 물리지 않는다. 새 이메일이 없으면 언제든지 소셜 미디어를 확인하면 된다. 소셜 미디어가 만족스럽지 않다면? 뉴스를 보면 그만이다.

약에 대한 내성이 생길 수 있듯이 뇌가 전자 장비를 통해 이런 자극을 받는 데 익숙해질수록 갈망을 충족시키기 위해 더 많은 도파민이 필요해지고, 따라서 전자 장비에 더 의존하게 된다. 음악을 듣거나 친구와 어울리는 등 예전에 즐기던 활동은 소셜 미디어를 계속 다시 확인하면서 얻는 속사포 같은 가짜 재미보다 덜 자극적이고 만족스럽지 않다.

데이비드 그린필드는 "현실에 무뎌지게 하는 것이 기술 중독의 가장 나쁜 부분 중 하나"라고 설명한다. 이 문제를 진지하게 생각해보면, 휴대전화가 제공하는 새로움의 원천이 대부분 중요하지 않고 실제로 재미있지도 않다는 데 동의할 것이다. 하지만 일단은 새롭다고 느껴지고, 도파민이 분비되며, 도파민은 우리가 다시 그 원천을 찾도록 동기를 부여한다. 결국 우리는 새로운 보상을 얻기 위해

레버를 반복적으로 누르도록 훈련받은 실험용 쥐처럼 될 것이다.

보상

말이 나온 김에 얘기하자면, 보상도 중요한 도파민 분비 요인이다. 슬롯머신에서 보상은 당연히 돈이다. 진정한 재미에서 보상은 그 순간 느끼는 기쁨과 훗날 돌아보면서 소중히 여기는 추억이다. 반면 휴대전화는 일시적이고 별로 의미 없는 보상을 제공하는데, 대부분 소셜 미디어에 달리는 '좋아요'나 댓글의 형태가 많다.

온라인상에서 하는 확언은 대부분 무의미하고, 소셜 미디어에서의 연결은 실생활에서 느끼는 유대감과 다르며, 온라인 커뮤니티는 양극화된 집단으로 돌변하는 경우가 너무 많다는 걸 대부분 사람은 알고 있다. 하지만 그건 중요하지 않다. 인간은 사회적 동물이며 가장 내성적인 사람들도 집단으로 존재하도록 진화했다. 우리는 다른 사람들이 어떻게 생각하는지 신경 쓴다. 자신의 지위나 서열에도 신경을 쓴다. 사회적 지위를 증명하려는 욕구가 너무 강한 나머지 동료들에게 자신을 증명하기 위해 기꺼이 자기 삶을 전시의 장으로 바꿀 의향까지 있다.

재런 러니어는 《지금 당장 당신의 SNS 계정을 삭제해야 할 10가지 이유》에서 이 상황을 다음과 같이 요약했다. "당신을 비롯해서 사람들은 갑자기 아무도 요구하지 않은 어리석은 경쟁을 벌이게 됐다. 왜 친구처럼 멋진 사진을 많이 올리지 않는가? 왜 팔로워가 남들보다 많지 않은가? 이런 사회적 불안감이 지속적으로 투여되면 더 집착하게 된다. 우리 뇌의 사회적 부분에 있는 심층적인 메커니즘이 우리의 사회적 지위를 모니터링하면서, 사바나에서 포식자들에게 희생되는 제일 작고 약한 녀석처럼 뒤에 남겨지는 걸 두려워하게 한다."

외부 검증에 대한 집착 중에서 특히 이상한 건 우리가 온라인상에서 자신을 확인받으려고 하는 이들 가운데 상당수가 실제로는 존재하지 않는다는 것이다. 소셜 미디어 플랫폼에는 수백만 개의 가짜 계정이 있다(소셜 미디어 기업들은 이런 계정을 식별하고 삭제하려고 끊임없이 애쓴다). 따라서 당신이 자기 삶을 방해하면서까지 얻으려고 애쓰는 '좋아요'와 팔로우 중 일부는 실제 사람이 아닌 봇에게서 나왔을 가능성이 크다.•

우리는 어쨌든 SNS를 중심으로 우리 삶을 왜곡하고 있다. 예전에 페이스북에서 사용자 성장 담당 부사장으로 일했던 차마트 팔리하피티야는 2017년 스탠퍼드 경영대학원에서 열린 한 행사에서 이

• 또 당신이 엄청난 팔로워 수 때문에 우러러보는 몇몇 '인플루언서'는 팔로워 수를 늘리고 자기가 관심받을 만하다고 여론을 조작하기 위해 돈을 냈을 가능성이 크다. 2018년에 〈뉴욕 타임스〉의 한 기사는 데뷰미(Devumi)라는 회사에 225달러를 내면 트위터 팔로워 2만 5,000명을 살 수 있다는 사실을 밝혀냈다. 계정 하나당 1센트인 셈이다. 이 기사에 따르면, 당시 데뷰미는 "리얼리티 TV 스타, 프로 운동선수, 코미디언, 〈TED〉 강연자, 목사, 모델 등 20만 명 이상의 고객을 확보하고 있었다." 이런 계정 중 일부는 자세히 살펴보면 분명히 가짜라는 걸 알 수 있지만, 어떤 계정은 실제로 존재하는 사람의 계정에서 긁어 온 프로필 사진과 약력을 도용해서 진짜 계정처럼 보이기도 한다.

THE POWER OF **FUN**
파워 오브 펀

를 냉정한 말로 설명했다.** "우리는 하트, 좋아요, 엄지척 같은 단기적인 신호를 통해 보상을 받기 때문에 이런 인지된 완벽함을 중심으로 삶을 꾸며나간다. 그리고 그걸 가치관과 융합하고 또 진실과 융합한다. 하지만 그건 애초에 가짜고 부서지기 쉬운 인기라서 전보다 훨씬 공허하고 텅 빈 기분만 남게 된다."

우리 삶을 공연처럼 취급했을 때 공허하고 텅 빈 기분을 느끼게 되는 이유 중 하나는 그것이 재미에 완전히 독이 되는 방식으로 행동하도록 부추기기 때문이다. 완벽주의는 장난을 위한 여지를 남기지 않는다. 완벽한 셀카를 찍으려다 보면 지금의 경험에서 벗어나야 하므로 몰입 상태를 지속할 수 없다.*** 남들과 관계를 맺지 않고, 완벽하다고 생각되는 타인의 삶이 담긴 사진을 수동적으로 스크롤하다 보면 불안과 질투를 느끼게 된다. 그래서 기분이 좋아지기 위해 자기 삶을 이상적으로 표현한 사진을 올리거나(그걸 보고 다른 사람들이 불안감과 질투를 느끼게 하려고) 진짜 유대감이나 진정한 재미를 경험할 기회를 망쳐놓는 숫자 경쟁을 벌이면서 보상을 받으려고 한다.

이럴 때 방출되는 도파민은 우리의 합리성을 창밖으로 던져버린

** '사용자 성장'이란 더 많은 사람을 플랫폼에 끌어들이는 것을 뜻하는 실리콘밸리식 용어다.

*** 그리고 말 그대로 죽을 수도 있다. 국립공원에 가서 경치가 아름다운 폭포나 절벽 옆에서 셀카를 찍다가 떨어져 죽은 사람들이 많다.

다. 하지만 사람들이 언제 어떻게 반응할지 확실히 알 수 없다는 사실 때문에 이런 행동을 멈추기가 어렵다.

예측 불가능성

예측 불가능성은 기술 기업들이 우리를 조종해서 진정한 재미와 가짜 재미를 혼동하게 하려고 사용하는 세 번째 도파민 분비 요인이다. 통제력을 되찾고 싶다면 이를 제대로 이해하고 경계해야 한다.

어떤 일이 긍정적인 결과를 가져오리라는 사실을 알면 억지로라도 그 일을 하게 될 거라고 생각할지도 모른다. 하지만 그건 너무 뻔하다. 우리 뇌는 보장된 결과보다 불확실한 결과에 훨씬 큰 유혹을 느낀다. 영화를 생각해보라. 일반적으로 영화는 처음 볼 때 가장 재미있다. 평소에 정해진 루틴을 선호하는 사람들도 본 걸 또 보기보다 새로 나온 영화를 보려고 한다.

예측 불가능성과 보상이 결합하면, 다시 말해 슬롯머신과 시간을 가장 많이 소비하는 앱처럼 예측할 수 없는 일정으로 보상이 제공되면 효과가 훨씬 강력하다. 심리학자들은 이를 '간헐적 강화(intermittent reinforcement)'라고 부른다. 이는 매우 강력한 도파민 분비 요인이기 때문에 사람들의 행동을 조종하는 가장 효과적인 기술 중 하나로 여겨질 정도다. 정서적인 학대 관계에서 매우 흔하게 나타나는 패턴이기도 하다.

간헐적 강화가 발휘하는 힘은 대부분 기대와 관련이 있다. 즉, 우

리 뇌는 보상이 보장돼 있을 때보다 예측할 수 없는 보상을 기대할 때 더 많은 도파민을 방출한다. 그래서 알림음을 듣거나 진동을 느끼면 중요한 일이나 대화를 하던 중에도 휴대전화를 확인하고 싶은 충동을 억제하기가 매우 어렵다. 우리 뇌가 기본적으로 무엇이 자신을 기다리고 있을지 기대하면서 침을 흘리는 것이다.• 불확실성에 매력을 느끼는 본능과 기대의 생화학이 결합하면 사람들이 소셜 미디어에서 자주 논쟁에 휘말리는 이유도 설명할 수 있다. 누군가와 싸움을 벌이면 우리 몸에 있는 생존과 관련된 그 밖의 화학물질이 전부 방출된다. 이 생화학적 조합 때문에 상대방의 반응을 열심히 예상하면서 우리가 옳다는 사실을 이해시키려고 집착하게 된다. 상대가 언제 어떻게 반응할지 알 수 없다는 사실 때문에 상황이 더욱 악화된다.

앱 개발자들은 불확실성과 간헐적 강화를 이용해서 우리를 휴대전화에 계속 매어둔다. 이메일이나 팔로워, '좋아요', 뉴스 기사가 평일 오후 4시에 갱신된다고 정해져 있다면 다른 시간대에도 계속 휴대전화를 확인하지는 않을 것이다. 그러나 우리 휴대전화는 정해

• 더 나쁜 건, 끊임없이 알림을 받는 바람에 알림 자체에 대한 기대에도 침을 흘리기 시작해 휴대전화가 가까이 있기만 해도 뇌가 도파민을 방출할 정도가 됐다는 것이다. 심지어 휴대전화가 꺼져 있을 때도 말이다. 이런 끊임없는 기대 상태가 우리를 환각에 빠지게 할 수도 있다. 연구원들이 '환상 진동(phantom vibrations)'이라고 부르는 걸 경험했다고 이야기하는 사람들이 많은데, 휴대전화가 주머니에 없는데도 진동을 느끼는 것이다. 알림을 최소화하는 건 휴대전화에 대한 통제력을 되찾는 데 매우 중요하다.

진 일정에 따라 새로운 정보를 전달하는 게 아니다. 언제 새로운 정보가 도착할지, 그게 어떤 정보일지 알지 못한다. 그래서 항상 휴대전화를 가지고 다니고 주의의 일부는 늘 휴대전화에 쏠려 있다. 궁극적인 보상이 아무리 무의미하더라도 예측 불가능성과 기대 때문에 우리 뇌는 도파민을 분비하고, 이것 때문에 계속 휴대전화를 확인하고 싶어진다. 데이비드 그린필드의 말처럼, "아마 우리 뇌가 이걸 좋아하는 듯하다".

우리 뇌가 새로움, 보상, 예측 불가능성에 끌리는 건 본질적으로 잘못된 게 아니라는 걸 알아야 한다. 사실 그 때문에 호기심을 느끼게 되므로 여기에는 진화적인 이점이 있다. 만약 호기심이 없다면 우리는 현실에 안주할 테고 결코 새로운 시도를 하지 않을 것이다. 새로운 시도는 우리에게 새로운 경험을 제공하고 예기치 않게 즐거운 상황으로 인도하므로 삶이 더 즐거워진다.

하지만 모든 일이 그렇듯이, 지나치면 독이 된다. 스마트폰에는 도파민 분비 요인이 너무 많아서 단순히 호기심을 느끼는 게 아니라 최면에 걸리곤 한다. 휴대전화를 들여다보다가 퍼뜩 정신을 차리고는 시간이 언제 이만큼이나 지난 건지 의아해한 경험이 있을 것이다. 우리가 무언가를 정말 즐길 때는 시간이 빨리 지나가는데, 도파민이 유도한 가짜 재미에 무아지경으로 빠져 있을 때도 마찬가지다.

그리고 도파민과 관련해서, 자기가 어떤 행동을 얼마나 자주 반

복하도록 훈련돼 있는지 주의해야 한다. 결국 우리 행동에는 결과가 따른다. 알림을 받을 때마다 대화를 중단하면 함께 있는 사람과의 관계가 약해진다. 뉴스를 반복적으로 확인하다 보면 불안감이 높아져서 항상 경계 태세를 유지하게 된다. 새 메일이 왔을까 봐 이메일을 계속 들여다보면 당면한 일에 집중할 수 없다. 이런 행동을 매일 반복하면 그 영향이 축적된다. 그리고 충동에 굴복할 때마다 몰입이 깨져서 진정한 재미를 경험할 기회가 줄어든다.

결과

스티브 잡스가 2007년에 첫 번째 아이폰을 발표하면서 정확하게 설명한 것처럼, 이 '혁명적인 장비'의 효과를 측정하기 위해 무작위적이고 통제된 실험을 해야겠다고 생각한 사람이 아무도 없었다. 그냥 다들 무턱대고 스마트폰을 구입했다. 그 결과 우리는 지금 거대하고 통제되지 않은 실험실 한복판에서 살아가는 격이 됐다.

편의성, 간편한 커뮤니케이션, 무한한 엔터테인먼트, 폭넓은 정보 접근 기회 등 스마트폰을 통해 얻은 이점은 확실히 실감할 수 있다. 하지만 우리가 잃어버린 것, 그리고 날 때부터 스마트폰이 존재하는 세상에서 성장한 이들로서는 한 번도 가져보지 못했던 것이 무엇인지는 잘 모른다. 한 가지 확실한 사실은 전자 장비와의 상호작용이 우리에게 강한 영향을 미친다는 것이다. 불안한 일이지만,

그걸 만든 사람들도 분명히 인정하는 사실이다.•

"우리 뇌는 하나뿐이다." 차마트 팔리하피티야는 스탠퍼드에 모인 청중에게 이렇게 말했다. "그러니까 당신이 생각을 하든 안 하든, 알고 있든 모르고 있든, 그걸 인정하든 아니든 상관없이 당신은 자기 두뇌를 훈련하고 있다. (…) 하루에 몇 시간씩 사용하는 이 물건이 우리 심리와 생리적인 부분을 다시 정의하고 있다."

팔리하피티야는 현재 처한 문제의 심각성을 극단적인 표현으로 요약했다. 그는 청중에게 소셜 미디어에 대해 이렇게 말했다. "나는 내 결정을 통제할 수 있는데, 그건 바로 '이 빌어먹을 걸 사용하지 않는다'는 겁니다. 나는 아이들의 결정도 통제할 수 있는데, 그건 '아이들이 이 빌어먹을 걸 사용하지 못하게 한다'는 겁니다. (…) 다들 자기가 하고 싶은 일에 대해 좀 더 깊이 생각해봐야 합니다. (…) 스스로 깨닫지 못하겠지만 당신은 지금 프로그래밍되고 있습니다. 그런 걸 의도한 건 아니겠지만 이제는 (지적 독립성을) 얼마나 포기할지 결정해야 합니다."••

• 스티브 잡스는 자기 자녀들에게 아이패드를 주지 않았다. "우리 애들은 아이패드를 써본 적이 없다." 잡스가 2014년에 〈뉴욕 타임스〉 기자 닉 빌턴에게 한 말이다. "우리 부부는 아이들이 집에서 사용하는 기술의 양을 제한한다." 잡스의 전기를 쓴 월터 아이작슨에 따르면, "매일 저녁 스티브는 크고 긴 식탁에서 가족과 함께 저녁을 먹으면서 책과 역사 그리고 다양한 문제에 관해 토론했다. (…) 아무도 아이패드나 컴퓨터를 꺼내지 않았다. 아이들은 전자 장비에 전혀 중독된 것 같지 않았다." 빌 게이츠와 멀린다 게이츠도 이와 비슷하게 식탁에서는 전자 장비를 사용하지 않는다는 규칙을 세워졌고, 아이들이 열네 살이 될 때까지 스마트폰을 사주지 않았다.

끊임없는 산만함

휴대전화가 우리의 심리와 생리적인 부분을 재정의하고 삶을 경험하는 방식에 영향을 미칠 때 가장 중요한 역할을 하는 건 우리 주의를 산만하게 하는 그들의 능력이다. 전자 장비로 인한 끊임없는 산만함 때문에 우리는 기술 전문가인 린다 스톤이 '지속적인 부분적 주의력'이라고 부르는 상태에 놓이게 된다. 이는 말 그대로 계속해서 부분적으로만 주의를 기울이는 것을 의미한다. 앞서도 말했듯이, 지속적인 부분적 주의력 상태는 진정한 재미를 누리는 능력을 확실히 차단한다. 주의가 산만할 때는 몰입할 수 없고 몰입하지 않으면 진정한 재미를 느낄 수 없기 때문이다.

이는 또 타인과의 관계도 방해한다. 누군가와 진정으로 연결되려면 현재에 온전히 집중해야 하는데, 당신의 관심 일부가 휴대전화에 쏠려 있다면 그런 관계를 맺을 수 없다. 실제로 테이블 위에 휴대전화가 놓여 있는 것만으로도 대화의 질과 친밀감이 감소할 수 있다는 연구 결과가 있다.

집중력을 유지하지 못하면 기억을 형성하는 능력에도 지장이 생

●● 소셜 미디어 얘기가 나와서 말인데, 2017 액시오스 행사에서 손 파커는 이렇게 말했다. "그건 말 그대로 우리가 사회나 다른 사람과 맺은 관계를 변화시킵니다. (…) 아마 이상한 방식으로 생산성도 방해할 것입니다. 그게 우리 아이들의 뇌에 어떤 영향을 미칠지는 신만이 알겠지요."

긴다. 애초에 관심을 기울이지 않은 것에 대한 기억은 형성할 수가 없다. 이는 우리가 휴대전화에 얼굴을 파묻고 있는 바람에 놓친 실제 삶의 모든 순간을 우리는 경험할 수도 없고 기억할 수도 없다는 뜻이다. 그러나 휴대전화가 우리가 실제로 경험한 일을 기억하는 것도 방해한다는 사실은 대부분 사람이 모르고 있다. 단기 기억을 장기 저장소로 옮기려면 뇌의 물리적 변화(새로운 단백질 생성)가 필요한데 산만함 때문에 이 과정이 중단된다. 장기적인 기억이 없으면 통찰력(나는 이를 '서로 무관한 것처럼 보이는 것들 사이의 관계를 찾아내는 능력'이라고 정의한다)을 가질 수 없다. 연결할 정보나 경험이 없기 때문이다. 이는 마치 텅 빈 냉장고를 뒤져 음식을 만들려는 것과도 같다. 전자 장비의 끊임없는 방해는 깊이 생각하는 능력과 흥미로운 생각을 하는 능력에도 영향을 미친다.●

　휴대전화에서 이용할 수 있는(그리고 우리 뇌에 억지로 밀어 넣은) 엄청난 양의 정보는 창의성까지 해칠 가능성이 있다. 신경과학자 애

● 　기차에서 우연히 2000년도 노벨 생리의학상 수상자인 에릭 칸델의 맞은편에 앉았을 때, 휴대전화로 인한 산만함이 장기 기억을 저장하는 능력(그리고 통찰력을 갖추는 능력)에 영향을 미칠 수 있다는 생각이 정말인지 확인할 수 있는 특별한 기회를 가졌다. 그는 장기 기억을 저장하려면 뇌에서 새로운 단백질이 생성돼야 하는데 산만함이 이 과정을 방해한다는 사실을 발견한 공로로 노벨상을 받은 과학자다. 그가 누구인지 깨닫자마자 나는 빛의 속도로 통로를 가로질러 그의 좌석으로 달려갔다. 그리고 단도직입적으로 물었다. "스마트폰의 산만함이 장기 기억을 위해 필요한 단백질 형성을 방해한다면, 이것이 창의적이고 독립적인 생각을 하는 능력에도 부정적인 영향을 미칠 수 있을까요?" 그는 잠시 생각하더니 대답했다. "네, 아무래도 그럴 것 같군요."

덤 가잘레이와 심리학자 래리 로즌은《산만한 정신》에서 인간이 다른 동물이 먹이를 찾는 것과 같은 방식으로 새로운 정보를 찾는다는 점을 강조했다. 이는 과거 우리에게 큰 도움이 됐던 또 하나의 진화적 요령 중 하나다. 섭취할 수 있는 칼로리가 부족할 때는 음식을 찾으려는 욕구가 도움이 됐던 것처럼, 정보가 제한적일 때는 정보 조사가 도움이 된다. 하지만 이제 저렴하고 당분이 가득 든 음식이 풍부해지면서 비만과 제2형 당뇨병이 유행하게 됐고, 손쉽게 접근할 수 있는 저질 정보가 범람하면서 우리 뇌를 압도하고 있다. 햇빛이 너무 강하면 앞을 볼 수 없는 것처럼 정보가 너무 많으면 제대로 생각하는 게 불가능하다.

가장 창의적인 아이디어와 통찰력 중 상당수가 샤워를 하는 중에 떠오르는 이유가 있다. 우리 뇌가 긴장을 풀고 이리저리 돌아다니면서 자유롭게 놀 수 있는 얼마 안 되는 상황 중 하나기 때문이다. 예전에는 걸을 때도 그랬는데, 요새는 걸으면서 문자 메시지를 보내거나 팟캐스트를 듣는 사람들이 너무 많아져서 더는 한가한 시간이라고 볼 수 없다. 스크롤링과 서핑, 듣고 보는 일에 모든 시간을 소비하는 건(즉, 정보를 소비하는 데 시간을 다 쓰는 건) 소방용 호스로 뇌에 정보를 쏟아붓는 것과 마찬가지이므로 새로운 통찰과 아이디어, 생각이 떠오를 기회가 생기지 않는다.

그렉 맥커운은《에센셜리즘》에서 "지루해질 가능성을 모두 제거하는 바람에 생각하고 처리하는 데 쓰던 시간까지 잃어버렸다"라고 했다. 소비자가 아닌 창조자가 되고 싶다면, 로봇 같은 사람이 아니라 흥미로운 사람이 되고 싶다면 전자 장비에서 벗어나 뇌가 숨 쉴 여지를 줘야 한다.

FOMO와 코르티솔

앞서 살펴본 수많은 문제의 궁극적인 해결책은 전자 장비와 거리를 두고 자기 삶과 다시 연결되는 것이다. 하지만 기술과 장기적으로 건전한 관계를 맺는 건 고사하고 자신에게 숨 쉴 여지를 주는 것조차 매우 힘들어하는 사람이 많다. 자기 영속적인 순환에 갇혀 있기 때문이다. 도파민은 우리를 전자 장비로 끌어당길 뿐만 아니라 전자 장비를 반복해서 확인하는 것이 가치가 있는 일로 생각하도록 우리를 훈련했기 때문에, 장치를 확인할 수 없으면 이른바 'FOMO(다른 사람이 모두 누리는 좋은 기회를 놓치는 것에 대한 두려움)'에 시달리게 된다.

진정한 재미는 우리 관심을 집중시키는 반면, FOMO는 현재에 온전히 집중하지 못하게 한다. 우리 관심을 분산시키고 불안하게 해서 종종 몸에서 코르티솔이라는 스트레스 호르몬이 분비될 정도다.

"휴대전화가 눈에 보이거나 근처에 있을 때, 또는 휴대전화에서 나는 소리가 들리거나 심지어 들었다고 생각하기만 해도 코르티솔 수치가 높아진다." 데이비드 그린필드의 말이다. "이건 스트레스 반

응이라서 기분이 나빠지기 때문에 그 스트레스를 없애기 위해 휴대전화를 확인하고 싶어지는 게 우리 몸의 자연스러운 반응이다."

그럴 때 우리는 어떻게 할까? 손을 뻗어 휴대전화를 잡는다. 그러고 나면, 불안감을 달래기 위해 휴대전화를 사용하는 것은 할 만한 가치가 있는 일이라는 생각이 강화된다. 이 역시 도파민 분비 요인으로, 그렇게 악순환이 계속된다.

코르티솔은 뭔가에 쫓기는 등의 신체적 위협에 대응하고 살아남게 해준다. 안타까운 점은 도파민 시스템이 우리에게 좋은 습관과 나쁜 습관을 구별할 수 없는 것처럼, 코르티솔 시스템 역시 신체적 위협과 감정적 위협 또는 중대한 위협과 사소한 위협을 구별하지 못한다는 것이다. 그래서 중요도에 상관없이 똑같은 방식으로 반응한다.

여기서 정말 우려스러운 일이 벌어진다. 급박한 신체적 위협에 반응해서 짧은 시간에 방출된 코르티솔은 심장이 빨리 뛰게 하고, 혈압을 증가시키고, 주의력을 집중시키고, 근육에 에너지를 공급해 달아날 수 있게 해줌으로써 생존을 돕는다. 그러나 심각한 신체적 위협에 직면한 게 아니라 일상생활에서 흔히 볼 수 있는 감정적 스트레스에 대처하려고 할 때는 만성적으로 상승한 코르티솔 수치가 도움이 되기보다 오히려 해로울 수 있다. 무엇보다 주의력 지속 시간, 의지력, 자제력을 약화시킬 수 있고 정보 처리 속도와 눈과 손의 협응력, 일을 계획하고 실행하는 능력도 손상시킨다. 그리고 감정

조절, 학습과 유지, 시각 기억과 언어 기억력에 부정적인 영향을 미칠 수 있다.

이런 많은 영향은 우리가 스트레스를 받고 코르티솔 수치가 높을 때는 의사결정과 이성적 사고를 담당하는 뇌의 전전두엽 피질이 오프라인 상태가 되는 것과 관련이 있다.* 《미국인의 뇌를 해킹하다》의 저자인 로버트 러스티그는 코르티솔 수치가 높으면 "도파민이 야단법석을 떤다"라고 표현했다. 또 코르티솔은 만족감에 중요한 역할을 하는 것으로 생각되는 화학물질인 세로토닌에 대한 뇌의 민감도를 감소시킨다.

정상적인 상황에서는 전전두엽 피질과 도파민 시스템이 함께 작동해서 우리 내면의 나침반이 올바른 방향을 가리키게 한다. 도파민 시스템은 반복할 가치가 있는 일을 모두 강조하고 전전두엽 피질은 판단을 내리기 위해 개입한다. 예를 들어 도파민 시스템은 맥주를 한잔 마시라고 부추긴다. 하지만 전전두엽 피질은 집까지 운전을 해서 돌아가야 하니까 잔을 내려놓으라고 한다. 러스티그는 이렇게 표현했다. "전전두엽 피질은 우리 뇌의 지미니 크리켓(피노키

---

* 생생한 사례를 보려면 유튜브 빌리 온 더 스트리트(Billy on the Street) 채널에서 '네임 어 우먼(Name a Woman)'을 검색해보라. 빌리라는 남자가 젊은 여성에게 마이크를 들이대면서 "여자 이름을 대봐"라고 공격적으로 요구하는 짧은 동영상이다. 갑작스럽게 허를 찔려서 눈에 띄게 허둥대는 그 여성은 아마 전전두엽 피질이 갑작스러운 스트레스 호르몬의 폭발로 인지적 영향을 겪고 있기 때문인지 이름을 제대로 말하지 못한다.

오의 양심이 돼준 귀뚜라미-옮긴이)이다. 우리가 바보 같은 짓을 하지 못하게 말린다."

하지만 전전두엽 피질이 오프라인 상태일 때는 자제력이 약해지고 되도록 빨리 불안감을 없애려는 강렬한 욕구를 느끼게 된다. 이럴 때는 도파민이 빨리 분출되긴 하지만 장기적으로 만족스럽지 않고 자신에게 해가 되거나 매우 위험한 행동을 하게 된다. 최근에 스트레스를 심하게 받았을 때 어떻게 대처했는지 생각해보라. 아이스크림을 많이 먹었다고? 그래, 내 말이 그 말이다.

기질과 생활 환경 때문에 스마트폰 유무에 상관없이 코르티솔 수치가 만성적으로 높을 수 있으며, 사실 스마트폰 자체에는 본질적으로 우리에게 스트레스를 주는 부분이 없다. 그러나 많은 이들에게 휴대전화는 뉴스, 업무, 특정한 관계 등 우리 삶에 불안을 안겨주는 원천과 연관돼 있다. 데이비드 그린필드는 이렇게 표현했다. "스마트폰은 우리의 판단력을 차단한다." 따라서 우리는 그 장치에 숨어 있는 잠재적인 감정적 지뢰로부터 자신을 보호하기 위해 훨씬 많은 노력을 해야 한다.

상승한 코르티솔의 정서적·인지적 영향도 충분히 우려스럽지만 신체에 미치는 결과는 훨씬 더 무섭다. 코르티솔 수치가 장기간에 걸쳐 높게 유지되면 신체 건강에 여러 가지 영향을 미쳐서 실제로 수명이 단축될 수도 있다. 만성적으로 상승한 코르티솔 수치가 우울증, 비만, 당뇨병, 고혈압, 심장마비, 뇌졸중, 불임 문제, 소화기 문

제, 알츠하이머병, 심지어 암을 포함한 광범위한 건강 문제를 유발한다는 사실은 잘 알려져 있다.[*]

휴대전화와의 관계가 심장마비 위험을 높이는 것 같은 심각한 문제를 일으킬 수 있다니 미친 소리처럼 들릴지도 모르겠다. 나는 휴대전화로 뉴스를 계속 들여다보는 일이 스트레스 수준을 높이고 호르몬에 영향을 미쳐서 장기적인 건강을 해칠 가능성에 대해 인터뷰한 적이 있다. 그때 "이게 미친 생각인가?"[**]라고 물어봤는데, 다들 아니라고 했다.

"우리가 아는 모든 만성 질환은 스트레스 때문에 악화된다"라고 로버트 러스티그는 말한다. "말할 것도 없이 휴대전화도 스트레스의 근원 중 하나다."

이 모든 사실을 종합하면, 이 주제에 대해 5년 이상 연구하고 생각해온 내 결론은 이렇다. 스크린과 삶의 균형 부족이 우리의 대인관계, 생산성, 창의성, 자존감, 기억력, 집중력, 수면, 진정성, 그리고 정신적·육체적 건강을 해치고 있다. 그리고 뇌가 아직 발달 중인 어린이와 청소년들에게는 그 영향이 더 극단적으로 나타날 것이다.

---

[*] 드라마를 몰아서 보거나 휴대전화를 스크롤하느라 의도했던 것보다 늦게 자는 습관도 문제를 일으킨다. 우리 몸의 코르티솔 수치는 24시간의 규칙적인 주기를 따르므로 충분한 수면을 취하지 않으면(7~8시간 이하의 수면) 낮과 밤의 자연스러운 리듬이 깨질 수 있다. 코르티솔 리듬이 흐트러지면 우리 몸이 스트레스에 적응하지 못하게 되고, 앞서 얘기한 건강상의 위험이 커진다.

[**] 정말이다. 정확히 이렇게 물어봤다.

이것이 우리의 행복을 약화하고 우리를 무기력하게 만든다. 또 우선순위를 정하거나 올바른 결정을 내리는 능력을 저해한다. 우리를 지치게 하고 고갈시킨다. 소비를 부추기고 일과 가정생활 사이의 장벽을 무너뜨린다. 우리를 정말 중요한 것들과 멀어지게 하고, 내면이 죽은 것처럼 느끼게 하며, 진정한 재미를 누리는 능력을 손상시킨다.

앞의 마지막 부분은 당신이 생각하는 것보다 훨씬 중요하다. 진정한 재미는 쉴 새 없이 일하거나 스크린을 들여다보는 것보다 기분이 좋을 뿐 아니라, 실제로 많은 부정적 영향을 예방하고 심지어 역전시킬 수 있기 때문이다. 다시 말해, 진정한 재미는 우리의 문제에서 눈을 돌리는 게 아니다. 그게 바로 해결책이다.

03
결국 진정한 재미가 답이다

> 나는 하루하루를 즐겁게 지낼 것이다. 그것 말고는 다른 방법이 없기 때문이다.
>
> 랜디 포시, 《마지막 강의》

진정한 재미가 우리 인생을 바꿔놓을 정도로 유익한 여러 가지 이유를 살펴보기 전에, 살면서 진정한 재미를 지향했을 때 얻을 수 있는 가장 중요한 이점은 즐거움 자체라는 걸 강조하고 싶다. 장난기와 유대감, 몰입을 경험하는 순간에는 스마트폰으로 다른 어떤 일을 할 때보다 기분이 훨씬 좋다. 그러니 더 많은 장난기, 유대감, 몰입을 추구해야 한다. 다시 말해, 진정한 재미는 정말 재미있기 때문에 그것만으로도 추구할 이유가 충분하다.

그런데도 진정한 재미가 정신적·육체적·감정적으로 얼마나 크고 긍정적인 영향을 미칠 수 있는지, 그리고 건강 문제를 해결할 잠

재력이 얼마나 큰지에 지금껏 관심이 없었다는 사실을 생각해보면 놀라울 정도다. 스크린과 삶의 균형 부족은 우리를 실망시키는 부정적인 영향의 소용돌이를 만드는 반면, 진정한 재미를 추구하면 기분을 고양하는 상승기류를 활용할 수 있다.

먼저 진정한 재미의 성분부터 살펴보자.

건강에 확실히 나쁜 것들	우리에게 확실히 좋은 것들[•]
(전자 장비로 수행하는 작업 때문에 부정적 영향이 증폭되는 것)	(재미를 통해 촉진되는 것)
만성적인 불안과 스트레스	만성적인 불안과 스트레스를 느끼지 않는 것
자신감 부족	자신감
인생에서 유머를 찾지 못하는 것	삶에서 유머를 찾는 것
웃지 않는 것	잘 웃는 것
사회적 고립	두터운 사회적 유대
외로움	공동체의 일원이 되는 것
자연에서 시간을 보내지 않는 것	자연에서 시간을 보내는 것
신체 활동 부족	활발한 신체 활동
지속적인 산만함	집중하고 참여하면서 지금의 현실을 느끼는 것
목적이 없는 기분	확실한 목적이 있는 기분
자기가 통제할 수 없다는 기분	통제감

● 우리에게 좋다고 해서 두 번째 목록의 항목들이 그 순간 기분을 좋게 해준다는 뜻은 아닙니다. 물론 그것도 중요하긴 하지만, 이 말은 질병 발생 위험을 낮추고 수명을 연장한다는 사실이 과학적으로 입증됐다는 의미다.

장난기

미국 국립놀이연구소(National Institute for Play) 설립자이자 이 분야에서 세계 최고의 전문가이기도 한 스튜어트 브라운의 말에 따르면, "우리가 가장 살아 있다고 느끼는 시간, 가장 좋은 추억을 만드는 시간은 놀이를 할 때다". 그러나 어른들은 대부분 더 잘 놀아야 한다는 생각에 반사적으로 저항하기 때문에 "놀이에 대한 노골적인 적대감에 깜짝 놀랄 정도"라고 말했다. 브라운은 《놀이, 즐거움의 발견》에서, 한번은 놀이를 우선시하라는 자신의 제안에 어떤 사람이 너무 격한 분노로 반응해서 한 대 맞지나 않을까 걱정했던 일도 있었다고 털어놓았다.

그 사람의 문제는 차치하더라도, 장난기와 놀이가 실제로 무엇을 의미하는지에 대한 오해 때문에 그런 반응이 나온다고 생각한다. 어른들은 '놀이'라는 말을 들으면 '뭔가를 가지고 노는 것'을 떠올리기 때문에 깜짝 놀라면서 그런 건 좋아하지 않는다고 말한다. 우리는 게임을 하고, 탁구를 치고, 아이들과 역할극 놀이도 한다. 이런 활동 중에 마음에 드는 게 없다면(실제로 좋아하지 않는 사람들이 많다!) 자기는 놀이를 좋아하지 않는다고 여길 수도 있다. 또 어른들은 '장난기가 많다'라는 표현이 아이들에게만 적용되거나 못된 장난을 하는 사람 또는 광대 짓을 하는 사람을 가리킨다고 여긴다. 즉, 장난기가 많아지려면 멍청이가 돼야 한다고 생각하는 것이다.

스포츠, 보드게임, 변장, 장난치기 등은 모두 놀이의 일종이지만 그게 인간이 하는 놀이의 전부는 아니다. 브라운의 말에 따르면 놀이는 "명백한 무목적성을 받아들이는 것"과 "즐거움을 주고 자의식과 시간 감각을 멈추게 하는" 모든 활동을 말한다. 놀이는 또 "스스로 동기를 부여해서 그걸 다시 하고 싶게 한다". 다시 말해서 놀이는 활동 자체보다 그것을 대하는 우리의 태도에 더 좌우된다. 장난기 어린 마음으로 접근한다면 어떤 활동이든 다 놀이로 간주할 수 있다.

장난기 얘기가 나와서 말인데, 장난을 칠 때는 자기가 아닌 다른 것 또는 다른 사람인 척할 필요가 없다. 장난기는 경계심을 늦추고, 형식적인 절차를 버리고, 결과에 너무 신경 쓰지 않고, 유머와 가벼운 관계를 위한 기회에 마음을 열고 능동적으로 추구하는 능력을 의미한다. 예를 들어 '대화'와 '농담'의 차이를 생각해보자. 이때 하는 일은 '말하기'로 같지만, 후자에는 그 말을 더 재미있게 해주는 장난기가 포함돼 있다. 사실 우리는 모두 장난기를 인식할 수 있고 직접 장난을 칠 수도 있다. 이는 자기를 '진지한' 사람이라고 여기는 이들도 마찬가지다. 최근에 강아지와 놀아줬을 때를 생각해보라. 고양이를 더 좋아한다면 물론 고양이도 좋다.

이런 오해를 푸는 게 중요하다. 스튜어트 브라운의 설명을 들으면, 놀이가 없는 삶은 살 가치가 거의 없기 때문이다. "이는 단순히 게임이나 스포츠의 부재를 말하는 게 아니다. 놀이가 없는 삶에는 책도 없고, 영화도 예술도 음악도 농담도 없으며, 극적인 이야기도 없다. 시시덕거림이나 백일몽, 희극, 아이러니가 없는 세상을 상상해 보라. 얼마나 숨 막히고 암울해 보이는가. 넓은 의미에서 놀이는 사람들을 재미없는 일상에서 구해준다. 나는 가끔 놀이를 산소에 비교하곤 한다. 항상 우리 주변에 있지만 사라질 때까지는 그 존재를 거의 알아차리지 못하거나 고맙게 여기지 않는다는 점에서다." 그는 "놀이를 멈추는 순간, 우리는 죽기 시작한다"라고 썼다. 브라운은 생물학적인 놀이 욕구가 존재한다는 증거로, 모든 포유류와 많은 파충류를 비롯한 대부분 동물이 놀이를 한다는 사실을 제시했다.

요한 하위징아도 놀이에 관한 중요한 저서인 《호모 루덴스》에서 비슷한 주장을 했다. 그는 놀이는 "삶의 필수적인 부분"이며 "영양 공급, 생식, 자기 보존의 엄격한 생물학적 과정보다 더 우월한 영역을 차지한다"라고 주장했다. 결과적으로 하위징아는 "놀이는 거부할 수 없다"라고 말했다.

게다가 놀이와 장난기는 우리의 진짜 모습과 다시 접촉하게 해주기도 한다. 영국의 정신분석 전문가인 D. W. 위니컷은 1971년에 출간된 고전적 저서인 《놀이와 현실(Playing and Reality)》에서 "어린이와 성인 개개인이 창의력을 발휘하면서 자신의 모든 성격을 드러낼 수 있는 건 놀 때뿐이다"라고 말했다. 이 개념을 브라운은 "놀이를 통해 나타나는 자아가 핵심적이고 진정한 자아"라고 자세히 설명했다.

그건 더 똑똑하고 건강한 자아일 수도 있다. 놀이는 감정 처리 및 의사결정과 관련된 뇌 영역에서 신경 성장을 자극하는 뇌유래신경영양인자(BDNF)라는 단백질 생산을 촉진하는 것으로 밝혀졌다. 브라운은 평생에 걸쳐 놀이를 계속하고 탐색하고 배우는 사람들은 '치매와 신경학적 문제를 겪을 확률이 훨씬 낮을 뿐만 아니라 심장병이나 뇌와 아무 관련도 없는 그 밖의 질병에 걸릴 가능성도 작다'라는 사실을 밝힌 연구 결과를 인용했다. 과학자들은 또 동물이 일생 중에 가장 많이 노는 시기가 신체와 안구 운동 조정, 균형, 자전거 타기나 악기 연주 같은 운동 기술 습득, 언어 처리와 기분 조절 같은 인지 작업에 많이 관여하는 뇌 부위인 소뇌가 가장 발달하는 시기와 겹친다는 것도 알아냈다.

장난기가 발휘되도록 내버려 두면 행복과 삶의 다른 영역에서 느끼는 만족감에 놀라운 파급효과를 줄 수 있다. 평소에 장난스러운 성격이 아니라면 장난기를 키워보는 것도 좋다. 라이프 코치이자 《어떻게 인생 목표를 이룰까》의 저자 캐롤라인 애덤스 밀러는 "고객들이 자기 삶에 놀이를 많이 도입하기 시작하면 (…) 더 큰 웰빙을 누릴 수 있고 건강이나 우정, 창의성, 삶에 대한 열정 등 다른 부분에서도 상황이 좋아진다"라고 말했다.

밀러가 한 말이 암시하는 것처럼 장난기는 인간관계도 굳건하게 다져준다. 이는 상당히 일리 있는 얘기다. 장난기는 대개 자신감과 친밀감을 드러낸다. 누군가와 함께 있을 때 마음이 편하면 장난을 칠 가능성이 크다. 장난기 자체가 사람들을 더 가까워지게 하고 기분을 편안하게 해주며 특별히 공유할 수 있는 경험을 만들어준다. 당신의 삶에서도 이런 모습을 볼 수 있다. 가장 오래되고 소중한 우정, 그들과 공유하는 가장 좋아하는 순간을 떠올려보면 장난기 가득한 요소가 포함돼 있을 것이다.

장난기는 또 새로운 이들을 로맨틱한 파트너나 동료, 친구로 끌어들이는 좋은 방법이기도 하다. 장난기 있는 사람은 그냥 곁에 있기만 해도 재미있기 때문이다. 함께 시간을 보내는 게 가장 즐거운 사람들, 당신에게 기쁨을 주고 계속 미소 짓게 하는 사람들을 생각해보자. 그리고 그들을 묘사할 때 사용할 형용사를 몇 개 생각해보자. 아마 장난기가 목록 맨 위에 있을 것이다.

다른 사람과 활발하게 놀 때는 요한 하위징아가 "일시적으로나마 '세상에 나 혼자뿐이라는' 고질적인 감정이 완전히 없어질 만큼 황홀경에 빠져들게 하는 몰입과 헌신"이라고 설명한 감정적 결과를 얻을 수도 있다.• 게다가 같은 사람들과 오랫동안 같이 놀다 보면 적극적으로 놀이에 참여하지 않을 때도 유대감이 지속된다. 놀이 전문가인 미켈 시카트는 이런 놀이를 가리켜 "우리의 추억과 우정을 묶는 끈"이라고 말한다. 수십 년 동안 만나지 못했던 특정 친

• '세상에 나 혼자뿐'이라는 고질적인 감정을 자주 느끼는 사람인 나는 특히 이 효과에 감사한다.

구들과 재회했을 때 즉시 연결된 기분을 느끼는 것도 이 때문이다.

이게 바로 내 기타 수업에서 일어난 일이다. 앞서 얘기한 것처럼 그 수업은 매주 1시간 30분씩 다른 어른들과 어울릴 기회를 줬다. 처음에는 수업 시간에만 그 친구들과 함께했다. 하지만 곧 나의 놀이 공동체는 수업 시간 이외로도 확장됐다. 그 음악 스튜디오에서 매달 오픈 마이크 행사가 열렸는데, 나도 몇 번 참가했다. 그리고 수업이 끝난 뒤에도 음악을 더 즐기기 위해 반 친구들 몇 명과 함께 스튜디오 지하실에 모이기 시작했다. 처음에는 근처 술집에 놀러 다녔지만 결국 우리가 정말 하고 싶은 건 술을 마시는 게 아니라 계속 연주하는 것이란 걸 깨달았기 때문이다.

어느 주말에 그중 한 친구가 기타 교실에서 만난 친구들을 집으로 초대했고, 그곳에서 우리는 다 함께 연주를 했다. 예상치 못하게 즐거운 오후를 보낸 우리는 밴드를 결성하기로 했다. 비록 이 밴드의 공연은 가끔 열리는 오픈 마이크 행사에 국한됐고, 대부분 관객이 밴드 멤버의 배우자와 자녀들이었지만. 우리는 규칙적으로 함께 모여 연주하기 시작했다. 코로나19 팬데믹 때문에 직접 만나지 못하게 되자 정기적으로 영상 통화를 했다. 통화할 때 시간이 지연되는 문제 때문에 함께 연주하는 게 불가능했는데도 몇 시간씩 통화하기도 했다. 문자 메시지를 주고받으면서 계속 대화를 나눴고, 서로의 생일을 위한 뮤직비디오도 만들고 집 앞에 생필품 꾸러미를 가져다 놓기도 했다. 그 그룹의 일원이 된 덕에 행복했고, 팬데믹 와

중에도 멀쩡한 정신을 유지할 수 있었다. 공통된 관심사로 시작한 일이 선의의 공동체로 꽃을 피운 것이다. 한마디로, 우리는 놀이를 통해 연결됐다.

유대감

인간은 사회적 동물이다. 우리는 집단생활을 하도록 진화했다. 그래서 사회적으로 배척당하면 고통을 느끼고, FOMO에 매우 취약하다. 우리의 신체적·정신적 건강에 중요한 환경적 요인과 관련해서 공고한 대인관계는 목록의 최상단을 차지하는데 이는 우리의 웰빙뿐만 아니라 육체적 생존을 위해서도 매우 중요하다.

실제로 고독감을 줄이기 위해 고안된 개입 방안에 대한 2010년도 메타 분석에 따르면, "외로움은 우리 사회적 종들의 삶에서 대부분 측면에 영향을 미친다". 외로움 연구 분야의 전문가인 존 카시오포는 "외로움이 유전자가 발현되는 방식을 바꾸기 위해 세포의 가장 깊은 곳까지 침투했다"라는 사실을 그와 동료들이 발견했다고 발표했다.

이는 매우 중요한 사건이다. 개략적으로 말하자면, '유전자 발현'이란 특정 유전자가 특정한 시점에 켜져 있는지 꺼져 있는지, 즉 활성 상태인지 아닌지를 가리킨다. 예를 들어 나는 제1형 당뇨병에 걸리기 쉬운 유전자를 가지고 태어났지만 어떤 원인으로 그 유전자가

발현됐을 때 병에 걸렸다. 좀 더 유쾌한 예를 원한다면, 애벌레가 나비로 변할 때 어떤 일이 일어나는지 생각해보라. 특정 유전자가 나비 수명 주기의 특정한 순간에 발현된 결과다. 특정 화학물질(예: 담배 연기에 포함된 화학물질 등)에 대한 노출 등 환경에 존재하는 외부 요인이 특정 유전자의 발현 시기와 방식에 영향을 미칠 수 있다는 사실은 잘 알려졌지만, 외로움 같은 감정적 분비 요인이 그 과정에 어떤 영향을 미칠 수 있는지는 깊이 연구한 사람이 없다.

나는 이 책을 쓰는 동안 특히 불쾌한 과정을 거치면서 이 생각을 해봤다. 코로나19 팬데믹이 한창이던 추운 겨울날, 원고를 쓰는 데 집중하려고 남편과 아이를 부모님 집에 보내고 나흘 동안 혼자 집에 있을 때의 풍경이다. 외롭고 고립된 상태로 혼자 소파에 구부정하게 앉아 있는 내 앞에는 노트북이 놓여 있고, 겹겹이 열린 15개의 브라우저 창에는 외로움과 고립이 건강에 미치는 끔찍한 영향에 관한 논문이 펼쳐져 있다. 어땠을 것 같은가?

내가 알아낸 충격적인 사실 중 하나는, 일찍 죽는 문제에서는 사회적으로 고립되는 게 비만으로 인한 신체 활동 부족과 건강 문제보다 훨씬 큰 위험 요소라는 것이다. 일부 전문가는 외로움과 사회적 고립으로 인한 건강 위험이 하루에 담배 15개비를 피우는 것과 맞먹는다고 주장했다.

외로움과 관련된 건강 문제는 너무 많기 때문에 UCLA 사회유전체핵심연구소의 스티브 콜 박사는 외로움을 "다른 질병을 키우는 비료"라고 말한다. 사회적 고립과 외로움은 고혈압, 심장병, 뇌졸중, 비만부터 우울증, 알츠하이머병, 인지력 저하에 이르기까지 모든 질환의 높은 위험성과 관련이 있다. 이 중 마지막 두 가지에서는 그 위험성을 특히 주목할 만하다. 사회적 고립과 외로움은 알츠하이머병과 인지력 저하, 흔히 치매라고 이야기하는 질환의 발병 위험을 50퍼센트 정도 증가시킨다고 한다.

외로움은 염증과 면역력 약화를 일으키는 위험 요인이다. 또 혈액 속의 스트레스 호르몬 수치를 증가시키고 수면 장애를 일으킨다. 수면 부족은 그 자체가 방금 열거한 모든 질환에서 독립적인 위험 요소라는 걸 고려할 때, 이는 매우 걱정스러운 일이다. 게다가 외로움은 남들에게 거부당하거나 배제되는 징후 같은 잠재적인 사회적 위협을 극도로 경계하게 해서 FOMO를 조장한다. 과잉 각성은 그 자체가 스트레스의 징후이자 원천이다.

우울증과 마찬가지로 외로움도 우리 두뇌에 영향을 미쳐서 명확하게 사고하거나 판에 박힌 단조로운 생각에서 벗어나는 능력을 손상시킨다. 외로울 때 우리는 긍정적인 것보다 부정적인 피드백에 더 많은 관심을 기울인다. 외로움을 많이 느낄수록 휴대전화에 깔린 가장 인기 있는 앱을 비롯해 그 외로움을 더 악화하는 것들에 마음이 끌린다. 반면, 진정한 재미를 추구하면 수동적인 스크롤과 다르게 현실에서 다른 사람들과 적극적으로 어울리게 되므로 외로움이 줄어들고 연결됐다는 기분이 강해진다. 그리고 우리 건강에서는

이게 매우 중요하다.

사회적 고립과 외로움 문제를 다룬 전미 과학공학의학한림원의 2020년 보고서에서는 "건강과 복지를 위해 양질의 사회적 관계가 필수적"이라고 했다. 정신과 의사 조지 베일런트는 《행복의 완성》에서 "기쁨은 유대감이다"라는 말로 그 중요성을 더욱 간결하게 요약했다.

베일런트는 자기가 한 말의 의미를 정확히 알고 있다. 인간의 건강과 웰빙에 관해 세계에서 가장 오랫동안 진행된 연구 중 하나인 그랜트 연구(Grant Study)를 총지휘한 인물이기 때문이다. 그와 동료 연구원들이 알아낸 것처럼, 다른 이들과 연결돼 있다는 기분은 단순히 기쁨만 안겨주는 게 아니라 우리가 얼마나 오래 살고 얼마나 잘 사는지에도 지대한 영향을 미친다.

1972년부터 2004년까지 베일런트가 이끌었던 그랜트 연구는 1938년에 하버드대학교 2학년 남학생 268명으로 시작해서 그들의 일생을 계속 추적했다(현재 진행 중인 연구 버전은 여성까지 포함하도록 확장됐다). 이 연구의 목표는 건강한 노화를 가장 잘 예측하는 요인과 인생 경험이 무엇인지 확인하는 것이다.

연구를 처음 시작할 때 연구원들은 성격적 특성, 지적 능력, 두개골 크기 같은 신체적 특징이 가장 중요한 요인일 것으로 추정했다. 하지만 그건 가장 중요한 요인이 아니었다. 돈이나 명성도 아니었다. 초반의 2학년생 그룹에는 존 F. 케네디 대통령을 비롯해 훗날 유명해진 남자들이 몇 명 포함돼 있었다. 잘 나이 들고 오래 사는 남자와 그렇지 않은 남자를 구분하는 가장 큰 요인은 그들이 맺은 관계의 질이었다.

"쉰 살이 된 그들에 대해 알고 있는 모든 정보를 모아봤을 때, 그들이 어떻게 늙어갈지 정확하게 예측한 요인은 중년기의 콜레스테롤 수치가 아니었습니다." 현재 이 연구를 책임지고 있는 로버트 월딩거는 2015년에 '무엇이 좋은 삶을 만드는가: 행복에 관한 최장기 연구에서 얻은 교훈'이라는 제목의 〈TEDx〉 강연에서 이렇게 말했다. "중요한 건 그들이 자신의 인간관계에 얼마나 만족하는가였어요. 50세에 자신의 관계에서 가장 만족한 사람이 80세에 가장 건강했습니다."

이 연구는 가장 공고한 관계를 맺은 사람들이 더 오래 살고, 더 높은 수준의 행복과 만족을 느끼며, 인지력 저하를 덜 겪는다는 걸 알아냈다. 월딩거의 말에 따르면, "좋은 관계는 우리 몸을 보호할 뿐만 아니라 뇌도 보호한다". 실제로 강하고 친밀한 관계는 돈이나 명성, 사회적 계급, IQ, 유전자보다 장수와 행복에 더 큰 영향을 미쳤다.[•] 조지 베일런트가 요약한 것처럼, "연구를 시작했을 때는 아

●   인간관계는 생산성에도 도움이 된다. 당신은 책상에 앉아 뼈 빠지게 일하는 게 생산성을 극대화하는 가장 좋은 방법이라고 생각할 것이다. 하지만 실제로는 온종일 혼자 일하는 사람보다 사교를 위해 휴식을 취하는 사람이 더 많은 일을 한다.

무도 공감이나 애착에 관심을 두지 않았다. 하지만 건강한 노화의 핵심은 관계, 관계, 관계다".

관계의 질이 행복에 매우 중요하다는 주장에 나도 전적으로 공감한다. 나는 외동이고 어머니도 외동이며 내 아이도 외동이다. 아버지는 자기 형제들과 떨어져서 자랐기 때문에 난 그분들을 한 번도 만난 적이 없고 지금은 다들 돌아가셨다. 그래서 나에겐 고모나 삼촌이 없고, 생존해 있는 사촌이 있다고 하더라도 그들을 전혀 모른다. 따라서 '선택한 가족'을 꾸리고 공동체 의식을 느끼는 게 나한테는 항상 중요한 일이었는데, 베일런트의 말은 그게 노력할 가치가 있다는 걸 확인시켜줬다. 그렇지만 지금은 친구들이 다들 결혼해서 아이를 키우고 있기 때문에 그런 식의 교류를 이어가기가 힘들다. 사람들이 서로를 다 알고(자녀들끼리도 서로 잘 알고) 함께 있으면 즐거운 이들로 구성된, 확장된 '가족'을 만들려는 자애로운 동기를 가진 나는 재미가 사람들을 화합하게 하는 유용한 도구라는 걸 깨달았다.

또 재미는 의견이나 성장 배경이 우리와 다른 이들과도 더 가까워지게 해주기 때문에 관계를 맺을 수 있는 사람들의 수가 늘어난다. 예를 들어 누군가의 정치적 견해에 전혀 동의하지 않더라도 결혼식에서 그들과 함께 춤을 추며 즐거운 시간을 보낼 수 있다. 진정한 재미는 우리의 공통된 인간성을 드러낸다. 잠시 뒤에 살펴보겠지만 이는 우리의 정서적 행복에 매우 좋다. 물론 인류의 미래는 말할 것도 없다.

흥미로운 사실은 장난스러운 직접적 인간관계의 긍정적인 효과를 경험하기 위해 상대방을 잘 알 필요는 없다는 것이다. 낯선 사람이라도 누군가와 진정한 미소를 교환하면 기분이 좋아지고 스트레스 호르몬 수치가 낮아진다. 심지어 택시 기사 또는 비행기 옆자리 승객과 대화를 나누거나 커피를 주문하면서 농담을 주고받는 등의 '스쳐 지나가는 인연'을 맺는 것도 기분에 긍정적인 영향을 미친다는 게 입증됐다.

게다가 즐거움을 느낄 때 경험하는 유대감은 다른 사람들에게만 국한된 게 아니다. 신체 활동을 하면서 진정한 재미를 느끼는 경우가 많은데 신체 활동은 우리 건강과 기분에도 좋다. 또 우리는 평소의 인공적인 환경에서 벗어나 자연과 관계를 맺을 때도 종종 재미를 느낀다. 자연과의 상호작용 자체가 스트레스를 줄이는 것으로 입증됐고 그래서 산림욕이 유행하게 된 것이다. 자연 속에 있으면 심리적 이점이 매우 많기 때문에 어떤 연구원은 야외에 있을 때 분비되는 엔도르핀 종류를 설명하기 위해 농담으로 '아웃도어핀(outdoorphin)'이라는 단어를 사용하기도 한다.

다른 사람들과 예상치 못한 유대감을 느끼면 황홀한 에너지가 샘솟기도 한다. 이를 가리키는 '집합적 열정(collective effervescence)'이라는 용어도 있다. 사회학자 에밀 뒤르켐이 1912년에 집단적 사건에서 가끔 발생하는 유대감, 의미, 기쁨을 설명하기 위해 만든 말

이다. 애덤 그랜트는 〈뉴욕타임스〉에 기고한 칼럼에서 이 현상에 대해 "집단 전체에 삶의 환희가 퍼질 때 집합적 열정이 발생한다"라고 썼다. "댄스 플로어에서 만난 낯선 사람, 브레인스토밍을 함께 하던 동료, 종교 예배에 참석한 친척, 축구장에서 뛰는 동료들과 합이 맞을 때 느끼는 동기감이다."

집합적 열정이라는 개념은 왜 다른 사람들과 함께 있을 때 진정한 재미를 느낄 가능성이 큰지 규명하는 데 도움이 된다. 장난기 있는 정신이 수반된 집합적 열정은 그 자체가 일종의 재미다.

몰입

남들과 유대감 또는 장난기를 느낀다면, 진정한 재미의 세 번째 구성 요소인 몰입을 경험하고 있을 가능성이 크다. 눈앞의 활동에 너무 몰두해서 시간 가는 줄도 모르는 완전한 몰입 상태를 경험하는 것이다. 몰입은 사람을 완전히 빠져들게 하기 때문에 그 일이 끝날 때까지 대부분 사람이 자기가 그 안에 있다는 걸 깨닫지 못하는 경우가 많다.

유대감이 몰입 상태를 만들 뿐 아니라 몰입 자체가 유대감을 자아낼 수도 있다. 또한 몰입은 전염되기도 한다. 몰입한 사람들 주변에서 시간을 보내다 보면 당신도 십중팔구는 몰입하게 될 것이다. 이는 또 집합적 열정에 기여한다. '몰입'이라는 용어를 주창한 심리학자 미하이 칙센트미하이는 몰입하는 동안에는 "심지어 자아의 경계에서 벗어나 적어도 일시적으로는 더 큰 실체의 일부가 됐다고 느낄 수도 있다"라고 했다.

게다가 몰입 상태에서는 자의식이 완전히 사라지고 칙센트미하이가 '더 강한 자아 개념'이라고 말한 것만 남는다. 이는 진정한 자아에 대한 자신감이며 상황을 능숙히 통제하고 있다는 감각이 동반되기에 몰입 상태일 때는 실패를 두려워하지 않는다.

나도 연주할 때 이런 경험을 한다. 나는 혼자 연주하거나 공연하는 걸 좋아하지 않는다. 연주를 망칠 거라는 걱정 때문에 몰입에 빠져들 수가 없다. 그리고 역설적이게도 이런 걱정 때문에 일이 엉망이 될 가능성이 더 커진다. 하지만 그룹에 속해 있으면 다른 사람들과 함께 연주하는 즐거움과 도전에 푹 빠져서 자신을 평가하는 걸 잊는다. 그리고 연주한 걸 녹음해서 나중에 들으면 우리가 만들어낸 화음에 놀라곤 한다.

몰입이 반드시 황홀하거나 오래 지속되는 건 아니다. 한 번에 몇 분 또는 몇 초씩 낮은 강도의 몰입을 경험할 수도 있다. 하지만 오래 지속되는 황홀한 몰입도 가능한데, 이를 심리학자들은 '지고'의 경험이라고 부른다. 칙센트미하이의 설명처럼, 이런 최고의 몰입 상태에 있을 때는 "오랫동안 소중히 여기면서 인생이 지향해야 하는 바를 가리켜주는, 더없는 기쁨과 즐거움을 느낀다". 최대한 많은 경험을 통해 몰입에 빠지는 법을 배우는 것이 행복하게 사는 비결

이라고 칙센트미하이는 말한다.

이키가이(いきがい)라는 일본식 개념에 대한 연구도 이를 뒷받침 하며, 재미를 중심으로 살아가면 우리 삶의 궤적이 어떻게 변할 수 있는지에 대한 훌륭한 예를 제공한다. 이키가이를 대략 설명하자 면 '가치 있는 삶'이라는 뜻으로 프랑스인들이 레종 데트르(raison d'être)라고 부르는 것, 즉 우리의 존재 이유다. 이것은 아침에 침대 에서 기쁘게 일어나는 이유이기도 한데, 작가 엑토르 가르시아와 프란세스크 미랄레스가《이키가이: 장수와 건강한 삶을 위한 일본 인들의 비결(Ikigai: The Japanese Secret to a Long and Healthy Life)》이라 는 책에서 자세히 설명했다.

장수의 과학과 무엇이 길고 행복한 삶을 만드는지에 관심이 많 은 가르시아와 미랄레스는 100세 이상의 인구가 평균보다 많은 것 으로 유명한 일본의 오키나와섬으로 향했다. 그들은 그곳에서 주민 들이 느끼는 굉장한 기쁨이 길고 즐거운 삶의 여정을 인도한다는 사실을 알게 됐다. 그리고 이게 바로 그들이 "항상 바쁘게 살면서 느끼는 행복"이라고 설명한 이키가이라는 결론을 내렸다.

하지만 여기서 바쁘다는 건 서구에서처럼 항상 인터넷에 접속해 서 하루 7시간 동안 일한다는 뜻이 아니다. 이키가이에서 말하는 바 쁨은 자기가 아끼는 어떤 것 또는 누군가와 함께하는 행복을 뜻한 다. 즉, 특정한 종류의 몰입을 가리키는 말이다. 가르시아와 미랄레 스는 "더 많이 몰입할수록 이키가이에 가까워질 것"이라고 말한다.

사람들이 자신의 이키가이를 표출할 때 경험하는 몰입은 우리가 즐길 때 경험하는 몰입과 같은 종류다. 가르시아와 미랄레스는 "우리는 벤치에 앉아서 아무것도 하지 않는 할아버지를 한 분도 보지 못했다"라면서 그들이 방문한 오기미 마을의 주민들을 설명했다. "오기미는 정말 나이 많은 주민들이 많이 살기 때문에 '장수 마을'로 유명한데, 그들은 항상 왔다 갔다 하면서 노래방에 가거나 이웃집을 방문하거나 게임을 한다."

연구원들이 방문했을 당시 오기미에는 술집도 없고 식당도 몇 군데뿐이었지만 주민센터는 10개가 넘었다. 주민들은 지속적으로 모여서 사교 활동을 벌였고 가르시아와 미랄레스도 불러서 함께 어울렸다. 가르시아와 미랄레스는 마을에 머무는 동안 아흔아홉 살과 아흔네 살, 그리고 여든아홉 살이 된 '젊은' 남자의 합동 생일 파티에 참석했다. 그들은 춤을 췄고, 축제에도 갔으며, 차를 마시면서 여유롭게 담소를 나눴다. 노래도 많이 불렀다. 이들이 인터뷰한 노인 한 분은 "함께 시간을 보내면서 즐기는 게 가장 중요하다"라는 말로 공동체의 가치관을 요약했다.

이키가이의 몰입, 그리고 진정한 재미의 몰입은 우리가 화면을 응시하는 동안 종종 빠져드는 멍한 상태와 극명한 대조를 이룬다. 칙센트미하이는 후자를 '정크' 몰입이라고 부른다. 즐거울 수는 있지만 정신이 마비된 상태를 말한다.

정크 몰입은 실제로 우리를 사로잡지 않으면서 소비만 장려한다.

드라마를 몰아서 보거나 아무 생각 없이 휴대전화로 인터넷 밈을 스크롤하는 모습을 생각해보자. 정크푸드처럼 이것도 순간적인 갈망을 채워주긴 하지만 너무 지나치면 역겨운 기분이 들 수 있다. 소파에서 잠들었다가 일어나서 옆에 널브러져 있는 빈 아이스크림 통과 스웨터 전체에 달라붙은 감자칩 부스러기를 봤을 때처럼 말이다. 진정한 재미와 달리 정크 몰입은 우리 영혼에 자양분을 제공하지 않는다.

웃음

장난기, 유대감, 몰입이 모두 우리에게 매우 좋다는 사실은 이 세 가지를 함께 경험했을 때 영향력이 훨씬 커져야 한다는 걸 시사한다. 하지만 우리가 구체적으로 정의한 진정한 재미에 대한 연구가 부족하다는 걸 생각하면 이걸 알아내는 건 어려운 일이다. 고맙게도 비교적 잘 연구된 진정한 재미의 명백한 징후가 있으니, 바로 웃음이다.

물론 가끔은 재미가 없을 때도 웃는다. 하지만 정말 즐거울 때는 거의 항상 웃기 때문에 나는 웃음을 진정한 재미와 단순한 즐거움을 구별하는 방법으로 사용하기 시작했다. 예를 들어 혼자 책을 읽거나 케이크를 구우면서 금요일 밤을 즐겁게 보낼 수도 있지만, 만약 웃지 않았다면 '진정한 재미'를 느끼지는 않았을 가능성이 크다.[*] 펀 스쿼드 회원들에게 진정한 재미의 순간에 느끼거나 경험한 걸 설명해달라고 했더니 90퍼센트가 '웃었다'고 답했다. 내가 제시한 모든 보기 중에서 가장 인기 있는 선택지였다.[**] 따라서 웃음의 긍정적인 효과는 대부분 진정한 재미에도 적용될 가능성이 크다.

신체 건강부터 살펴보자. 웃음은 코르티솔과 그에 수반되는 스트레스 호르몬인 아드레날린 수치를 감소시킨다. 상관관계와 인과관계는 다른 것이므로 주의해야 하지만, 이는 왜 자주 웃는 사람이 심혈관 질환이나 모든 원인에 의한 조기 사망 위험이 더 낮은 것으로 밝혀졌는지를 설명하는 데 도움이 된다. 기분 좋게 터져 나온 진짜 웃음은 또 혈관 염증을 줄이고 혈액 응고를 감소시키며 혈압을 낮추고 혈관 건강을 개선할 수 있는 일련의 반응을 촉발한다. 또 진심으로 웃을 때는 숨을 깊게 들이마시는데, 이것도 건강에 좋다.

쉽게 자주 웃는 건 삶에서 유머를 찾아내는 능력을 나타낸다. 이 능력은 재미를 느낄 기회를 증가시키고, 일상적이고 가벼운 스트레스부터 헤아릴 수 없을 정도로 끔찍한 상황에 이르기까지 온갖 일에 직면했을 때 회복력을 높여주는 매우 적응적인 대처 메커니즘이

---

[*] 자신에게 물어봐도 흥미로울 것이다. 휴대전화에서 본 뭔가에 반응해서 진심으로 웃는 경우가 얼마나 많은가? 진심으로 웃은 직후에 그 웃음의 근원을 다른 누군가와 공유하고 싶어질 때는 또 얼마나 많은가?

[**] 응답자는 원하는 만큼 많은 답변에 체크할 수 있었다. 다른 인기 있는 답변으로는 '완전히 몰두해서 집중했다', '시간 가는 줄 몰랐다' 등이 있다.

THE POWER OF **FUN**
파워 오브 펀

다. 정신과 의사이자 홀로코스트 생존자인 빅터 프랭클은 1946년에 출간한 《죽음의 수용소에서》라는 책에서 유머를 "자기 보존을 위한 투쟁에서 영혼이 사용하는 무기 중 하나"라고 묘사했다.

유머는 그 순간의 기분을 고양할 뿐 아니라 장기적으로 심장마비와 뇌졸중 같은 스트레스와 불안 관련 질병이 발생할 위험을 줄여준다. 게다가 유머를 감상하면 노인들의 단기 기억력이 향상되는 것으로 나타났는데 이는 웃음이 코르티솔을 감소시키기 때문인 것으로 추정된다. 앞서 말한 것처럼 코르티솔 수치가 높으면 기억이 손상되고 정보를 처리하거나 새로운 걸 배우기가 어려워진다. 웃음은 또 신체적 고통에 대한 내성을 높이는 것으로 밝혀진 엔도르핀 분비를 촉진한다.●●●

연구진은 또 웃음으로 분비가 촉진되는 특정한 엔도르핀이 사회적 유대관계에 중요한 역할을 하고, 스트레스가 신체에 미치는 영향에 대항하도록 보호해준다고 생각한다. 유머와 장난기가 사람들을 더 가까워지게 하고 따뜻함과 유대감을 증가시키는 것으로 밝혀진 것도 이 때문일 것이다. 연구진이 말하는 유쾌한 웃음, 즉 친근하고 재미있는 웃음은 건강 보호와 면역력 증진 효과를 발휘할 뿐만

●●● 고통에 대한 내성을 윤리적으로 측정하는 방법이 궁금할 것이다. 연구진은 실험 1과 실험 2에서 냉동한 진공 와인 쿨러 슬리브(각 실험 시작 시 −16℃로 동결, 최대 지속 시간 180초)와 수은 혈압계(부풀린 혈압계 커프)를 사용해서 통증 내성을 측정했다. 그리고 피실험자들에게 고통을 더는 견딜 수 없을 때를 표시하라고 요청했다.

즐거운 경험의 연속체

웃음은 종종 어떤 경험이 즐거움에서 재미로 넘어간 순간을 가리킨다.

아니라 우울증 개선 호르몬 수치는 높이고 스트레스와 관련된 호르몬 수치는 줄이는 것으로 나타났다.[•] 그리고 실제로 함께 나눈 웃음을 회상하는 행위만으로도 관계에 대한 만족도가 증가하는 것으로 나타났다.

함께 웃을수록 유대감이 커지고 외로움은 덜 느끼게 된다. 코미디언 존 클리즈의 말처럼, "같이 큰 소리로 웃을 때는 거리감이나 사회적 위계 의식을 유지하기가 거의 불가능하다". 우리는 서로 유대감을 느낄수록 더 많이 웃으며, 혼자 있을 때보다 남들과 함께 있을 때 웃을 확률이 30배나 높다. 이는 진정한 재미를 느끼는 경험이 대부분 다른 사람들과 함께 있을 때 생기는 이유를 설명해준다. 웃

● 스탠퍼드대학교의 제니퍼 에이커 교수와 나오미 백도나스 교수는 《유머의 마법》에서 "웃을 때는 뇌에서 행복감(도파민)과 신뢰도(옥시토신)를 높이고 스트레스(코르티솔)를 줄이며, 약간의 도취감(엔도르핀)까지 느끼게 하는 호르몬 칵테일이 분비된다"고 했다. "직업적 상호작용에 유머를 활용하면 동료들에게 이 강력한 호르몬 칵테일을 제공할 수 있고, 그렇게 하면 그들과 우리 뇌의 화학 작용이 말 그대로 즉석에서 변한다."

음에 관한 한 연구의 주요 저자는 이를 다음과 같이 요약했다. "우리를 웃게 하는 긍정적인 경험을 추구하면 건강을 유지하는 데 생리학적으로 많은 일을 할 수 있다." 진정한 재미가 웃음으로 이어지는 경우가 얼마나 많은지 생각하면, 건강을 생각해서라도 진정한 재미를 우선시해야 한다는 걸 알 수 있다.

재미는 어떻게 우리를 행복하게 해주는가

대부분 사람, 특히 미국인은 행복 추구에 집착한다. 미국 독립선언서에도 나와 있지 않은가. 우리는 행복에 관한 책을 읽고 팟캐스트를 듣는다. 행복이 부족하다고 친구나 상담 치료사에게 한탄한다. 그리고 마케터들이 더 많은 행복을 안겨줄 거라고 약속하는 건 뭐든지 산다.

이해한다. 나도 행복해지고 싶다. 하지만 "행복해지고 싶다"라고 말하는 건 "키가 커지고 싶다"라고 말하는 것만큼이나 현실적인 문제다.

그게 재미가 가진 또 다른 힘이다. 재미는 행복을 만든다. 구체적으로 말하면, 재미 추구는 관심의 초점을 비정형적인 감정 상태(행복해지고 싶다)에서 능동적인 경험(더 재미있게 놀고 싶다)으로 옮겨서 행복의 청사진을 제공한다. 즐거움을 느끼는 동안에는 항상 행복하므로, 더 즐거울수록 더 행복해질 가능성이 크다. 재미에 초점을 맞추고 살아갈 때 더 행복해지는 이유 중 하나는 행복이 직접적인 목표가 아니기 때문이다.

재미 추구는 자기 영속적인 긍정적인 순환을 낳는다. 즐거운 시간을 누리면 행복해지고, 행복하면 즐거울 가능성이 커지며, 이것이 다시 우리를 행복하게 하고, 그러면 쉽게 재미를 느낄 수 있다. 그렇게 계속 이어지는 것이다. 노스캐롤라이나대학교 채플힐 캠퍼스의 긍정적 감정 및 정신생리학 연구소(일명 PEP연구소)의 바버라 프레드릭슨 소장은 긍정적인 감정을 경험할 때마다 "미래에 기분이 좋아질 가능성이 커진다"라고 했다.

또 행복을 연구하는 학자들은 우리가 느끼는 행복 중 어느 정도는 유전자와 환경으로 결정되지만 50~80퍼센트는 우리가 통제할 수 있다고 생각한다는 점도 주목할 필요가 있다. 그들은 이에 대한 식도 만들었다.

설정값 + 상황 + 자발적 행동 = 행복

당신의 행복 '설정값'은 절대 바뀔 수 없는 유전자에 달려 있다. 환경에는 당신이 사는 곳 같은 통제할 수 있는 것과 태어난 가족의 역동성처럼 통제할 수 없는 것이 모두 포함된다. 자발적 행동은 말 그대로 여가를 보내는 방식이나 진정한 재미를 위한 기회를 더 만들기 위해 얼마나 많은 에너지를 쏟는가 등 당신이 선택한 행동을

뜻한다.

　내 생각에 진정한 재미의 장점은 무엇이 행복을 유도하는 자발적 활동인가에 대한 구체적인 아이디어를 생성하는 데 도움이 된다는 것이다. 다시 말해 추상적이고 이해하기 어려운 것을 성취하고 통제할 수 있는 것으로 바꾸게 해준다.

재미는 우리의 번영에 어떻게 도움이 되는가

'번영(flourishing)'은 인체 기능이 최상이고 몰입감, 개방성, 목적의식, 자아 수용, 회복력, 강인함, 의욕, 만족감 등을 느끼는 상태를 가리키기 위해 심리학자들이 사용하는 용어다. 공허하고 텅 빈 기분, 또는 판에 박힌 일을 할 때 느끼는 너무나 익숙한 감각인 나른함과 반대되는 개념이다. 심리학자들은 우리가 자신과 삶에 만족할 때는 행복보다 번영을 목표로 삼아야 한다고 생각한다.

　펜실베이니아대학교 긍정심리학센터 소장이자 《마틴 셀리그만의 플로리시》의 저자인 마틴 셀리그만에 따르면 번영에는 다섯 가지 기본 요소가 있다. 긍정적인 감정, 참여, 긍정적인 관계, 의미, 긍정적인 성취가 그것이다. 이를 많이 경험할수록 더 번영할 수 있다.

　이 문제를 생각해본 결과, 이들 다섯 가지 요소는 재미에 포함된 경우가 많고 재미를 통해 직접 생성되는 경우도 있다는 걸 깨달았다. 장난스러운 유대감을 느끼면서 몰입할 때는 그 일에 잔뜩 심취

해서 긍정적인 감정을 느끼게 되고, 또 그 자리에는 내가 좋아하는 이들이 함께 있을 때가 많다. 어떤 경험이 재미를 위해 반드시 의미나 성취감을 안겨줄 필요는 없지만, 재미있는 경험은 대부분 이런 감정 중 한두 가지를 남긴다는 걸 깨달았다.

매슬로의 욕구 이론에는 우리를 번영에 이르게 하는 재미의 능력이 시각적으로 구현돼 있다. 에이브러햄 매슬로라는 심리학자가 1943년에 만들어서 보통 피라미드 형태로 표현되는 이 목록은 인간에게 본질적으로 동기를 부여하는 요소들을 대략적인 성취 순서에 따라 요약한 것이다. 피라미드 맨 아래의 2개 층에는 적절한 음식과 물, 온기, 휴식, 보안 및 안전 확보 등 번영에 집중하거나 진정한 재미를 우선시하기 전에 충족돼야 하는 기본적인 욕구가 있다. 상위 3개 층(친구와의 친밀한 관계, 강한 자존감, 잠재력을 최대한 발휘하는 것)은 단순한 생존을 넘어 번영의 상태로 이끄는 요소들이다. 또 재미의 부산물 중 일부기도 하다.

재미가 우리의 번영에 도움이 된다는 생각은 바버라 프레드릭슨이 만든 긍정적인 감정의 확장 및 수립 이론과도 일치한다. 이 이론은 긍정적인 감정 상태는, 비록 일시적인 상태일지라도, 단순히 회복력이나 웰빙 또는 건강의 징후가 아니라고 주장한다. 그런 감정은 실제로 회복력과 건강을 키우고 사람들이 나중에 겪을 스트레스를 극복하도록 돕는다. 이 이론에 따르면 긍정적인 감정은 새로운 아이디어와 활동, 사회적 유대감을 형성하고 이것이 결국 성공적인

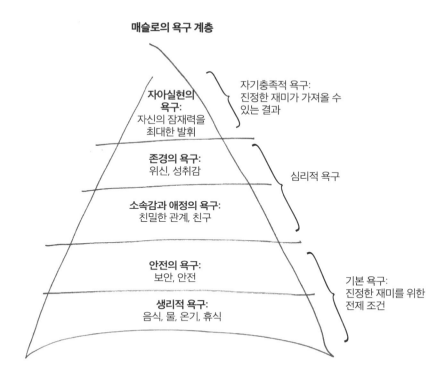

매슬로의 욕구 계층

자아실현의 욕구:
자신의 잠재력을 최대한 발휘

자기충족적 욕구:
진정한 재미가 가져올 수 있는 결과

존경의 욕구:
위신, 성취감

소속감과 애정의 욕구:
친밀한 관계, 친구

심리적 욕구

안전의 욕구:
보안, 안전

생리적 욕구:
음식, 물, 온기, 휴식

기본 욕구:
진정한 재미를 위한 전제 조건

대처와 생존 확률을 높이기 위해 나중에 의지할 수 있는 신체적·지적·사회적·심리적 자원을 구축한다.

프레드릭슨은 "모든 사람은 자기 삶과 주변 사람들의 삶에서 긍정적인 감정을 키워야 한다. 그러면 순간적으로 기분이 좋아질 뿐만 아니라 자신을 더 나은 방향으로 변화시키고 번영과 건강과 장수를 향한 길로 나아갈 수 있기 때문이다"라고 말한다.

이 모든 걸 종합해보면, 번영하기 위해서는 진정한 재미를 위한 기회를 최대한 많이 찾아야 한다는 걸 알 수 있다.

효과

지금까지 이야기한 바를 직접 시도해본 결과, 효과가 있었다. 진정한 재미를 우선순위로 삼을수록 내 삶이 더 풍요로워진다는 걸 느꼈고 종종 재미를 기대하지 않았던 분야에서까지 긍정적인 효과를 발견했다.

내가 가장 먼저 관찰한 것은, 앞서 얘기한 시간-가치 역설에 맞서 싸울 때 재미가 얼마나 도움이 되느냐는 것이었다. 다른 어른들처럼 나도 어떤 일이 할 만한 가치가 있는지 판단할 때 생산성과 돈을 기준으로 생각하는 습관에 빠져 있다. 이는 버트런드 러셀이 1932년에 쓴 에세이 《게으름에 대한 찬양(In Praise of Idleness)》에서 언급한 것과 정확히 일치한다. 그는 "전에는 쾌활함과 놀이를 즐기는 능력이 있었지만 능률 숭배 때문에 다소 억제되고 있다"라고 썼다. "요즘 남자들은 모든 일은 다른 뭔가를 위해 해야지, 결코 그 자체를 위해 해서는 안 된다고 생각한다." 여기에서 '남자'라는 말을 빼면 마치 그가 미래를 내다보고 나에 대한 에세이를 쓴 것 같다. 다른 사람들처럼 나도 뭔가를 하는 대가로 돈을 받는다면 그게 내 시간을 투자할 가치가 있는 일이라고 생각했을 것이다. 10시간 동안 쉬지 않고 일했다면 아무리 피곤하고 지쳤더라도 분명히 좋은 하루를 보냈다는 결론을 내렸을 것이다.

재미에 대해 연구하면서 이런 접근법이 잘못됐다는 걸 깨달았

다. 그래서 이제는 헨리 소로의 관찰 내용을 약간 다르게 표현한 다음과 같은 말을 기억하려고 한다. "어떤 것의 대가는 당신이 그것과 교환하는 생명의 양이다."

물론 우리는 다들 일을 해서 돈을 벌어야 한다. 앞서도 얘기했듯이 정서적 행복에 관심을 쏟기 전에 기본적인 수준의 경제적 안정이 확립돼야 한다. 그러나 기본적인 욕구가 충족된 상태고 궁극적인 목표가 의미 있고 즐거운 삶이라면, 갑부가 되더라도 심리적으로 많은 걸 얻지는 못한다. 즉, 돈과 생산성은 사용할 시간을 평가할 때 우리가 의지해야 하는 주요 지표가 아니다. 그보다는 진정한 재미를 지표로 사용하자고 제안하고 싶다.

진정한 재미가 만드는 즐거움은 본질적으로 동기를 부여한다. 즉, 그런 재미를 느낄 때는 외부의 보상 없이도 지금 하는 일을 기꺼이 계속할 수 있다는 얘기다. 이를 통해 우리는 대응 모드에서 벗어나 자신의 우선순위를 염두에 두고 능동적으로 살아가게 된다.

진정한 재미는 또한 연구진이 행복과 번영하는 능력에 필수적이라고 생각하는 유대감의 일종인 공유된 인간성을 활용하게 해준다. 이는 집합적 열정을 경험하는 데도 중요하다. 애덤 그랜트는 이렇게 말했다. "심리학자들은 사람들이 개별적으로 행복을 추구하는 문화권에서는 더 외로워질 수도 있다는 걸 발견했다. 반면 연결과 배려, 기여를 통해 사회 전체적으로 행복을 추구하는 문화권에서는 사람들이 행복을 누릴 가능성이 커 보인다."

안타깝게도 우리는 공유된 인류애를 우선시하기는커녕 이에 대해 많이 생각하지도 않는다. 셀레스트 헤들리가 《바쁨 중독》에 썼듯이, "우리가 일상적으로 하는 활동 가운데 더 자연스럽게 장난기를 발휘하거나 더 배려하거나 사교적인 사람이 되게 하는 일에 초점을 맞춘 건 거의 없다. (…) 우리는 지루함, 긴 전화 통화, 취미 활동, 동네 사람들끼리의 바비큐, 사교클럽 모임 같은 기본적인 인간애의 표현 방식을 '비능률적'이라면서 없애버렸다. 우리는 길거리 농구를 하거나 하와이 여행 때 찍은 사진들을 친구들에게 보여주며 시간을 보냈던 옛날 사람들의 순진함에 너그럽게 미소 짓는다. 그러면서 우리 할머니, 할아버지는 바느질 모임이나 잔디 볼링 같은 걸할 시간이 있었다니 정말 신기하다고 생각한다."

전에는 나도 그들처럼 생각했다. '바느질 모임이라고? 잔디 볼링? 그런 걸 할 시간이 어디 있지?' 하지만 내 몸과 마음이 장난스러운 유대감이 깃든 몰입이 어떤 느낌인지 경험하고 나자, 다른 사람들과의 사회적 활동을 통해 즐거움을 찾는 것이 진기한 일이나 시간 낭비가 아니라 시간을 가장 잘 활용하는 방법 중 하나라는 걸알게 됐다. 그 활동이 무엇이든 상관없다. 생각이 바뀌자 이제는 친구와 느긋하게 점심을 먹거나 한낮에 휴식을 취하면서 누군가에게 전화를 거는 게 시간 낭비처럼 느껴지지 않고 친구들과 주말여행계획을 세우는 것도 별로 힘들지 않다. 이제는 그런 일을 내 행복을위한 가치 있는 투자로 여긴다. 그리고 얼마 전에는 친구들 몇 명과

함께 잔디 볼링을 하면서 정말 즐거운 시간을 보냈다. 그러니까 당신도 직접 시도해보기 전까지는 섣불리 단정하지 말기 바란다.

재미는 또 결정에 접근하는 방식을 바꿔서 우리 삶이 풍요로워지도록 도와준다. 요즘에는 의무적이지 않은 요청을 받으면, 예컨대 그 일이 새로운 기회처럼 잠재적으로 긍정적인 요청일지라도 이렇게 자문해본다. 이게 재미있을까? 장난기와 유대감, 몰입을 발생시킬까? 만약 그렇다면 요청을 받아들이는 쪽으로 고려할 것이다. 하지만 그렇지 않은 경우 또는 요청을 받아들였을 때 의미 있고 즐겁고 보람찬 활동을 할 시간이 줄어들 경우 최선을 다해 거절한다.

또 요청에 답할 때 내 몸 상태에 주의를 기울이려고 한다. 몸은 거짓말을 하지 않기 때문이다. 만약 몸이 긴장하거나 꽉 조여드는 듯하다면, 또는 호흡이 얕거나 짧아진다면 그건 요청을 받아들이지 말아야 한다는 신호다. 반대로 기분이 들뜨거나 설렘을 느낀다면 그 일을 해야 한다는 생각에 심장이 두근대더라도 받아들여야겠다고 생각한다. 그런 몸 상태는 긴장된 흥분을 드러내는 징후이며 내가 바람직한 방법으로 안전지대를 벗어날 기회라는 신호다.

재미를 이용해서 결정을 내리면 생산성도 높아질 수 있다. 사무직에 종사하는 많은 이들은 '생산적'이라는 느낌을 주는 일, 예를 들어 끊임없이 이메일을 확인하거나 할 일 목록에 있는 사소한 일들을 골라서 처리하거나 사내 정치와 잡담에 빠져들게 되는데 실제로는 자기가 뭔가 하고 있다고 느끼려고 시간만 채울 뿐이다. 자신의 근무일 일정을 자세히 살펴보자. 자기 업무 또는 자기 자신에게 의미 있거나 중요한 일에 할애하는 시간과 의무적으로 대응하는 일에 할애하는 시간이 각각 얼마나 되는가?

휴대전화와 컴퓨터를 들여다보면서 여가를 보내면 주의가 분산되고 효율성이 떨어지는 경향이 있지만, 재미를 느낄 여지를 만들면 의욕을 느끼면서 일에 몰두할 수 있다. 특히 자기 일에 장난스러운 기분을 불어넣을 수 있으면 더욱 좋은데, 브리티시컬럼비아대학교의 발달심리학 교수인 아델 다이아몬드의 연구로도 뒷받침된다. 그녀는 네 살짜리 아이들에게 최대한 오랫동안 가만히 서 있으라고 부탁하면 대개는 1분 정도 그 자세를 유지할 수 있다는 걸 증명했다. 하지만 아이들에게 공장 경비원인 척하라고 하면(다시 말해, 그 일을 놀이처럼 대하도록 하면) 평균 4분 동안 가만히 서 있었다. 업무를 지속적으로 수행하는 능력이 네 배 향상되면 얼마나 많은 성과를 거둘 수 있을지 상상해보라.

재미에 대한 욕구에 더 많은 관심을 기울이면 삶이 즐겁지 않을 때도 그 상황에 대처하는 회복력이 커지기 때문에 삶이 풍요로워진다. 예를 들어 저녁에 재미있는 시간을 보내면 나쁜 기분을 지워버릴 수 있다는 걸 알았다. 코로나19 팬데믹 기간에는 아주 사소한 재미도 제정신을 유지하는 데 확실히 도움이 됐다. 그래서 PEP연구소의 바버라 프레드릭슨 소장이 제시한 '무효화' 가설에서 재미가 중요한 역할을 할 수 있다고 믿게 됐다. 이 이론에 따르면 재미를

느끼면서 생성된 긍정적인 감정은 실제로 부정적인 감정의 영향을 '수정'하거나 '무효화'할 수 있다.

예를 들어 프레드릭슨은 사람들에게 불안감을 유발하는 작업(예: 자기가 왜 좋은 친구인지에 대해 1분간 연설하기)을 하게 한 직후에 '약간 긍정적인 감정'을 끌어내는 동영상을 보여주면 그들의 몸이 스트레스에서 더 빨리 회복된다는 걸 알아냈다. 그들의 심박수, 혈압, 지각된 불안감 등이 모두 대조군보다 빠르게 정상으로 돌아갔다.

재미는 또 번아웃을 피하는 데도 도움이 된다. 예를 들어 글을 쓰다가 막히면 나는 다음과 같은 두 가지 일 중 하나를 하곤 했다. 하나는 신성한 영감이 떠오르길 기대하면서 눈이 침침해질 때까지 문제가 생긴 단락을 뚫어지게 쳐다보는 것이다. 다른 하나는 인터넷 브라우저를 왔다 갔다 하면서 뉴스 헤드라인을 훑어보거나 새로 도착한 이메일 목록을 보면서 '휴식을 취하다가' 그만하고 싶을 때쯤 다시 문제의 단락을 들여다보는 것이다. 그러고는 왜 날마다 다시는 글을 쓰고 싶지 않다는 기분으로 하루를 마무리하는 건지 의아해했다.

문제는 내가 실제로는 쉬지 않았다는 것이다. 애초에 내가 번아웃 상태라고 느낀 이유가 작업 기억을 너무 과도하게 사용해서 새로운 정보를 처리하거나 새로운 아이디어를 내놓는 능력이 고갈됐기 때문이다. 다시 상기시키자면, 작업 기억은 특정 시간에 의식에 간직돼 있는 모든 정보를 뜻한다. 뉴스 헤드라인과 이메일들을 훑어보면서 작업 기억에 더 많은 정보를 추가하는 건 절대 해선 안 될 일이었다. 그건 정신적 피로를 가중시킬 뿐이다.

그러던 중에 알렉스 수정 김 방이 쓴 《일만 하지 않습니다》라는 책을 읽었다. 저자는 이 책에서 세계의 많은 위대한 작가, 과학자, 예술가는 "심리적으로 회복력이 있고 신체적으로 활발하며 개인적으로 의미 있는 휴식 형태인 심층 놀이를 통해 바쁜 삶의 균형을 맞춘다"라고 했다. 이는 휴가가 필요하다는 강력한 주장이고, 자신의 열정과 우선순위에 시간을 쏟기 위해서는 주말에 컴퓨터와 전자 장비를 꺼둬야 한다는 얘기다. 하지만 나는 일상적인 업무를 처리하는 중에도 장난기, 유대감, 몰입을 느낄 가능성이 있는 일을 하기 위해 몇 분씩만 시간을 할애해도 이와 비슷한 효과를 얻을 수 있다는 걸 깨달았다. 다시 말해, 재미를 미세하게 투여해도 충분히 휴식이 될 수 있었다.•

낮에는 사람들과 어울릴 기회가 제한된 상태에서 혼자 일한다는 점을 고려할 때, 지금까지 떠오른 가장 좋은 아이디어는 드럼을 치면서 휴식을 취하는 것이었다. 재미에 관심을 두면서 드럼 레슨도 받기 시작했는데, 주의력이 흐트러지는 걸 느끼면 컴퓨터 앞에서 물러나 몇 분간 드럼 연습을 한다. 리듬감 있고 몸을 움직여야 하는 일로 관심을 옮기면 의식이 내 몸으로 돌아오고 뇌의 다른 부분이 활성화된다. 이렇게 하면 집중력이 회복돼서 상쾌해진 기분으로 다

●   재미의 '미량 투여'에 대해서는 뒤에서 자세히 설명하겠다.

시 컴퓨터 앞에 앉을 수 있으며 종종 새로운 아이디어가 떠오른다. 수정 김 방이 "하던 일을 멈추고 제대로 쉬면 창의성이 생긴다. 그건 창의성을 위한 투자이며, 심지어 세금도 붙지 않는다"라고 설명한 기분을 경험한 것이다.

말이 나온 김에 얘기하자면, 진정한 재미를 추구하면 창의력이 더 커진다. 그런 재미를 규칙적으로 경험할수록 새로운 아이디어가 더 많이 떠오를 것이다. 장난기, 유대감, 몰입이 창의력을 꺾는 스트레스를 줄여주기 때문일 수도 있다. 또 즐거울 때는 에너지가 급증하기 때문에 아이디어를 실행에 옮길 수 있다.

이 모든 경우에, 창의력 증가는 재미가 우리 몸의 화학 반응에 미치는 영향과 관련이 있을 수도 있다. 진정한 재미는 종종 새로운 경험에서 나온다. 그리고 모든 형태의 새로움은 도파민 방출을 유발한다. 도파민은 뇌가 기억할 가치가 있는 경험을 기록하거나 그 경험을 반복하도록 동기를 부여하는 방법이다. 웃음도 도파민 분비 요인이다. 그래서 유머러스하거나 재미있는 일에는 관심을 더 기울이게 되고 나중에 기억할 가능성도 커진다.

스마트폰의 도파민 분비 요인은 종종 쓸모없거나 매우 나쁜 습관을 강화하는 반면, 진정한 재미에 반응해서 분비되는 도파민은 우리에게 도움이 된다. 앞으로 우리의 번영에 기여할 수 있는 훨씬 새롭고 재미있는 경험을 추구하도록 동기를 부여할 뿐만 아니라, 그런 경험은 세부 사항까지 잘 기억하도록 뇌를 대비시킨다.

앞서도 얘기한 것처럼 기억은 통찰력의 원천이기 때문에 중요하다. 경험이 다양하고 그 경험을 세부적인 부분까지 기억할수록 더 많은 아이디어를 서로 연결할 수 있고, 이를 통해 우리는 더욱 창의적이고 통찰력 있는 사람이 될 수 있다. 게다가 진정한 재미를 느낄 때는 자의식이 줄어들기 때문에 창의성에 기여하는 안전하고 개방적인 심리 상태가 된다. 예를 들어 즉흥 연주를 생각해보라. 다양한 연주자가 한데 어울려 즉흥적으로 일어나는 아이디어를 비판 없이 받아들이고 반응하며 몰입해서 연주하지 않는가.

2008년에 한 연구진이 재즈 음악가들에게 MRI 스캐너 안에 들어가도록 특별히 설계한 피아노를 즉흥적으로 연주하게 하고 그들의 뇌를 스캔하는 흥미로운 연구를 했다. 외과 의사이자 음악가이고 이 연구를 주도한 연구자 중 한 사람인 캘리포니아대학교 샌프란시스코 캠퍼스의 신경과학자 찰스 림이 그 주인공이다. 그는 음악가들이 즉흥 연주를 할 때의 뇌 활동을 살펴보니 음계 연습을 하거나 암기한 곡을 연주할 때와 "근본적으로 달랐다"라고 말했다. 그는 이 연구 결과를 〈내셔널 지오그래픽〉에 기고했는데, 이에 따르면 "자기표현과 관련된 내부 네트워크는 활동이 증가한 반면, 자기 초점적 주의나 자기 검열과 연결된 외부 네트워크는 조용해졌다." 그는 "마치 뇌가 자신을 비판하는 능력을 꺼버린 것 같았다"라고 말했는데, 그렇게 함으로써 즉흥 연주를 할 능력이 커진 것이다. 이런 효과는 즉흥 연주에만 국한되는 게 아니다. 림이 프리스타일

래퍼와 즉흥 연기자들을 대상으로 후속 실험을 했을 때도 비슷한 결과가 나왔다.

곰곰이 생각해보면 재미 자체가 미리 정해진 결과가 없는 즉흥적인 상태다. 재미있게 놀 때는 전적으로 그 순간에 집중하면서 우리에게 닥치는 모든 일에 자연스럽게 반응한다. 자신을 향한 것이든 다른 사람을 향한 것이든 평소의 비판적인 성향이 일시적으로 잦아들고, 개방적이고 장난스러운 정신으로 대체된다. 자의식에서 놓여나면 새로운 일을 시도할 용기가 늘어난다. 아이디어도 많아진다. 일반적인 불안감과 거절에 대한 두려움을 느끼지 않게 된다. 또 창의력을 발휘할 잠재력도 놀랄 만큼 솟구친다.

데이비드 엡스타인은 《늦깎이 천재들의 비밀》에서 창조적인 사상가들을 과학적으로 연구해보면 "열정적이고 심지어 유치하기까지 한 장난기 넘치는 모습을 계속 볼 수 있다"라고 쓰기도 했다.

재미를 우선시하는 게 우리의 번영에 도움이 되는 여러 가지 방법을 곰곰이 생각해보니, 왜 재미가 의미 있는 삶을 만드는 강력한 도구고 그걸 우선시하지 않으면 왜 기술의 노예가 되는지 알 수 있었다. 간단히 말해서, 재미를 추구하려면 하루를 어떻게 보내고 싶은지 결정해야 한다. 우리에게 가장 살아 있다는 느낌을 주는 게 뭔지 알아내야 한다.

진정한 재미의 모양이나 느낌을 모르고 어떤 활동과 환경이 장난기·유대감·몰입을 만들어낼 가능성이 큰지 모르면, 텅 빈 공간만 생길 뿐 그걸 어떻게 채우고 싶은지는 알 수 없게 된다. 우리의 시간을 가장 많이 잡아먹는 앱 뒤에 존재하는 기업들은 이런 진공 상태를 이용해서 우리의 에너지와 관심을 빨아들이려는 경제적 동기를 가지고 있고, 우리는 너무 지친 나머지 다른 건 아무것도 할 수 없게 된다. 하지만 진정한 재미의 가치를 이해하고 재미 추구를 중심으로 삶의 방향을 정하면 그 순간 더 행복해질 뿐만 아니라 미래에도 계속 활기찬 활동을 하려는 동기가 생긴다. 재미는 우리에게 기쁨을 안겨주는 것들에 우선순위를 매기게 해주는 자기 강화 주기를 만든다.

그럼 이게 우리에게 어떤 결과를 안겨줄까?

알림음 소리는 주의를 분산시키고 불안하게 하는 반면, 진정한 재미는 우리를 집중시키고 스트레스를 줄여준다. 전자 장비에 집중하면 정신이 고갈되지만, 재미는 활기를 더하고 원기를 회복시켜준다. 소셜 미디어는 우리 삶을 하나의 공연처럼 대하라고 부추기지만, 재미는 관객들이 어떻게 생각할지 걱정하지 말고 진정성 있게 살아가라고 요구한다. 휴대전화의 앱은 FOMO를 부추기지만, 진정한 재미는 본질적으로 매우 만족스러워서 그걸 경험하면 다른 걸 원하지 않게 된다. 온라인상의 관계는 공허감·결핍감·경쟁심을 느끼게 하는 경우가 많은 반면, 재미를 느낄 때 우리가 경험하는 유대감은 벽을 허물고 서로의 취약한 부분을 받아들이며 공통의 인간성을 바탕으로 더 가까워지게 한다.

진정한 재미를 느끼는 개인적 경험에 기여하는 요소가 뭔지 이해하고 우리 삶을 장난기·유대감·몰입 추구를 중심으로 형성하려고 노력한다면, 그 효과가 누적돼 삶을 변화시킬 수 있을 것이다. 이세 가지 요소를 한꺼번에 경험하지 못하더라도 말이다. 재미를 우리의 나침반으로 삼으면 스크린의 유혹에 넘어가지 않을 뿐만 아니라 스크린의 수많은 부정적 영향을 누그러뜨릴 수 있다.

진정한 재미는 우리를 더 건강하고 행복하게 해준다. 우리를 번영하게 해준다. 살아 있음을 느끼게 해준다. 무엇보다, 재미있다.

이제 어떻게 하면 더 많은 재미를 누릴 수 있을지 이야기해보자.

**PART
2**

슬기롭고
재미로운 삶을 위한
7단계 스킬

04
재미 탐구 시작하기

자기 삶의 우선순위를 직접 정하지 않는다면 다른 누군가가 정하게
될 것이다.

그렉 맥커운, 《에센셜리즘》

이제 즐거움이 당신의 삶을 바꿀 수 있다는 확신을 갖고, 재미가 자
신에게 무엇을 의미하는지 깨닫고 더 많은 즐거움을 누리겠다고 마
음먹었을 것이다. 정말 잘된 일이다! 하지만 그 전에 해줬으면 하는
일이 있다.

더 즐기려고 애쓰지 말자

당신이 지금 어떤 생각을 하고 있을지 짐작이 간다. 더 즐기려고 애
쓰지 말라니, 내가 생각해도 모순되는 말 같다. 하지만 내 말을 끝까

지 들어보기 바란다. 당신이 더 많은 재미를 누리지 않길 바란다는 얘기가 아니다. 당연히 더 많이 누리길 바란다! 재미가 당신의 개인적인 나침반 겸 길잡이별이 되기를 간절히 원한다. 그런데 더 즐기려고 애쓰는 것의 문제점은 '즐기다'라는 표현이 구체적이지 않다는 것이다. 그건 당신이 실제로 무엇을 해야 하는지 알려주지 않는다. 예컨대 크루아상을 먹는 법은 당연히 안다. 하지만 크루아상을 즐기는 방법으로는 뭐가 있을까? 누군가에게 그냥 "행복해져라"라고 말하는 것만큼이나 쓸모없는 말이다.

또 진정한 재미를 강요하려고 하면 예전에 스윙 댄스 수업에서 나와 짝이 됐던 남자처럼 행동할 위험이 생긴다. 그는 한 곡 내내 나와 눈이 마주치는 걸 피하면서 "우리는 즐거워. 재미있어. 우리는 즐기고 있어"라고 계속 되뇌었다. 이 불쌍한 남자는 전혀 즐겁지 않았고 그와 함께 춤을 춘 나도 즐겁지 않았다. 진정한 재미는 로맨스와 비슷하다. 분위기를 조성할 수는 있지만 너무 열심히 노력하면 오히려 역효과가 난다.

내 계획은 재미를 '탐구'하는 것이다.

첫 번째 단계는 장난스러운 유대감을 느끼는 몰입 상태가 우리 몸과 마음에 어떤 느낌을 주는지 파악하는 데 집중하는 것이다. 이런 상태가 발생했을 때 인식하는 법을 모른다면 진정한 재미를 많이 누리지 못한다는 논리다. 또한 균형을 맞추려는 시도이기도 하다. 스트레스와 불안이 어떤 느낌인지 알아내기 위해 시간과 돈을 쏟아붓는 이들이 많은데, 물론 그것도 유용하다. 하지만 긍정적인 감정의 영향, 특히 신체에 미치는 영향을 식별하는 법을 배우기 위해 똑같은 노력을 기울이는 사람은 얼마나 될까?

다음에는 현재 우리가 진정한 재미를 얼마나 누리고 있는지 또는 누리지 못하는지를 파악한다. 당신이 과거에 진정한 재미를 느꼈던 경험을 확인하기 위해 재미의 역사를 기록하고, 재미 일지를 작성해서 장난기·유대감·몰입이 발생하는 순간을 추적할 것이다. 또 당신이 재미 삼아 하는 일을 분석해서 그게 정말 진정한 재미를 끌어낼 잠재력을 갖추고 있는지, 아니면 진짜인 척 위장하고 있는 가짜 재미인지 알아낼 것이다.

진정한 재미에 대한 기억과 최근에 장난기·유대감·몰입을 경험한 사례를 살펴보면 구체적인 활동, 사람, 환경 등 당신이 진정한 재미를 자주 느끼는 당신만의 재미 자석을 확인할 수 있다. 그런 다음 자석을 분석해서 재미 요소, 즉 그런 자성을 만드는 특징을 파악한다. 이 과정은 매우 중요하다. 과거에 당신이 재미를 느꼈던 특정한 환경·활동·사람의 특성을 잘 이해할수록 앞으로도 무엇이 재미를 안겨줄지 쉽게 판단할 수 있고, 아직 시도하지 않은 그 밖의 잠재적 재미 자석 아이디어를 떠올릴 수 있기 때문이다.

또 당신만의 반재미 요소, 즉 재미를 방해하는 요소를 파악해서 피할 수도 있다. 반대로 나중에 시험 삼아 다시 시도해봤더니 반재미 요소라고 생각했던 것 또는 과거에는 반재미 요소였던 것이 더

없이 훌륭한 재미 요소임을 발견하고 깜짝 놀랄 수도 있다.

개인적인 재미 자석과 재미 요소를 확인하고 분석하는 과정은 그 자체로도 흥미롭다. 하지만 이 작업은 지적인 실습을 하기 위한 것이 아니다. 단순히 파악하는 데서 끝내는 게 아니라 행동으로 옮겨야 한다. 나는 SPARK라는 약어를 사용하는데 '공간을 만들고, 열정을 추구하고, 재미를 끌어들이고, 반항하고, 계속 노력하라(make space, pursue passions, attract fun, rebel, and keep at it)'라는 뜻으로 당신 내면의 나침반이 재미의 북극성을 향하게 해줄 것이다.

해야 할 일이 아주 많은 것처럼 들릴 텐데, 몇 가지만 확실히 짚고 넘어가자. 첫째, 당신 생각이 옳다. 할 일이 많다. 대부분 사람이 재미를 정의하고 인식하고 발생시키는 문제를 거의 고민해보지 않았다는 걸 생각하면 당연한 일이다. 배가 몹시 고프지만, 배가 뒤틀리는 게 굶주림 때문이라는 걸 모르고 음식을 먹는 게 해결책이라는 것도 모르며 어떤 음식을 좋아하는지는커녕 음식을 얻는 방법도 모른다면 어떨지 상상해보라. 재미라는 문제에서도 이와 비슷하게 순진한 이들이 많다. 그러나 이 과정의 어떤 부분 때문에 스트레스를 받거나 압도될 필요는 없다. 차근차근 설명해주겠다.

또 이 과정에서 가장 중요한 건 즐기는 것임을 기억하자. 이를 위해 좋아하는 사람이나 더 많은 시간을 함께 보내고 싶은 사람을 초대할 수도 있다. 이 과정에 대해서는 나중에 설명하겠지만, 개인적인 펀 스쿼드를 만드는 과정의 일부이며 원한다면 1명 이상의 다른 사람을 포함할 수 있다. 친구나 사랑하는 사람과 이 단계를 거치면 대화와 탐색을 위한 발판이 마련되고 서로 더 가까워지며 두 사람 다 진정한 재미를 많이 누릴 가능성이 커진다.

참고로 지금 우리가 하고 있는 건 숙제가 아니라 자기 탐구와 즐거움을 위한 기회라는 걸 기억하자. 실제로 삶을 변화시키고 싶다면 질문과 실험에 참여해야 하지만, 내가 제안하는 실습을 빠짐없이 하거나 내 아이디어를 모두 받아들일 필요는 없다. 다시 말해, 계획의 기본 구조를 따르되 세부 사항은 자유롭게 정하면 된다는 얘기다. 재미 추구가 일로 바뀐 것처럼 느껴지기 시작한다면 조금 물러서자. 물론 할 일이 많지만 그 과정을 놀이처럼 느껴야 한다.

우리 목표는 삶의 매 순간 폭발적인 재미를 느끼는 게 아니다. 그건 불가능하고, 솔직히 지나친 욕심이다. 기준을 너무 높게 세우지 않았으면 한다. 아무리 짧더라도 장난기·유대감·몰입의 모든 순간은 올바른 방향으로 나아가는 단계이며, 더 몰입하고 살아 있음을 느끼게 될 것이다. 나는 우리가 과녁판을 걸어놓고 다트 놀이를 하고 있다고 상상하기를 좋아한다. 과녁의 바깥쪽 고리는 장난기·유대감·몰입의 순간을 나타내고, 안쪽 고리는 이 상태 가운데 두 가지가 포함된 경험을 나타내며, 과녁 한복판은 세 가지가 전부 마법처럼 합쳐진 순간을 뜻한다. 우리는 중앙을 겨냥하지만 과녁판의 어느 부분을 맞추더라도 점수를 얻을 수 있다.

처음에는 이렇게 초점을 맞추는 효과가 미미할 수도 있지만, 머

지않아 삶의 즐거움이 관계의 질부터 에너지 수준, 시간을 보내는 방법에 이르기까지 얼마나 많은 부분에 영향을 미쳤는지 깨닫고 놀랄 것이다. 진정한 재미를 나침반으로 삼아 그 방향을 계속 고수하다 보면 삶이 변화하는 걸 느끼게 된다.

1단계: 진정한 재미의 신호를 파악한다

재미가 발생했는데도 알아차리지 못한다면 그걸 감상하거나 추구할 수 없다. 그래서 재미가 신체와 정서에 미치는 가장 일반적인 영향을 식별하는 방법을 배우는 게 첫 번째 단계다.

다섯 살이던 딸에게 재미가 어떤 느낌인지 설명해달라고 했더니 "행복하고 신난다"라고 말했다. 정확히 핵심을 짚은 대답이다. 진정한 재미는 기분을 북돋우고 활력을 주는 상태다. 주의해서 살펴봐야 하는 다른 신호로는 다음과 같은 것들이 있다.

- 웃음
- 해방감, 자유로움, 다 놓아버리는 느낌
- 특별한 경험을 공유하고 있다는 느낌
- 시간 가는 줄 모르는 것
- 자기 판단과 자의식에서 해방된 느낌
- 평범한 삶에서 일시적으로 벗어난 느낌

- 지금 이 순간에 완전히 몰입하는 것
- 결과에 너무 신경 쓰지 않는 것
- 어린아이 같은 설렘과 기쁨
- 긍정적인 에너지 증가
- 온전한 자신이 된 기분

만약 이런 신호가 하나라도 존재한다면 장난기, 유대감, 몰입의 조합을 경험한 것이다. 이 세 가지가 모두 해당한다면 진정한 재미의 순간을 발견했을 가능성도 있다.

또 진정한 재미는 강도와 지속 시간이 다를 수 있다. 아주 신나거나 비교적 잔잔한 기쁨을 줄 수도 있고, 순식간에 일어나거나 더 오랜 시간 지속될 수도 있다. 친구와 잠시 함께 웃는 것과 그 친구와 주말을 함께 보내는 것의 차이를 생각해보라. 이를 일상적인 재미와 최고의 재미 간 차이 또는 (나중에 설명하겠지만) 재미의 미량 투여와 부스터 샷 간 차이라고 생각할 수 있는데, 둘 다 추구할 가치가 있다.

내가 이 과정을 통해 알게 된 건 소파에 멍하니 앉아 있다가 삶을 뒤흔드는 위기를 겪기 전에도 생각보다 많은 장난기와 유대감, 몰입의 순간을 겪었다는 것이다. 하지만 그걸 진정한 재미라고 명시적으로 분류하지 않았기 때문에 제대로 인식하지 못했고, 기분을 고양하는 능력을 통해 이익을 얻지도 못했다.

당신은 같은 실수를 하지 않길 바란다. 이 과정을 거치는 동안 장난기·유대감·몰입이 발생하는 주요 순간에만 집중하면 안 된다. 더 재미있는 삶을 만드는 비결은 슈퍼마켓 점원과 나누는 몇 초간의 농담이나 누군가에게 칭찬 또는 장난기 어린 미소를 던질 기회 등 거의 매일 발생하는 소소한 즐거움의 순간을 만끽하는 것이다. 우리를 살아 있게 하는 재미의 힘을 최대한 이용하고 싶다면 이런 작은 순간을 알아차리고 소중하게 여기도록 훈련해야 한다.

2단계: 기준을 정한다

이제 내가 개발한 재미 빈도 설문지라는 도구를 이용해서 현재 진정한 재미를 얼마나 많이 느끼고 있는지 기준을 정하고, 도움이 필요한 영역을 식별해보자. 진행 상황을 측정하기 위해 몇 달에 한 번씩 다시 해보는 게 좋다.

재미 빈도 설문지는 다음 10개의 문장에 어느 정도 동의하는지를 1에서 5까지의 척도로 표시하게 되어 있는데, 1은 '매우 동의하지 않음'이고 5는 '매우 동의함'이다.

- 나는 즐거운 시간을 보내는 걸 우선시한다.

  1   2   3   4   5
  ☐   ☐   ☐   ☐   ☐

- '재미'가 내게 어떤 의미인지를 이해한다.

  1   2   3   4   5
  ☐   ☐   ☐   ☐   ☐

- 친구들은 나를 재미있는 사람이라고 말할 것이다.

  1   2   3   4   5
  ☐   ☐   ☐   ☐   ☐

- 특정한 경험을 재미있게 해주는 특성을 파악할 수 있다.

  1   2   3   4   5
  ☐   ☐   ☐   ☐   ☐

- 자주 진정한 재미를 느끼는 활동이나 환경 다섯 가지를 언제라도 꼽을 수 있다.

  1   2   3   4   5
  ☐   ☐   ☐   ☐   ☐

- 이런 활동을 삶에 정기적으로 포함하는 것, 그리고 그런 환경에서 그 사람들과 시간을 보내는 것을 중시한다.

  1   2   3   4   5
  ☐   ☐   ☐   ☐   ☐

- 항상 기대할 만한 게 있다고 생각한다.

  1   2   3   4   5
  ☐   ☐   ☐   ☐   ☐

- 나와 다른 사람들을 위해 일을 더 재미있게 하려고 의도적으로 노력한다.

  1   2   3   4   5
  ☐   ☐   ☐   ☐   ☐

- 자주 기쁨을 느낀다.

  1   2   3   4   5
  ☐   ☐   ☐   ☐   ☐

- 충분히 즐긴다.

  1   2   3   4   5
  ☐   ☐   ☐   ☐   ☐

이제 점수를 다 더해보자.

점수가 40~50점 사이라면 축하한다. 당신은 이미 재미의 힘을 받아들이고 있다. 재미를 더 많이 만드는 방법을 배우고 싶다면 책을 계속 읽기 바란다. 점수가 30~40점 사이라면, 역시 잘하고 있다. 방법을 약간 조정하고 관심을 좀 더 기울인다면 삶의 즐거움을 증폭시킬 수 있을 것이다. 점수가 30점 이하라고 하더라도 절망할 필요는 없다. 이 책을 여기까지 읽었다는 건 더 재미있게 살려고 노력한다는 뜻이며, 그 자체가 진보의 중요한 신호이자 성공의 초기 신호다. 지금부터 얘기할 제안 사항을 잘 따르면 몇 가지 큰 변화가 생길 것이다. 또 총점과 관계없이, 답변이 3점 이하인 질문을 전부 기록해두자. 이 특정한 영역에는 더 많은 주의를 기울여야 한다.

내가 좀 더 재미있는 삶을 설계하는 여정을 처음 시작했을 때는 점수가 꽤 낮았다. 난 재미가 중요하다는 걸 알고 있었고, 다른 사람들을 위해 일을 더 재미있게 하려고 노력했으며, 친구들이 날 재미있는 사람이라고 생각하리라고 확신했다. 하지만 내가 재미를 느끼는 경험의 특징을 몰랐고, 재미있는 활동이나 상황이 뭔지 쉽게 말하지 못했으며, 충분히 즐기지 못했다. 또 앞서 말한 것처럼, 소소한 재미의 순간이 발생했을 때 얼른 알아차리거나 꼬리표를 붙이지 못했다. 이런 사실을 깨닫고 기분이 좋지 않았지만, 펀 스쿼드 구성원들의 반응을 보니 그런 사람이 나 혼자만은 아니었다. 좋은 소식은 당신도 재미가 부족하다는 걸 인정하면 지금 빠져 있는 구덩이에서 나올 수 있다는 것이다.

3단계: 재미의 역사를 기록한다

재미 탐구의 다음 단계는 재미의 역사를 기록하는 것이다. 목표는 진정한 재미를 느꼈던 최고의 순간(예: 완전히 장난스러운 유대감을 느낀 몰입의 순간)을 떠올리고 그 경험을 분석해서, 왜 재미있었다고 느꼈는지 이해하고 미래에 그 느낌을 재창조할 수 있게 하는 것이다. 놀이 연구가인 스튜어트 브라운도 종종 같은 목적을 위해 사람들에게 자신의 놀이 역사를 기록하게 한다.

일기장이나 공책을 준비한다. 다른 단계에서도 사용할 것이기 때문에 당신 마음에 드는 것으로 준비하는 게 좋다. 다음의 몇 가지 실습을 위해 아무런 방해도 받지 않고 집중할 수 있는 시간을 60분 정도 마련한다. 당연한 말이지만, 휴대전화는 끄자!

먼저 진정한 재미라고 말할 수 있는 세 가지 인생 경험을 되돌아 보자. 현재에 완전히 집중하고 몰입하면서 살아 있다고 느꼈던 순간, 시간이 멈춘 것 같기도 하고 쏜살같이 흘러간 것 같기도 한 순간, 너무 즐겁고 활력이 넘쳐서 가장 소중한 추억으로 간직하고 있는 순간들 말이다.

인생에는 정말 편하고 즐겁고 재미있는 일들이 많기 때문에 전

에는 재미있는 경험이라고 말했을지 모르지만 이 실습에는 적합하지 않은 것(목욕을 하거나 맛있는 음식을 먹거나 가장 좋아하는 드라마를 보는 것 등)들도 있다는 걸 기억하자. 졸업이나 자녀의 탄생처럼 인생의 진정한 하이라이트지만 반드시 재미있지는 않은 '최고의 경험'도 있을 것이다. '재미'가 지배적인 수식어인 기억, 그 기억에 관해 물어보면 "정말 재미있었다"라고 말할 수밖에 없는 기억에 초점을 맞춰야 한다.

떠오르는 기억이 있다면 눈을 감고 그 순간으로 돌아가 보자. 최대한 완전히 몰입해야 한다. 그때의 광경, 소리, 냄새, 몸과 마음의 느낌을 떠올리자. 그리고 자신에게 물어보자. 정확히 뭘 하고 있었는가? 어디에 있었는가? 대략 몇 살이었는가? 그 기억이 어떤 물건과 관련이 있다면, 그건 뭐였는가? 누구와 같이 있었는가? 특히 어떤 부분이 그렇게 재미있었는가?

다음은 펀 스쿼드를 통해 수집한 몇 가지 사례다.

스물한 살에 혼자 여행을 다니던 중에 이탈리아에서 2명의 여행자를 만나 야간 페리를 타고 크로아티아에 막 도착한 참이었다. 그곳 유스호스텔에서 캐나다인 3명을 만났고, 우리 일행과 함께 당일치기 여행을 가기로 했다. 모든 게 너무나 즐거웠고, 특별히 기대한 게 없었기 때문에 원하는 건 뭐든 할 수 있는 자유로움이 가득했다. (…) 다음 날 우리는 다 함께 멋진 하루를 보냈다. 비가 조금 와서 술집에서 시간을 보내다가 비가 그치자 보트도 타고, 수영하고 산책하고 탐험을 하면서 서로를 알아가고 깊은 얘기를 나눴다. 그리고 밤에는 술집을 이리저리 전전하다가 성에 있는 클럽에 가서 밤새 춤을 췄다.

열 살 무렵에 처음으로 커다란 롤러코스터를 탔다. 따뜻한 밤이었던 걸로 기억하는데, 가족과 함께 놀이공원에 갔을 때의 일이다. (…) 속이 뒤집어질 것처럼 긴장됐고, 안전벨트가 안전하지 않다고 100퍼센트 확신했다. 비명을 지르면서 내리고 싶었다. 이윽고 롤러코스터가 낙하 직전 지점인 맨 꼭대기에 도달했다. 그 순간 도시 전체에 환하게 불이 밝혀져 있는 걸 봤다. 바다가 보였다. 갑자기 소금기가 밴 바람이 느껴졌다. 너무 아름다웠다. 난 웃기 시작했다. 두려워서 흘린 눈물 때문에 아직 뺨이 젖어 있었지만 두 손을 번쩍 들고 자유를 만끽했다. 정말 짜릿하고 너무 재미있었다.

어느 날 오후에 수영장에 가서 30분간 혼자 시간을 보낸 일이 있다. 다이빙을 했는데 연습 부족으로 매우 서툴렀다. 수영장을 가로질러 헤엄을 치고, 계단으로 올라와 다시 수심이 깊은 쪽으로 달려가서 또 다이빙을 했다. 아까보다 폼이 괜찮았다. 이걸 여러 번 반복했고, 깊은 곳을 향해 달려가면서 낄낄거리기도 했다. 남동생과 함께 수영장에서 놀던 열 살 때의 나로 돌아간 기분이었다. 자유형 점프를 하고 수영장을 가로질러 몇 바퀴씩 헤엄치면서 내가 기억하는 모든 수영법을 연습했다.

마침내 수영장에서 나와 타월을 깔고 따뜻한 햇볕 아래 누웠다. 심장이 두근거리고 숨이 빨랐다. 그렇게 누운 채로 '정말 재미있었어!'라고 생각했다.

진정한 재미에 대한 추억은 크로아티아나 테마파크에 가지 않아도 생길 수 있다. 더 소소한 순간도 중요하다. 다른 예를 몇 가지 살펴보자.

딸과 함께 호수에 뗏목을 띄우고 놀았다. 화창한 여름날이었다. 나는 마흔 살이고 딸은 다섯 살이었다. 노래하고 춤추고 뛰고 소리 지르다가 뗏목이 기우뚱하는 바람에 우린 함께 물에 빠졌다. 그 순간에도 우리는 웃고 있었다.

어느 여름날에 남자친구와 함께 자전거를 탔다. 동네 공원을 지나 산책로를 달리는 동안 짜릿한 기분을 느꼈고, 얼굴에서 미소를 지울 수 없었다. 날씨도 완벽했고 다시 아이가 된 듯한 기분이었다.

지난 주말에 아내와 나는 결혼 5주년을 기념하려고 보모를 구해 아이를 맡기고 짧은 여행에 나섰다. (…) 특히 기억에 남는 순간은 기타를 치면서 함께 노래를 부르다가 음료수를 나눠 마신 것이었다. 아이들이 생겨서 우리만의 시간이 없어지기 전에 우리 부부가 종종 하던 일이다.

과거에 한 재미있는 경험을 세 가지 적고 그때 어떤 기분을 느꼈는지 추억에 완전히 잠겨보자. 그런 다음에는 진정한 재미를 느끼게 해줄 가능성이 있다고 생각돼 앞으로 준비하거나 참여하고 싶은 일을 꼽아보자. 무엇을 하고 싶은가? 누구와 함께할 건가? 어디에 있을 것인가? 왜 그게 당신에게 진정한 재미를 안겨주는가?

다시 편 스쿼드의 사례를 몇 가지 살펴보자.

이웃에 사는 친구들과 함께 롤러스케이트를 타러 갈 것이다. 우리는 내가 어릴 때 가던 동네 링크에 가곤 하는데, 그 링크에서는 지금도 구식 4륜 롤러스케이트를 빌려주고 멋진 음악도 틀어준다. 그 링크는 사람들의 행복한 기분을 끌어낸다. 그곳에서는 다들 웃으면서 즐긴다. 난 스케이트를 좋아하고 음악을 좋아하고 다른 사람들이 재미있게 노는 모습을 보는 걸 좋아하기 때문에 재미있을 것이다. 그곳에 있을 때는 평범한 워킹맘의 사고방식에서 벗어나게 된다. 음악을 들으면서 넘어지지 않고 버티려고 할 때는 해야 할 일 목록을 떠올리거나 가족과 친구들 걱정을 할 수 없다. 게다가 난 스케이트를 잘 타는 사람들의 모습이나 친구들이 예상치 못한 재미를 즐기는 모습을 보는 걸 정말 좋아한다.

오픈 마이크 행사에 참석할 생각이다. 오픈 마이크에서는 무슨 일이 일어날지 모르기 때문에 재미있다. 거기에는 자신의 창작품을 공유하고 싶어 하는 성실한 창작자들이 모인다. 그리고 그들은 대체로 다른 모든 공연자를 수용적인 태도로 대하면서 격려해준다. 때로는 연주자 2명이 즉흥적으로 협연을 하기도 한다. 가끔 정말 놀라운 재능을 가진 사람이 등장해서 장내를 완전히 흔들어놓는다. 똑같은 공연은 존재하지 않는다. 모든 공연이 단 한 번만 진행되는 유일무이한 공연이다. 그들은 "당신도 그 자리에 있었어야 했는데"라는 말을 되뇌게 하는 완벽한 본보기다.

남편과 함께 여행 계획을 세울 것이다. 우리는 골동품 가게가 들어찬 골목을 거닐면서 그곳의 새로운 요리를 먹어보고 그 지역 사람들을 만나는 걸 좋아한다. 산책하면서 얘기도 많이 나눈다. 사진을 찍고 작은 마을이나 폐허처럼 숨겨진 장소를 찾는다. 여행지는 아마도 유럽의 어느 나라가 될 것이다. 우리는 함께 여행하는 걸 좋아하기 때문에 정말 재미있을 것이다. 우리는 외국에서 이상한 상황에 처하면 많이 웃는 경향이 있다. 그런 일이 벌어질 때마다 미래에 함께 얘기하며 웃을 개인적인 농담이 많이 생긴다는 걸 안다. 우리는 일이나 청구서 처리나 지나가는 삶에 대해 생각하지 않을 것이며, 우리 뜻대로 살면서 현재에 집중할 것이다.

막막하다고 생각된다면 다음 질문을 해보라.

- 어릴 때 무엇에 열광했는가?
- 살면서 가장 많이 웃었을 때는 언제인가? 그때 무엇을 하고 있었는가? 누구와 함께 있었는가?
- 명절, 기념일, 전통과 관련해 가장 좋아하는 기억은 무엇인가?
- 장난스럽게 반항하거나 해롭지 않은 일탈을 꾀했을 때의 기억은 무엇인가?
- 당신 삶에서 가장 살아 있다고 느낀 순간은 언제인가? 그때 무엇을 하고 있었는가? 누구와 함께 있었는가?
- 가장 즐거운 순간에 자주 함께했던 사람들은 누구인가?

이 작업을 할 때 자신을 판단해선 안 된다. 정답 같은 건 없다. 그리고 이 실습이 어렵게 느껴지더라도 걱정할 필요 없다. 그냥 질문이 잠재의식 속에 스며들게 하고 아이디어가 떠오르는 대로 적어두자. 친구와 의논해도 좋다.

진정한 재미를 느꼈던 과거의 세 가지 기억과 미래에 하고 싶은 일이나 그냥 공상하는 것에 대한 아이디어를 다 적었으면, 그 네 가지 경험이 즐겁고 편안하고 재미있고 만족스럽고 보람 있다고 생각되는 다른 경험과 어떤 점에서 다른지 자문해보자.

4단계: 재미 일지를 쓴다

재미 탐구의 다음 단계는 즐거운 시간을 기록한 일지를 쓰는 것이다. 당신에게 활력을 주고 장난기, 유대감, 몰입 상태로 만드는 일상생활 속의 활동, 사람, 환경을 식별하기 위해서다. 진정한 재미에 대한 강렬한 기억은 종종 참신하거나 특이한 일과 관련이 있지만 그런 요소를 경험하는 데 이국적인 상황이 필요한 건 아니다. 아마 당신이 생각하는 것보다 많은 상황에 이미 그런 요소가 포함돼 있을 것이다.

이 정보를 과거의 재미에 대한 기억과 결합해서 개인의 재미 자석 및 재미 요소를 파악하고, 더 많은 재미를 찾고 만들기 위해 집중해야 하는 경험이 무엇인지 알아낼 것이다. 또 재미 일지를 사용해서 당신이 재미 삼아 하는 일들을 분석해 그게 정말 장난기·유대감·몰입을 발생시킬 잠재력을 갖췄는지, 아니면 줄이거나 제거해야 하는 가짜 재미의 원천인지 확인할 것이다. 이 작업은 당신이 살아 있다고 느끼게 하는 일들을 위한 공간을 많이 만드는 데 도움이 된다.

재미 일지는 《디자인 유어 라이프》에 나오는 '굿타임 일지'에서 영감을 얻은 것인데 기본 아이디어는 간단하다. 매일 몇 분씩 시간을 내서 장난기, 유대감, 몰입을 느낀 순간과 재미 삼아 했던 일을 모두 기록하면 된다. 이 두 가지 범주가 얼마나 겹치지 않는지, 또

예기치 못한 상황에서 장난기·유대감·몰입을 경험하는 경우가 얼마나 많은지 알면 놀랄 것이다. 데이터를 충분히 모으려면 최소 2주 이상 일지를 쓰는 게 좋다. 평소 같으면 휴대전화를 스크롤하면서 보냈을 시간이지만, 이제는 일지를 침대 머리맡 테이블에 두고 잠들기 전에 잠깐씩 기록하자.

장난기, 유대감, 몰입을 느낀 순간이 아무리 소소하고 짧았더라도 상관없다. 그냥 적어놓고 '장난기', '유대감', '몰입'이라고 표시한 뒤 각각의 경우에 무엇을 하고 있었고 누구와 함께 있었는지, 어디에 있었는지, 그리고 관련된 물건이나 장치가 있다면 그게 무엇인지도 기록하자. 이 세 가지 상태 중 한두 가지를 발생시킨 일은 당신의 기분을 좋아지게 했을 것이므로 앞으로도 추구할 가치가 있다. 그리고 만약 어떤 경험에 장난기, 유대감, 몰입이 모두 포함된다면 거기에는 동그라미를 치자. 이때 당신은 진정한 재미를 느꼈을 것이다!

펀 스쿼드의 사례를 살펴보자.

몰입: 학생이 제출한 작문에 서면 피드백을 보냈다. 이 작업은 내가 하는 일의 진정한 가치를 다시금 느끼게 해준다. 피드백 작업에 몰두하고 있으면 쉽게 몰입 상태에 빠진다는 걸 깨달았다.

유대감: 오늘 생일을 맞은 아들과 긴 시간 통화했다. 아들과 가깝게 느

꺼졌다.

장난기, 유대감, 몰입: 남편과 주방에서 '티 포 투(Tea for Two)'라는 노래에 맞춰 즉흥적으로 춤을 췄다. 댄스 스텝을 몇 개 맞춰본 후 아껴 뒀던 찻잔을 꺼내 차도 마셨다. 정말 재미있었다!

매일 작성한 재미 일지를 일주일에 한 번 정도 검토하면서 어떤 주제가 드러나는지 확인해보자. 자신이 경험한 장난기·유대감·몰입 사례가 많아질수록 앞으로 그 빈도를 늘리려면 어떻게 하는 게 좋을지도 알 수 있다. 이렇게 자문해보자. 장난기·유대감·몰입과 지속적으로 연관된 특정한 활동이나 환경, 사람이 있었는가? 만약 있다면 다음 주에 유사한 상황을 만들기 위해 할 수 있는 일은 무엇일까? 앞의 세 가지 상태 가운데 다른 것보다 자주 발생한 게 있는가? 그리고 혹시 놀랐던 일은 없는가?•

일지를 검토할 때 재미 삼아 한 일(또는 함께 시간을 보낸 사람들)에도 주목하면서 그게 실제로 장난기·유대감·몰입을 자아냈는지 자신에게 물어보자. 만약 그렇다면 그 일을 일정에 남겨두고 언제든 다시 시간을 들여서 할 가치가 있다. 하지만 힘을 주기는커녕 오히려 진이 빠진 듯한 기분이 들게 하는 일이라면 가짜 재미의 원천일 가

•   나는 내가 치과에 가는 걸 좋아한다는 사실을 깨닫고 깜짝 놀랐다.

능성이 크므로 들이는 시간을 줄이면 된다. 다음은 펀 스쿼드 회원들이 재미 삼아서 했지만 나중에 생각해보니 전혀 재미가 없었던 것으로 판명된 일들의 예다.

- 휴대전화 들여다보는 것
- 정크푸드를 너무 많이 먹는 것
- 인스타그램 스크롤링
- 2시간마다 페이스북 확인하는 것
- 언어 학습용 앱 듀오링고를 너무 장시간 이용하는 것
- 유튜브 보는 것

시각적인 걸 중시하는 사람이라면 그래프에 '내가 재미 삼아 하는 일'을 표시한 뒤 그게 어느 사분면에 속하는지에 따라 계속해야 할 것과 건너뛰어야 할 것을 결정하는 방법도 써보자. 농담이 아니다! 이 방법은 정말 유용하다. x축은 즐거움을 기준으로 활동을 평가하고 y축은 그 활동이 생산하는 에너지를 기준으로 평가한다.

다음은 내가 직접 만든 그래프다. 그래프의 오른쪽 절반에 있는 건 전부 즐거운 일들이라서 시간을 들일 가치가 있지만 진정한 재미가 발생할 가능성이 있는 건 제1사분면, 그러니까 오른쪽 상단의 항목들뿐이다. 즐겁고 활력을 주기 때문이다. 제2사분면에는 내가 좋아하지만 그 자체로 활력을 주지는 않는 활동들이 모여 있다. 따

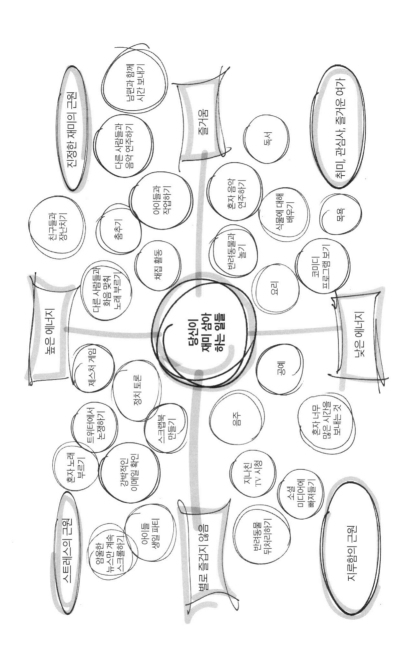

진정한 재미의 근원

남편과 함께 시간 보내기

취미, 관심사, 즐거운 여가

즐거움

독서

다른 사람들과 음악 연주하기

혼자 음악 연주하기

식물에 대해 배우기

목욕

친구들과 장난치기

춤추기

아이들과 작업하기

반려동물과 놀기

코미디 프로그램 보기

다른 사람들과 함께 노래 부르기

캠프 활동

당신이 재미 삼아 하는 일들

요리

제스처 게임

정치 토론

공예

낮은 에너지

높은 에너지

트위터에서 논쟁하기

스크랩북 만들기

음주

혼자 너무 많은 시간을 보내는 것

혼자 노래 부르기

강박적인 이메일 확인

지난번 TV 시청

소셜 미디어에 빠져들기

스트레스의 근원

암울한 뉴스만 계속 스크롤하기

아이들 생일 파티

별로 즐겁지 않음

반려동물 뒤처리하기

지루함의 근원

라서 진정한 재미로 향하는 선을 넘을 가능성은 작다.[*] 독서, 좋아하는 팟캐스트 듣기, 요가 등 혼자 즐기는 취미와 관심사가 대부분 여기에 속한다. 관심사와 취미는 완전한 의미에서 진정한 재미를 안겨주지는 못하더라도 분명히 시간을 들여서 계발할 가치가 있다. 그들의 가치에 대해서는 7장에서 자세히 살펴볼 것이다.

그래프의 왼쪽 절반에 속하는 활동들은 모두 궁극적으로 즐겁지 않고 나를 탈진 상태, 지루함, 스트레스에 빠지게 하는 것들이다. 그 중 일부는 가짜 재미일 가능성이 크고 어떤 건 전혀 즐거움을 안겨주지 않을 수도 있다. 즐거움을 주더라도 매우 일시적인 것이라서 공허함만 남는데 이는 가짜 재미의 또 다른 징후다.

그래프 왼쪽에 속한 활동을 줄일수록 오른쪽의 활동을 할 기회와 시간이 늘어난다. 그 반대도 마찬가지다. 그래프 오른쪽에 있는 활동에 많은 시간을 할애할수록 왼쪽의 활동에 휘말리는 빈도가 줄어든다. 애초에 그런 일을 할 시간이 줄기 때문이기도 하고 또 자신에게 즐거움과 에너지를 주는 활동이 뭔지 명확히 알게 되면 그렇지 않은 활동에 시간을 허비하고 싶지 않을 것이기 때문이다. 이는 자기 자신이나 가족을 위해 스크린과 삶의 균형을 이루고자 할 때

● 많은 사람이 스스로 이런 결론에 도달하는 걸 봤다. 그들은 처음에는 책을 읽거나 영화를 보는 게 재미있다고 말하지만 잠시 생각해본 뒤에 "독서를 좋아하지만 사실 그게 재미있는지는 잘 모르겠어. 아마 그냥 즐겁거나 편안한 정도일 것 같은데?"라고 말한다.

THE POWER OF **FUN**
파워 오브 펀

특히 유용하다. 참여하고 싶은 오프라인 활동이 많다는 건 스크린을 들여다보는 것보다 더 하고 싶은 일이 있다는 얘기이므로 스크린의 유혹을 쉽게 거부할 수 있다. 그리고 스크린 앞에서 보내는 시간의 매력이 떨어지면 저항해야 하는 유혹도 줄어들 것이다.

그래프를 만들든 안 만들든 상관없이 자신에게 너그러워야 한다. 우리가 지금 하는 일은 점수를 매기는 과제가 아니라 답이 정해져 있지 않은 자유로운 탐색이다. 장난기, 유대감, 몰입이 전부 발생하지 않는 날도 많다. 어떤 날에는 그걸 알아차리지 못할 수도 있다. 초반에는 그게 정상이다. 당신의 목표는 그런 일이 일어나는 순간에 알아차릴 수 있도록 일상에서 주의를 기울이는 것이다. 이를 습관으로 만들고, 미래에는 그런 일들이 생길 기회를 더 많이 만드는 게 궁극적인 목표다.

펀 스쿼드의 이야기를 들어보자.

일지 쓰기 실습을 하는 동안 처음으로 장난기, 유대감, 몰입의 순간을 경험했다. 상사와 거의 1시간 동안 통화를 했다. 우리는 일에 대한 얘기를 나눴지만 그러면서도 함께 웃으며 유대감을 느꼈다. 장난스러운 기분도 들었다. 우리는 내가 좋아하는 재봉, 창의성 그리고 60년 넘게 천을 모아온 그녀의 어머니에 대해 이야기했다. 상사는 바느질할 때 쓰라며 어머니에게 가보로 물려받은 직물 바구니를 내게 주겠다고도 했다. 정말 유익한 통화였다. 전화를 끊은 뒤에 깨달았다. 참

즐거웠다는 걸!

그리고 재미를 촉발한 당신의 능동적인 행동도 반드시 기록해두자. 예를 들어 어떤 사람이 메일로 보내준 다음의 경험담은 펀 스쿼드에 참여하면서 직접 영감을 받은 것이 분명하다.

오늘 부모님 집 수영장의 다이빙 보드에 서서 엄마와 이야기를 나누고 있었다. 그러다가 문득 수영장에 뛰어들고 싶다는 충동이 일었다. 하지만 계속 말을 했고, 대화를 이어가면서 연신 고개를 끄덕였다. 그러다가 어느 순간 아이처럼 크게 웃음을 터뜨리면서 수영장으로 뛰어들었다. 물론 옷을 다 입은 채로 말이다.

우선 난 이 사람과 친구가 되고 싶다. 그리고 둘째, 이게 정말 훌륭한 비유라고 생각한다. 우리는 모두 잠재적인 재미의 수영장 가장자리에 서 있다. 수영장에 뛰어들고 싶다는 유혹을 느끼지만 용기를 내지 못한다. 비결은 내면의 충동을 받아들여서 뛰어들 용기를 내는 것이다.

05
어디에 숨었나! 재미 찾기

> 24시간 중 4시간만 일한다면 사람들은 하루를 어떻게 채워야 할지 모를 것이다. 현대 세계에서 이게 사실이라면 그건 우리 문명에 대한 비난이다.
>
> 버트런드 러셀,《게으름에 대한 찬양》

장난기·유대감·몰입이 발생했을 때 금세 알아차리고 진정한 재미가 어떤 느낌인지 알게 됐다면, 다음 단계는 진정한 재미의 전제 조건을 이해하는 것이다. 지금부터 진정한 재미를 유발하는 구체적인 활동·상황·사람 등 개인적인 재미 자석과 재미 요소, 그리고 그런 자성을 만드는 특성이 무엇인지 파악하자.

1단계: 전제 조건을 파악한다

사람마다 재미 자석과 재미 요소가 다 다르지만, 진정한 재미를 느끼기 위해 필요한 몇 가지 보편적인 전제 조건이 있다. 이를 집의 기초라고 생각할 수 있다. 당신이 만들 모든 것을 지탱해주기 때문이다. 이런 전제 조건이 충족되지 않으면 장난기·유대감·몰입이 발생할 수 없으며, 이는 곧 진정한 재미를 누리지 못한다는 뜻이다.

적극적으로 참여하면서 현재에 집중하자

즐거움을 얻으려면 주의를 분산시키지 않고 현재에 집중해야 한다. 몰입은 재미의 기본 요소고 몰입하려면 완전한 집중이 필요하기 때문이다. 이는 전자 장비와 관련이 있다. 재미를 느끼는 데 전제 조건 중 하나는 다른 사람들과 시간을 보내는 동안 휴대전화를 치워두는 것이다. 함께 있는 모든 사람에게도 똑같이 해달라고 정중히 요청하자.*

● 전자 장비가 재미를 촉진할 때도 있다. 예를 들어 친구들과 함께 악기를 연주할 때 우리는 종종 연주할 곡들의 코드를 찾기 위해 앱을 이용한다. 기술 덕분에 지금까지 작곡된 대부분 노래에 즉시 접근할 수 있어서 연주할 수 있는 레퍼토리가 엄청나게 많아지므로 확실히 재미가 더해진다. 사람들이 스크린에 빠져들게 놔두지 말고 기술을 이용해서 서로 더 연결되게 하자.

THE POWER OF **FUN**
파워 오브 펀

판단이나 자의식을 버리자

자신이나 다른 사람에게 평가받는다는 기분이 들면 재미를 느낄 수 없을 것이다. 또 주변 사람들이 즐거워하지 않는다는 느낌이 들거나 흥을 깨는 사람이 있으면 재미를 느끼기 어렵다.

그 순간에 전념하자

재미를 느끼려면 함께하는 사람 모두의 동의가 필요하다. 당신을 비롯해서 모든 사람은 지금 하는 활동에 전념하고 서로 단단히 연결돼 있어야 한다. 사람들이 그냥 모여 뭔가를 한다고 해서 저절로 재미가 생기지는 않는다.

결과에 너무 신경 쓰지 말자

걸려 있는 게 너무 많으면 재미가 달아난다. 물론 뭘 하든 결과에 아예 신경 쓰지 말라는 얘기는 아니다. 결국 당신의 목표는 참여하는 것이고, 목표가 있으면 활력이 생기고 다른 사람들과 더 가까워지고 집중할 수 있다. 다만 장난기가 동반돼야 하고, 경쟁에서 이기지 못하거나 일이 바라던 방식으로 진행되지 않더라도 참을 수 있어야 한다.

다른 사람들과 함께하자

특정한 상황에서 특정한 사람들은 혼자서도 잘 논다. 앞서 본, 혼자 수영을 하면서 진정한 재미를 느낀 펀 스쿼드 회원처럼 말이다. 그렇지만 대개는 남들과 함께할 때 더 즐겁게 보낼 수 있다. 자신을 내향적인 사람이라고 말한 펀 스쿼드 회원들조차 정말 즐거웠던 시간을 회상할 때 다른 사람들의 존재를 언급했다.

참가자들에게 재미에 대한 기억에서 놀라운 점이 있는지 물어보자, 그중 상당수가 평소에는 혼자 있는 걸 좋아하는데 진정한 재미의 기억에는 대부분 다른 사람들이 포함돼 있는 걸 깨닫고 놀랐다고 말했다. "나는 분명히 내향적인 사람이고 혼자 하는 활동에서 즐거움을 얻는 편인데, 내가 떠올린 재미있는 순간에 전부 다른 사람들이 포함돼 있었다. 정말 흥미로우면서도 약간 직관에 어긋나는 일이라고 생각한다."

내향적인 사람의 즐거운 순간에 다른 이들이 포함되는 경향이 있는 게 직관에 어긋난다고 느껴질 수도 있지만, 앞서 얘기한 집합적 열정 현상이 왜 그게 타당한지 설명해준다. 많은 심리학 연구를 통해 내향적인 사람들에게도 다른 이들과의 상호작용이 기분을 고양하는 효과를 발휘한다는 사실이 밝혀졌다. 이런 논문 가운데 하나는 제목에서부터 "재미는 다른 사람들과 함께할 때 더 커진다"라고 주장했다.

펀 스쿼드의 얘기는 《마틴 셀리그만의 플로리시》에 담긴 내용과 일치한다. "마지막으로 박장대소한 게 언제인가?" 셀리그만은 이렇게 썼다. "마지막으로 형언할 수 없는 기쁨을 느꼈던 때는? (…) 당

신 인생에서 가장 중요한 순간들에 대해 자세히 알지는 못하지만 그게 어떤 형태로 진행됐을지는 안다. 전부 다른 사람들이 주변에 있을 때 일어났을 것이다."

나는 재미와 관련해 외향적인 사람과 내향적인 사람이 하는 경험의 차이는 다른 사람들의 존재 여부가 아니라 관계의 질, 에너지 수준, 집단의 크기와 관련이 있으리라고 추측한다. 내향적인 사람은 자기가 잘 아는 몇몇 사람과 함께 있을 때 진정한 재미를 느낄 가능성이 가장 큰 듯하다. 외향적인 사람은 소규모의 친밀한 그룹 내에서의 관계도 즐기지만 더 시끄럽고 덜 친밀한 상황에서도 재미를 찾을 수 있다. 다시 말해, 당신이 심하게 내향적이더라도 다른 사람의 존재는 재미를 위한 전제 조건이나 촉매제가 될 수 없다고 단정하지 말라는 얘기다. 적절한 사람을 찾기만 하면 얼마든지 촉매제가 되어줄 것이다.

2단계: 재미 자석을 찾는다

진정한 재미가 정서적인 경험이라는 얘기는 활동이 재미 창출에 도움을 줄 수는 있지만 활동 자체가 재미있는 건 아니라는 뜻이다. 이것은 매우 중요한 포인트다! 더 많은 재미를 느끼려면 활동을 더 해야 한다고 생각하는 사람들이 매우 많다. 그래서 아무거나 일정에 집어넣기 십상이고, 그 결과 즐기기보다는 피로감을 느끼면서 좌절하게 된다.

우리 각자에게는 다른 것보다 장난기·유대감·몰입을 유발하거나 향상시켜서 진정한 재미를 불러올 가능성이 훨씬 큰 특정 활동과 사람, 환경이 있다. 앞서 몇 차례 언급한 재미 자석이 바로 이것인데, 다들 자기만의 독특한 재미 자석 컬렉션이 있다. 진정한 재미를 경험할 기회를 늘리고 싶다면 최대한 자주 재미 자석을 찾아서 우선순위를 정해둬야 한다.

자석을 분류해본 적은 없더라도 무엇이 그런 역할을 하는지 이미 알고 있을 가능성이 크다. 항상 기분을 밝게 해주는 특별한 친구나 스키·노래·요리처럼 재미를 느끼는 활동 또는 즐거운 추억을 많이 만든 캠핑장, 해변, 호수 같은 환경이 있을 것이다. 그렇다면 아주 좋다. 그걸 기록해두자. 하지만 즉시 떠오르는 게 없어도 걱정할 필요 없다. 이전 단계에서 수행한 작업 덕분에 이제 채굴할 수 있는 재료가 생겼다.

당신에게 재미를 선사하는 재미 자석

당신이 재미의 역사에서 설명한 일화를 확인하고, 재미 일지에 장난기·유대감·몰입이 모두 포함돼 진정한 재미의 순간을 나타내는 항목이 있는지 살펴보는 것부터 시작하자. 그것과 관련된 활동, 환경, 사람을 모두 적는다. 그중 몇몇 활동과 사람, 장소가 반복해서 등장한다는 걸 알게 될 것이다. 그게 당신의 개인적인 재미 자석이다.

또 장난기·유대감·몰입을 따로따로 경험했을 때 또는 그중 두 가지를 경험했을 때 했던 활동과 그와 관련된 환경, 사람을 기록한다. 이는 재미와 즐거움 그리고 아마도 휴식을 위한 자석이며, 완전한 재미로 가는 선을 넘지는 않더라도 추적할 가치가 있다.

당신의 재미 자석을 주변 사람들의 자석과 비교해보자. 그러면 각자의 차이를 쉽게 이해하고 혼자 또는 함께 진정한 재미를 느끼는 경험을 더 많이 만들 수 있다.

내 남편은 재미를 느끼지만 나는 싫어하는 일들이 있는데, 예를 들면 다음과 같다.

- 길에서 벗어나 덤불 속을 헤매는 하이킹(진드기 때문에)
- 음식, 침구, 옷을 모두 짊어지고 다니면서 녹색 식물과의 신체 접촉을 피하려고 기를 쓰는 캠핑 여행(진드기 때문에)
- 전략이나 목표가 포함된 게임(예: 포커, 체스, 다트)
- 얼음이 낄 정도로 추운 연못이나 개울에서 수영하는 것

그런가 하면, 남편이 이유 없이 싫어하는 나만의 재미 자석도
있다.

- 자동차를 타고 장시간 이동할 때 새로운 사업 아이디어를 브
  레인스토밍하는 것
- 그러고 나서 몇 주 동안 그 아이디어를 실행하는 것
- 내가 만든 게임을 오랫동안 하는 것
- 다른 사람들과 몇 시간 동안 악기를 연주하는 것
- 유산소 운동 + 힙합 댄스
- 아코디언 연주

우리 부부의 공통된 재미 자석도 몇 가지 있다.

- 디너 파티 열기
- 여행
- 맛있는 음식 먹기
- 프리스비 놀이
- 딸과 함께하는 세상 탐험
- 친한 친구들과 시간을 보내기
- 잘 손질된 등산로에서 하이킹하기
- 얼음 없는 호수에서 수영하기

THE POWER OF **FUN**
파워 오브 펀

- 서로를 웃기기

3단계: 재미 요소를 찾는다

재미의 역사와 재미 일지를 이용해서 재미 자석을 몇 개 찾아냈다면 다음 단계는 자성을 만드는 일반적인 특징을 알아내는 것이다. 이것이 당신의 개인적인 '재미 요소'다. 자신의 재미 요소를 파악하면 진정한 재미를 안겨줄 새로운 경험을 찾거나 만드는 데 유용한 강력한 도구를 얻게 된다.

예를 들어 당신은 춤을 추거나 스포츠를 하는 등 신체 활동에 참여할 때 진정한 재미를 느끼는 경향이 있는가? 전략 기반의 보드게임을 하거나 두뇌 회전이 빠른 친구들과 농담을 주고받는 등 좀 더 지적인 일을 할 때 진정한 재미를 자주 느끼는 편인가? 자연 속에 있을 때를 좋아하는가? 뭔가를 만들거나 정리할 때 재미를 느끼는가? 아니면 바보같이 굴 때나 새로운 기술을 습득할 때? 공동체 의식을 느끼는 게 재미있는가? 경쟁은 어떤가? 진정으로 즐기기 위해서는 다른 사람들과의 교류가 필요한가? 혼자 있을 때도 그렇게 할 수 있는가?

이 정도 세부 사항을 가지고 재미를 분석하는 건 직관적이지 않거나 심지어 비생산적으로 보일 수도 있다. 하지만 중요한 건 재미 자석과 재미 요소를 잘 이해할수록 더 많은 재미를 쉽게 느낄 수 있

재미 요소는
당신을 재미있게 해주는
재미 자석의 특징이다.

다는 것이다.

자신의 재미 요소를 찾으려면 다음의 재미 요소 목록과 설명을 읽고 가장 공감이 가는 항목에 동그라미를 치는 것부터 시작하자. 너무 어렵게 생각하지 말고 직감을 따르자.

원한다면 재미 자석 목록과 재미 일지에 기록한 장난기·유대감·몰입의 순간을 다시 살펴보면서 각 경험에 해당하는 재미 요소 옆에 체크 표시를 해도 좋다. 예를 들어 당신이 사람들과 함께 연주하는 데서 꾸준히 즐거움을 얻는 이유를 분석한다고 가정해보자. 이럴 때는 '음악, 숙달 증명, 학습, 도전, 철없는 행동, 팀워크, 공동체, 친밀감, 소규모 그룹' 옆에 체크 표시를 하면 된다. 스윙 댄스에 대한 애정에도 이와 동일한 요소들이 많이 포함되고 거기에 신체적 요소가 더해진다.

재미 요소 체크하기

다음 중에는 당신이 동의어라고 생각할 수도 있는 항목들이 있을

텐데, 일부러 그렇게 했다. 중요한 뉘앙스 차이가 있기 때문이다. 또 그것들을 장난기·유대감·몰입이라는 제목으로 분류했지만 두 가지 이상의 범주에 포함되는 항목도 있다.

😆 장난기

장난기를 느끼는 능력에 자주 기여하는 자질이나 맥락은 무엇이라고 생각하는가?

1. 철없는 행동
2. 창의력
3. 상상력
4. 지적 자극
5. 도전
6. 게임
7. 부조리
8. 불확실성
9. 자발성
10. 통제
11. 통제력 상실

유대감

다음 중 어떤 관계 스타일을 선호하는가?

1. 대규모 그룹

2. 소규모 그룹

3. 친밀감

4. 낯선 사람

5. 익명성

6. 혼자 있는 것

7. 팀워크

8. 공동체

9. 교육 또는 지식 공유

10. 선도

11. 성적인 관계

 몰입

당신을 몰입시킬 가능성이 가장 큰 자질이나 맥락은 무엇인가?

1. 신체 활동

2. 자연

3. 음악

4. 위험

5. 스릴 추구

6. 공연

7. 주목받는 것

8. 학습

9. 숙달 증명

10. 관능성

11. 경쟁

12. 참신함

재미 요소 각 항목의 의미

이런 재미 요소 가운데 일부는 따로 설명할 필요가 없지만, 일부는 언뜻 보기에 중복되거나 동의어로 느껴질 수 있기에 어떤 차이가 있는지 이야기해보겠다.

- 신체 활동은 신체적인 움직임과 몸의 연결이 포함된 활동을 가리킨다(예: 춤, 스포츠).
- 자연은 밖으로 나가 자연계에 참여하는 것과 관련이 있다.
- 지적 자극에는 뇌를 간지럽히고 생각을 하게 하는 모든 종류

의 활동이 포함된다.

- 철없는 행동은 모든 종류의 장난이나 행동을 가리킨다. 하지만 반드시 야단스러운 몸놀림이 포함된 건 아니다.

- 음악을 재미 요소로 간주하는 사람들은 노래 부르거나 악기 연주 등 음악 관련 활동을 좋아하지만, 음악을 들으면서 재미를 느끼거나 다른 경험을 촉진하거나 증폭시키기 위해 음악을 사용하는 이들도 있다.

- 창의성은 물리적 객체나 새로운 아이디어, 경험 생성을 비롯해 모든 종류의 창조 행위가 포함된 활동을 아우른다. 즉 요리, 브레인스토밍, 파티 준비 등도 여기 해당한다.

- 숙달 증명은 뭔가를 정말 잘하고 그걸 보여줄 기회가 있는 기분을 말한다.

- 도전은 당신이 성취하기 위해 노력해야 하는 모든 것이다.

- 학습은 새로운 지식이나 기술을 습득하는 과정을 말하고, 교육 또는 지식 공유는 당신이 알고 있는 지식을 남들에게 가르치거나 공유함으로써 그들과 연결되는 상황을 말한다.

- 선도는 당신이 코치나 감독, 가이드 역할을 하는 관계의 한 형태다. 예를 들어 춤을 추면서 상대방을 리드하거나 연극을 연출하거나 팀의 주장이 되는 것이다.

- 팀워크는 특정한 목표를 달성하기 위해 한 무리의 사람들과 협력하는 것이고, 공동체는 특별히 무언가를 이루려고 노력

하지 않고 자기가 아끼는 사람들과 연결돼 있음을 느끼는 것이다. 스포츠팀과 교회 모임의 차이점을 생각해보라.

- 관능성은 당신을 오감과 연결하는 모든 활동을 말한다. 성적인 관계(유혹을 비롯해 말 그대로의 의미다)와 중복될 수도 있지만 관능성은 성적 흥분의 요소 없이도 발생할 수 있다.

- 참신함은 모든 종류의 탐색이나 새로운 경험을 의미한다. 진정한 재미에는 참신함의 요소가 내재해 있는 경우가 많지만, 어떤 사람에게는 참신함을 추구하면서 재미를 느낄 가능성이 너무 크기 때문에 독립적인 재미 요소로 간주된다. 예상치 못한 일 또는 비일상적인 일(대개 유머러스한 방식으로)이라고 대략 정의할 수 있는 부조리도 마찬가지다.

- 상상력은 역할극이나 가공의 이야기, 소설책 읽기 등 환상의 세계에 빠져들게 하는 모든 활동을 말한다.

- 위험과 스릴 추구는 둘 다 아드레날린이 급격히 분출되기 때문에 우리 머릿속에서 하나로 묶이는 경우가 많다. 그러나 위험에는 대부분 스릴이 따르지만 스릴이 늘 위험을 동반하는 건 아니다. 일례로 롤러코스터는 스릴 있지만 위험하지는 않다. 위험을 재미 요소로 여기는 사람들은 위험한 요소가 있거나 중요한 걸 잃을 가능성이 있음을 아는 데서 즐거움을 느낀다. 재미 요소에 스릴 추구는 포함하지만 위험은 포함하지 않는 사람들은 아드레날린은 좋아하지만 위험은 좋아하지 않

는 것이다. 다시 말해, 당신의 재미 요소에 위험이 포함된다면 스릴도 포함돼 있겠지만 반대의 경우에는 그렇지 않을 수도 있다.

- 통제력 상실은 종종 위험 및 스릴 추구와 함께 묶이지만 그 자체로도 재미 요소가 될 수 있다. 위험과 스릴을 좋아하는 사람들은 통제력을 잃는 수준까지 갔지만 선을 넘지는 않는 데서 즐거움을 느낀다. 스릴 있고 위험한 활동 중 하나인 자동차 경주를 생각해보자. 자기 능력의 한계에 맞서 자신을 밀어붙이는 것에서 재미를 느끼는 운전자라고 할지라도 통제 불능 상태가 되는 걸 좋아하진 않을 것이다. 반면 통제력 상실을 재미 요소로 여기는 이들은 때때로 술을 마시는 등 일상에서 도피하거나 제멋대로 구는 활동에 이끌린다. 하지만 은유적으로 말해 운전석에서 벗어나는 것, 즉 책임을 지거나 결정을 내려야 하는 부담감을 덜어주는 모든 걸 의미할 수도 있다. 예를 들어 나는 평소 강박적으로 계획에 집착하는 편이지만 몇 년 전에 남편과 휴가 여행을 갔을 때는 남편에게 모든 계획을 담당해줄 수 있는지 물어봤다. 내가 여행을 할 때의 일반적인 방식은 아니지만, 그때만큼은 그래야 했다. 그리고 통제력을 포기한 덕에 훨씬 재미있었다. 통제를 즐기는 건 그 반대다. 하지만 다른 사람을 통제하는 게 아니라 자기 자신, 자신의 결정 또는 능력을 통제하는 감각을 좋아하는 것과

관련이 있다는 것에 유의해야 한다. 다른 사람을 통제하는(이끄는 것과는 다르다) 건 병적인 특성이지 재미 요소가 아니다.

- 경쟁과 게임은 공존하는 경우가 많지만 동의어는 아니다. 게임에는 구조와 규칙, 목표가 있지만 경쟁하지 않고도 게임을 할 수 있다. 캐치볼이나 편하게 즐기는 골프 라운드를 생각해 보라. 경쟁은 에너지와 강렬함을 더하므로 어떤 사람에게는 재미 요소지만, 어떤 사람에게는 확실한 반재미 요소다.

- 공연과 주목받는 것도 서로 겹치는 것처럼 보일 수 있지만, 공연을 하지 않고도 남들에게 주목받을 수 있고 또 주목받지 않고 공연을 즐길 수도 있다(예: 백업 뮤지션).

- 자발성은 주어진 기회와 아이디어를 열린 마음으로 받아들이고 특정 계획에 얽매이지 않는 태도를 말한다. 그에 비해 불확실성은 결과를 모르는 데서 즐거움을 얻는다. 예를 들어 나이트클럽에 가겠다는 계획을 세우고는(즉, 즉흥적인 행동이 아니다) 거기서 무슨 일이 일어날지 또 누구를 만날지 모르는 불확실성을 즐기는 것이다. 아니면 가족과 외출하기로 즉흥적으로 결정하고 나서 나가서 할 일은 미리 계획할 수도 있다.

- 앞서 말한 것처럼 어떤 사람은 잘 아는 이들과 시간을 보낼 때 재미를 느낄 가능성이 가장 크고 어떤 사람은 낯선 이들과 함께 있을 때 더 재미를 느낀다. 대규모 그룹 대 소규모 그룹의 경우에도 마찬가지다. 콘서트에 모인 군중과 당신 집 식탁

에 둘러앉은 친구들의 차이점을 생각해보자. 어떤 사람은 익명성에서 특별한 즐거움이나 자유로움을 느낀다. 그리고 재미있는 경험은 대부분 다른 사람들과 함께 있을 때 생기지만 주로 혼자서 재미를 추구하는 사람들도 존재한다.

공감이 가고 당신의 재미 자석이나 장난기·유대감·몰입을 느낀 과거 사례에 들어맞는 재미 요소에 체크 표시나 동그라미를 하고 나면, 이를 관통하는 주제를 쉽게 찾을 수 있다. 동그라미나 체크 표시가 많은 재미 요소에만 주목하면 된다. 이게 당신의 가장 강력한 재미 요소이며 재미를 발생시킬 수 있는 다른 활동이나 상황을 브레인스토밍할 때 사용할 수 있다. 예를 들어 나는 신체 활동과 학습, 음악을 좋아한다는 걸 알게 됐다. 그래서 최근 성인 초보자를 위한 탭댄스 강좌에 등록했는데 정말 재미있다.●

체크 표시가 1~2개뿐인 재미 요소에도 주목하자. 당신의 주된 재미 요소는 아니지만 재미를 느낄 때 가끔 그런 요소가 존재했다는 사실은 미래를 탐색하고 실험하는 데 아이디어를 제공할 수 있다.

●　모든 실험이 성공하는 건 아니다. 예를 들어 음악과 신체 활동을 좋아하는 나는 예전에 체조, 음악, 춤의 요소들을 결합한 카포에이라라는 브라질 무술을 배우려고 한 적이 있다. 할 때는 재미있었지만 결국 내 재미 자석이 되지는 못했다. 아무래도 '무술'이라는 점 때문에 스트레스를 받은 듯하다. 그래도 보람 있는 경험이었다.

현재 생활을 살펴서 장난기·유대감·몰입의 세 가지 기본 요소를 충분히 활용할 기회가 있는지 또 서로 균형이 잘 잡혀 있는지 확인하는 게 좋다. 몰입할 기회는 많지만 장난기나 유대감을 느낄 기회는 별로 없는가? 아니면 서로 유대감은 느끼지만 별로 장난스럽지는 않은 관계를 많이 맺고 있는가? 다시 말해, 이 3개의 탱크 중 보충해야 하는 것이 있는가? 만약 그렇다면 자신의 재미 자석과 재미 요소를 이용해서 탱크를 채울 아이디어를 얻을 수 있다.

4단계: 재미를 방해하는 요소를 찾는다

재미 요소 목록을 읽을 때 그중 몇 가지는 재미와 완전히 반대되는 요소로 보였을 수도 있다. 자신과 다른 극을 밀어내는 자석의 반대쪽 끝부분에 비유할 수도 있을 것이다. 난 이를 '반재미 요소'라고 부르는데, 자신의 반재미 요소가 뭔지 파악해두는 것도 유용하다. 그래야 이런 요소들과 관련된 상황을 피하고, 다른 이들은 재미를 느끼는 특정 활동을 자신은 왜 즐길 수 없는지 이해하게 된다.

나는 편 스쿼드에 설문조사를 요청하면서, 다른 사람들은 재미있다고 하지만 자신은 그렇지 않은 활동과 자신은 즐겁지만 다른 사람들은 싫어하는 활동을 적어달라고 했다. 답변을 살펴본 결과 다른 것들보다 구분선이 명확한 재미 요소가 몇 가지 있었다. 그중 가장 명확한 건 위험이었다. 어떤 사람들은 위험에 끌리는 반면 어떤 사람들은 위험한 일에 전혀 관여하고 싶어 하지 않았다. 자신의 위험 허용 범위를 아는 것 그리고 위험과 스릴에 대해 어떻게 느끼는지를 알아내는 것은 탐색할 가치가 있는 새로운 활동 유형을 알아내고자 할 때 매우 중요하다. 또 자신의 위험 허용 범위를 주변 사람들과 비교하는 것도 유용하다. 이것이 그간 의식하지 못했던 갈등의 원인일 수도 있기 때문이다. 자신과 남들의 차이를 알고 있으면 위험 회피적인 사람은 위험한 상황을 마음 편히 거절할 수 있고, 위험을 추구하는 사람들은 자기 성격의 그런 측면을 위한 배출구를 찾기 위해 노력할 수 있다.

또 콘서트나 파티나 술집에서 떠들썩한 군중과 함께 있는 걸 즐기는 사람과 군중은 스트레스를 주고 재미도 없다고 생각하는 사람 사이에는 극명한 차이가 있다. 통제도 마찬가지다. 음주 때문에 통제력이 약해지는 걸 좋아하지 않는다고 명확하게 말한 이들도 많지만, 어떤 이들은 그게 자유로운 기분을 안겨준다고 생각한다. 상상력도 강렬한 감정을 불러일으킨다. 상상력을 재미있다고 여기지 않는 사람들은 그걸 정말 좋아하지 않는 경향이 있다.●

● 내가 명시적으로 물어보지는 않았지만 사람들의 대답에 계속 등장해서 기준선이 확실하게 갈리는 활동도 하나 있었는데 바로 해변이다! 어떤 사람들은 해변을 재미의 대명사이자 무한히 다양한 즐거운 경험의 촉매제로 여긴다. 반면 해변과 관련된 모든 것, 예컨대 태양, 모래, 소금기 등을 싫어하는 사람도 있다. 설문조사 자체에는 해변에 대한 언급이 전혀 없기 때문에 이런 현상이 더욱 흥미롭고 재미있게 느껴졌다.

THE POWER OF **FUN**
파워 오브 펀

아무튼 어떤 항목을 자동으로 반재미 요소라고 치부해버리기 전에, 자신의 가정에 한번 도전해보기 바란다. 한 친구는 이렇게 말했다. "처음에는 어색하게 느껴지는 일을 과감하게 시도해서 이득을 볼 수 있는 사람도 있다. 그리고 어떤 사람들은 재미있다고 생각하는 일의 목록을 늘릴 필요가 있다. 그게 어른이 돼서 겪는 우울한 일 아닐까? 콘서트 등과 같이 예전에 좋아하던 일도 이제 더는 즐길 수 없다거나 바빠서 그런 걸 할 여유가 없다고 생각하며 자기 삶에서 많은 걸 쳐내고 있다."

친구의 결론처럼 정말 재미없다고 생각하는 일도 있을 테고, 예전에는 재미있었지만 더는 즐기지 않게 된 일도 있을 것이다. 그러나 조사를 해보면 그런 가정이 사실이 아닌 것으로 밝혀질 수도 있다.

실행: SPARK

손으로 직접 그린 그래프에 진정한 재미의 순간을 모두 표시하기 위해 시간을 들이지 않았더라도, 지금쯤이면 자신의 개인적인 재미 자석과 재미 요소를 확실하게 파악하고 있어야 한다. 그리고 자기 삶에 더 많은 장난기와 유대감, 몰입을 끌어올 아이디어도 몇 가지 얻었어야 한다.

재미의 정의를 이해하는 것과 그걸 실행에 옮기는 건 별개의 일이다. 재미를 정말 길잡이별로 바꾸고 싶다면, 평소의 루틴과 마음가짐을 장기적으로 변화시켜서 진정한 재미를 가끔 찾아오는 손님에서 일상적인 동반자로 탈바꿈시켜야 한다.

다음 장에서는 SPARK를 사용해서 그렇게 할 방법을 알아볼 것이다. 다만, 내가 제안하는 일을 전부 해야 한다는 의무감을 느끼지는 말기 바란다. 항상 그렇듯이 가장 흥미롭고 마음이 가는 아이디어와 실습 과제를 자유롭게 고르면 된다.

무엇을 선택하든 궁극적인 목표는 재미를 느끼는 데 더 도움이 되는 방식으로 당신의 삶을 구성하고, 삶의 다른 부분이 방해할 때도 재미를 우선순위 목록의 맨 위에 놓는 것이다. 즉, 진정한 재미를 촉발하는 방법과 그 불꽃에 연료를 계속 공급하는 방법을 알아내야 한다.

06
재미가 찾아들 공간 만들기

자유 시간이라는 개념은 열린 공간만큼이나 대부분 사람의 일상적인 경험과 동떨어져 있다.

스탠리 아로노예츠·윌리엄 디파지오, 《일자리 없는 미래(The Jobless Future)》

1840년대에 지어진 우리 부모님 집은 벽난로와 계단을 중심으로 방이 배열된 단순한 직사각형 구조다. 나중에 이 집을 산 사람들이 거실과 몇 개의 침실, 현관 등 다양한 공간을 추가했다. 이후 이 건물은 말을 키우는 농장 주인 부부의 살림집에서부터 마피아들의 집합소, 윤락업소(그런 소문이 있다)에 이르기까지 다양한 용도로 쓰였다.

그 집 주변에는 다 자란 나무들과 예전에 말을 풀어 키우던 초지, 작은 연못 등이 있어서 매우 아름답다. 그러나 내부는 비좁게 느껴진다. 주변이 쾌적한 풍경으로 둘러싸여 있는데도 그 집은 안쪽을 향하고 있으며 대부분의 활동은 집에서 가장 어두운 공간인 주방에서 이뤄진다. 한 방에서 다른 방으로 가려면 복도를 꼬불꼬불 돌아가야 하고, 아름다운 경치를 내다볼 수 있는 창문도 거의 없다. 그래서인지 집이 넓은데도 밀실 공포증이 느껴진다. 기본적인 계획 없이 중구난방으로 증축한 탓이다.

이런 무질서한 건축물을 보면 우리 삶이 생각난다. 우리 대부분은 자기가 바라는 삶의 모습과 느낌에 대한 청사진 없이 삶을 구축해왔다. 그래서 창의적이고 성취감을 주는 삶을 위한 시스템이 아니라 산업혁명 때 근로자들을 훈련하기 위해 개발된 교육 시스템 안에서, 부모가 학교를 고르고 교사가 뭘 해야 하는지 알려주면 우리를 위해 마련된 길을 따라가기 시작한다. 그리고 자기가 실제로 원하는 것보다는 남들이 우리에게 기대하는 바나 결정적인 순간에 생긴 기회를 기반으로 직업을 택한다.

친구와 동료들을 보더라도 그중 일부는 우리에게 자양분이 되지만 어떤 이들은 해를 끼치거나 우리 에너지를 앗아 간다. 어느 시점이 되면 많은 이들이 배우자를 만나고 아이를 낳는데, 이는 자신이 결혼과 자녀를 적극적으로 원했기 때문일 수도 있지만 어쩌면 그렇게 해야만 한다고 느껴지는 나이나 사회적 지위에 도달했기 때문일지도 모른다. 우리가 책임을 떠맡고 '기회'를 받아들이는 건 자신의 능력을 증명하고 싶거나 다른 이들을 실망시키고 싶지 않아서다. 또 휴대전화, 태블릿, 노트북 등을 사는 건 업무와 통신에 필요하기 때문인데, 우리 시간을 조금이라도 더 빼앗으려고 하는 이들 때문에

계속 온라인 상태를 유지해야 하는 의도치 않은 결과를 얻게 된다.

생산성에 집착하다 보니 취미가 없어졌고, 연결을 추구하는 데 몰두하다 보니 정작 친구를 사귈 시간이 없어졌다. 책임감, 불안감, 산만함 때문에 지치고 진이 빠지면 자신의 이익을 추구할 에너지나 애초의 열정이 거의 남지 않는다. 해야 할 일 목록은 끝이 없는 것처럼 느껴지지만, 놀이로 간주할 만한 활동은 거의 포함되지 않는다.

온종일 브라우저 탭들 사이를 왔다 갔다 하면서 소비와 반응으로 점철된 하루를 보내다가 집에 돌아가면 소파에 쓰러져 자기 전까지 알코올과 스크린으로 자신을 달랜다. 다음 날 아침, 알람이 울리면 기진맥진한 상태로 일어나서 베개 아래 아니면 침대 옆 테이블에 놓여 있는 휴대전화를 잡으려고 손을 뻗는다. 답장해야 할 이메일 목록과 읽어야 할 뉴스 기사, 확인해야 하는 소셜 미디어 게시물을 보면서 새로운 날이 시작되자마자 반응 모드로 돌아간다. 다시 말해, 삶이 우리 부모님 집처럼 돼버린 것이다. 기능적이고 여러 가지 면에서 꽤 편하긴 하지만, 결국 다른 사람이 설계한 집 말이다.

진정한 재미를 더 많이 누리고 싶다면 자기 삶의 건축가가 돼야 한다. 그리고 땅을 먼저 고르지 않고는 새 건물을 지을 수 없듯이, 공간을 확보하기 전에는 진정한 재미를 더 많이 끌어들일 수 없다.

공간을 만든다는 건 정신적·육체적 혼란을 없앤다는 뜻이다. 원망을 줄이고 불필요한 책임감을 버리며 당신의 시간과 관심을 훔치려는 사람으로부터 보호해줄 경계를 만드는 것이다. 당신의 일정에 고요함과 개방성을 집어넣어서 더 많은 장난기·유대감·몰입의 순간을 위한 공간을 확보해야 한다는 얘기다. 목표는 당신이 실제로 원하는 삶을 설계하고 건설할 수 있는 공간을 만드는 것이다.

부드럽게 말하자면, 이는 일종의 도전이다. 앞서 살펴본 것처럼 안전이 확보되지 않거나 기본적인 욕구가 충족되지 않으면 진정한 재미를 경험하거나 우선순위로 삼을 수 없다. 진정한 재미를 누리는 걸 더 어렵게 하는 상황과 삶의 조건이 분명히 존재한다는 뜻이며, 심지어 비교적 안락하게 사는 사람들도 더 많은 재미를 누리기 위한 공간을 확보하기 전에 해야 할 일이 있다. 그래도 우리 대부분은 재미를 위한 공간을 넓히는 능력을 갖추고 있다. 다음과 같은 방법으로 시작해보자.

자신에게 허가증을 주자

당신도 다른 사람들과 비슷하다면, 재미를 추구하는 건 둘째 치고 재미를 삶의 우선순위로 삼는 게 약간 이상하다거나 무책임하다고 느낄지도 모른다. 또 자기에게 '재미없는 사람'이라는 꼬리표가 붙어 있다고 느끼거나, 어떤 편 스쿼드 회원의 말처럼 '예전처럼 재미있는 사람'으로 돌아갈 수 없다고 여길 수도 있다.

하지만 성격의 재미있는 부분을 되찾는 건 누구나 할 수 있는 일

이다. 또 재미에 깊은 관심을 기울이면서도 책임감 있는 시민이 될 수 있다. 난 재미는 활력을 되찾게 해주고 영감을 주고 사람들을 서로 연결해서 더 나은 세상을 만드는 힘을 가졌다고 생각한다. 또 분명하게 말하는데, 더 즐거운 삶을 산다고 해서 책임을 회피하는 게 아니다. 활기를 북돋우고 흥분시키는 일 쪽으로 방향을 바꾸는 것이며, 이 과정을 통해 회복력이 커지고 다른 모든 일을 해낼 에너지도 늘어날 것이다.

당신 인생에서 어떤 일이 벌어지든 재미를 우선시할 수 있는 허가증을 내주길 바란다. 감정이 극도로 발달했고 상담 치료를 많이 받아본 사람이라면, 이 단어를 보기만 해도 자신에게 허가증을 내줄 수 있을 것이다. 당신도 여느 사람들처럼 실제 허가증이 있는 게 도움이 된다면 하나 만들어보자.

이기적이거나 무책임하다는 느낌 없이 나 자신의 즐거움을 생각하거나 우선시할 수 있도록 허락하고, 힘이 나고 즐거운 방식으로 그렇게 할 것을 다짐한다.

_____

(서명 및 날짜)

추신: 내면의 비평가를 조용히 시키고, 또 다른 할 일처럼 느껴지는 것은 피하겠다.

분노를 줄이자

보편적인 재미 파괴범들의 목록을 확인해본다면 아마 분노가 맨 처음에 등장할 것이다. 분노는 당신이 재미있게 노는 능력을 파괴한다. 그리고 일반적으로 분노는 해결되지 않은 채로 내버려 두면 다른 상황에까지 해를 미칠 수 있는 유해한 감정이다.

분노는 어른, 특히 아이나 병자를 돌보는 사람들에게 흔한 감정이다. 자녀가 있는 부부라면 집안일을 하는 데 필요한 보이지 않는 노동('정신적 부담'이라고도 하는) 때문인 경우가 많다. 해야 할 일을 계속 따라다니면서 혹시라도 빠뜨린 게 없는지 꼼꼼히 확인해야 하기 때문이다. 예를 들어 일반적인 가정의 보이지 않는 노동에는 모든 사람의 일정 조정, 자녀의 학교와 스포츠 활동을 위한 실행 계획 관리, 병원 예약과 생일 치르기, 냉장고에 음식 채워놓기, 사교 활동 계획 세우기, 화장지 구입 시기 예측, 모든 사람의 감정 인식 및 관리 등이 포함될 수 있다.

부모로서 해야 하는 이런 노동이 아이를 낳기 두려웠던 이유 중 하나였다. 내 건강 문제(제1형 당뇨병)와 프리랜서로 일하면서 느끼는 스트레스 때문에 다른 책임은 전혀 질 수 있을 것 같지 않았다. 남편과 나는 아이를 가지려고 시도하기 전에 이 문제에 관해 얘기했다. 어느 날 저녁 고속도로에서 교통 체증에 걸려 있을 때 남편에게 갑작스럽게 "만약 우리가 아이를 낳는다면 아이 병원 예약은 당신

이 맡아서 해"라고 선언했던 기억이 선명하다(그리고 남편은 그렇게 하고 있다!).

사실 남편은 내가 아는 어떤 남자보다 구체적이고 눈에 띄는 부모 역할을 훨씬 많이 떠맡았다. 그런데도 나는 때때로 끓어오르는 분노를 느꼈다. 그는 내가 부탁하는 일은 뭐든지 했지만, 일단 부탁을 해야 했다. 왜냐하면 매일 실행 계획을 세워서 관리하고 가족의 일정을 추적하고 새로운 경험을 계획하고 정리하는 심적인 부담을 다 내가 졌기 때문이다.

내가 느낀 불평등하다는 감정이 모두 정당하다고 말하려는 게 아니다(그리고 남편도 눈에 안 보이는 노동을 많이 했다). 하지만 그 감정은 분명히 진짜였다. 그래서 이브 로드스키가 쓴 《페어플레이 프로젝트》를 알게 됐을 때 즉시 주문해서 하루 만에 다 읽었다.

이 책의 기본 전제는 분노를 줄이려면 가정생활을 사업처럼 대해야 한다는 것이다. 가정을 꾸리는 데 들어가는 모든 책임과 노동(눈에 보이는 것과 보이지 않는 것 모두)을 정의하고 분담하는 것부터 시작해야 한다. 그런 다음 정기적으로 시간을 내서 파트너와 함께 앞으로 무슨 일이 있고 뭘 해야 하는지 파악하고, 누가 그 일을 할지도 정해야 한다.

저녁 식사를 예로 들어보겠다. 분명히 누군가는 가족이 저녁에 먹을 음식이 확실히 준비되도록 책임질 필요가 있다. 하지만 저녁 식사에 대한 책임을 진다는 게 단순히 재료를 자르고 식탁에 접시를 놓는 것만을 의미하지는 않는다. 《페어플레이 프로젝트》의 규칙에 따르면, 저녁 식사를 담당하는 사람은 메뉴를 정하는 것부터 식료품 구입, 식사, 요리에 이르기까지 저녁 식사와 관련된 모든 것을 책임져야 한다. 로드스키는 이를 '구상, 계획, 실행'이라고 말했다. 그는 정신적인 부담은 대부분 구상과 계획에서 비롯되는 반면 대부분의 공은 실행 과정을 완료한 사람에게 돌아간다고 지적한다. 이런 불균형이 부부 사이에서 발생하는 분노의 주요 원인 중 하나다.

기타 수업을 들으러 가기 직전에 책을 다 읽은 나는(딸이 네 살쯤 됐을 무렵이다) 그 책을 남편의 베개 위에 놓아뒀다(수동적인 공격성을 드러내는 행동이었음을 순순히 인정한다). 놓인 위치를 고려하면 내 숨은 의도는 전혀 '숨겨지지' 않았고 남편은 바보가 아니므로 내 의도를 알아차렸다. 다음 날 아침, 커피를 내리고 있을 때 남편이 그 책을 들고 왔다.

"당신이 놓고 간 책 읽었어." 그가 대화를 시작하려고 했다. "정말 흥미롭던데?"

그리고 이때부터 상황이 난감하게 돌아갔다. 나는 그의 접근에 생산적으로 응하지 않았다. 내가 책을 그의 베개 위에 올려놓고 외출에서 돌아오기까지 시간이 얼마나 걸렸는지를 생각해볼 때 그가 352페이지를 다 읽는 건 불가능하다는 사실이 떠오른 것이다.

"당신이 그 책을 다 읽었을 리가 없어." 방향이 잘못된 분노가 마

음속에 차오르는 걸 느끼면서 쏘아붙였다. "난 겨우 2시간만 집을 비웠다고."

"음, 좀 건너뛰면서 읽긴 했어." 그는 자기가 지금 막 구덩이에 빠졌다는 사실을 깨닫지 못한 채 커피를 한 모금 마시면서 말했다. "거기 나온 일화를 다 읽어야 한다고 생각하지 않았거든. '제시카가 남편에게 화가 난 이유는 어쩌고저쩌고' 그런 부분은 건너뛰었어. 하지만 요지는 알겠더라."

그는 이런 식으로 말해선 안 됐다. 나중에 깨달은 것이지만 사실 그 말은 내가 느끼는 좌절의 주된 근원을 축소해버린 셈이었다. 난 내가 하는 모든 일을 철저하게 예측하고 검토해서 운에 맡기는 부분이 없어야 한다는 강박관념을 느끼는 사람이다. 반면 남편은 세부 사항에 너무 얽매이지 않고 큰 그림을 보는 데 아주 능숙하다. 이런 경향이 종종 그에게 도움이 되고 나도 연마할 만한 가치가 있는 기술이라는 걸 인정한다. 하지만 이 상황에서 내가 원하는 건 요지를 파악하는 게 아니었다. 난 세부 사항을 원했고 남편도 그렇게 해주기를 바랐다. 난 그 일화를 한 번 읽고 끝낸 게 아니라 읽고 또 읽었다. 격분하는 제시카에게 매우 강한 동류의식을 느꼈기에 그들의 이야기를 자세히 들여다보면서 실제로 고개를 끄덕였다. 그리고 부모이자 어른으로서 살아가는 것, 그리고 세상 모든 것(남편과는 상관없는 많은 일을 포함해서!)에 대해 이런 좌절감을 느끼는 사람이 나뿐만이 아니라는 걸 알고 크게 안도했다.

"그 일화가 가장 중요한 포인트라고!" 결국 남편에게 벌컥 화를 내고 말았다.

난 책을 집어 들고 위층으로 뛰어 올라가 소파에 털썩 주저앉아서 울음을 터뜨렸다. 그 정도 창피한 행동만으로는 충분하지 않다는 듯, 다음에 뭘 했는지 아는가? 책을 냅다 던져버렸다. 그렇다, 던졌다. 그만큼 화가 나 있었다.

하지만 두 살배기 아이 수준의 정신 상태를 드러내면서도, 내 뇌의 일부는 여전히 내가 한 행동 때문에 발생할 만한 결과를 미리 생각하는 감정적 노동을 하고 있었다. 나는 책을 던져서 아무것도 부수고 싶지 않았다. 그러면 부서진 걸 치워야 할 텐데 청소에는 진력이 나 있었다. 그래서 분노에 눈이 멀긴 했지만 베개를 겨냥해서 책을 던질 정도의 시야는 유지하고 있었다. 창문을 향해 던지는 것보다는 훨씬 덜 만족스러웠지만 적어도 진공청소기를 사용할 필요는 없었다.

아래층에서 내가 난동을 부리는 소리를 듣고 있던 남편은 혼란스러워했다.

이 일화를 얘기하는 이유는 내가 느낀 분노의 일부는 감정 노동의 부담감에서 비롯됐지만, 그걸 해소할 수 있는 진정한 재미를 충분히 누리지 못한 것도 원인의 하나라는 걸 보여주기 위해서다. 초보 부모로서 겪는 어려움 때문에 사교적 또는 자발적으로 행동하기가 훨씬 어려웠다. 그리고 아이러니하게도 최근에 기타 수업을 시

작한 것, 그래서 진정한 재미의 느낌에 대한 기억이 되살아난 것 때문에 갈망이 더욱 커졌다. 나는 종이에 베여서 스며 나온 피 냄새를 맡고 피에 간절해진 굶주린 뱀파이어 같았다.

마음이 가라앉은 뒤 책을 집어 던진 걸 사과하고 무엇 때문에 화가 났는지 남편에게 설명했다. 그가 하는 모든 일에 진심으로 감사하지만 여전히 구상과 계획을 책임지는 사람은 나라는 기분이 든다고 말이다. 그는 내 말에 귀를 기울였고, 자기도 가끔 내가 인정해주지 않는 보이지 않는 책임(예: 집수리와 관련된 대부분 일) 때문에 화가 난 적이 있다고 말했다. 그는 월요일 아침마다 정기적으로 커피 데이트를 하면서 그 주의 계획을 검토하고 각자의 책임을 좀 더 명확하게 나누자고 제안했다. 그 후 몇 달 동안 우리의 분노 수준은 극적으로 낮아졌고, 그 덕분에 우리 두 사람이 따로따로든 함께든 진정한 재미를 위한 기회를 모색할 여지가 생겼다. 이 일화는 공고한 관계 안에서도 진정한 재미를 위한 정서적 환경을 만들려면 해야할 일이 있음을 보여준다.

다른 사람의 즐거움을 위한 공간을 만들자

자신을 위해 재미로 가득한 삶을 만들 때는 주변 사람들도 진정한 재미를 느낄 수 있는 공간을 만드는 게 매우 중요하다. 당신이 어떤 사람과 아무리 가까운 사이이고 아무리 많은 관심사와 열정을 공유하더라도 서로 겹치지 않는 재미 자석과 재미 요소가 몇 가지는 있기 마련이다. 그러면 해당 요소가 진정한 재미로 들어가는 입구 역할을 하는 건 고사하고 어떻게 그런 걸 매력적이라고 여길 수 있는지조차 이해하기 힘들 것이다. 하지만 서로 간에 그런 차이가 존재하는 건 괜찮다.

친구나 파트너, 배우자, 자녀에게 당신과 다른 재미 자석이나 재미 요소가 있더라도 그들의 흥을 깨지는 말자. 당신이 그들의 열정을 공유하지 않는다고 해서, 그들이 즐기거나 종종 진정한 재미를 안겨주는 일에 시간을 쓴다고 해서 그들을 비난하거나 벌하거나 원망해선 안 된다. 대신 그들이 재미를 누릴 수 있는 공간을 만들도록 도와주자. 그들이 즐거운 일에 참여하도록 적극적으로 격려하자. 나중에 꾸중을 듣거나 보답을 해야 한다는 걱정 없이 자유롭게 즐길 수 있는 허가증을 주자.※ 그러면 상쾌한 기분으로 돌아와 더욱 나은 마음가짐으로 당신과 즐거운 시간을 보낼 것이다. 서로 관계를 맺은 사람들 각자가 진정한 재미를 많이 느낄수록 관계가 더 끈끈해질 가능성이 크다.

● 분명히 말하는데, 진정한 재미에는 다른 사람을 다치게 하거나 관계를 위험에 빠뜨리는 어떤 것도 포함되지 않는다. 약물 남용, 도박으로 가족이 모아둔 돈 날리기, 바람 피우기 등에 대한 허가증 같은 건 없다.

THE POWER OF FUN
파워 오브 펀

재미를 위한 물리적 공간을 만들자

코미디언의 자서전과 내분비학 관련 서적 외에 내가 가장 좋아하는 여가용 독서 장르 중 하나가 바로 정리와 청소에 관한 책이다. 이 분야에 대한 관심에 불이 붙은 건 대학 졸업 직후에 줄리 모건스턴의 《내 인생을 확 바꾸는 공간 마법사》를 읽으면서부터다. 이 책에서는 'SPACE'라는 5단계 과정을 따르라고 권하는데, 그 과정은 내 머릿속에 깊이 배어 있기 때문에 인터넷 검색을 하지 않고도 바로 암송할 수 있을 정도다. 즉 분류(Sort), 제거(Purge), 할당(Assign), 수납(Containerize), 균등 배분(Equalize)이다. 네 번째 단계 때문에 수납·정리 용품 전문점인 컨테이너 스토어에 가서 빈 상자를 이것저것 사들이느라 200달러도 더 썼다. 스물세 살의 프리랜서 작가 지망생 처지에 말이다.

몇 년 뒤에 곤도 마리에의 베스트셀러인 《정리의 힘》을 알게 됐는데, 이 책의 기본 전제는 자기 소유물을 하나씩 만져보면서 가슴이 설레는 물건만 간직해야 한다는 것이다. 곤도는 이걸 '즐거움을 유발하는 물건'이라고 부른다.

언론인 태피 브로데서-애크너는 〈뉴욕타임스 매거진〉에 기고한 정리정돈에 관한 기사에서, 즐거움의 불꽃이 튀면 어떤 기분인지를 곤도가 보여준다고 설명했다. "그녀의 오른팔은 위를 향했고, 왼쪽 다리는 기뻐서 구부러지거나 날아가거나 공중에 떠 있는 뭔가를 표현했다. 그녀의 몸은 작은 찻잔처럼 단정하게 정리돼 있었고 작은 손동작과 함께 경을 읊는 듯한 소리를 냈다." 알려진 것처럼 곤도 마리에의 방식 중에는 바닥에 무릎 꿇고 자신의 공간 맞이하기, 양말과 팬티를 갤 때 그 옷들이 마땅히 받아야 할 경의 표하기, 물건이 당신을 위해 해준 모든 일에 말로 감사 인사 전하기, 심지어 물건을 남에게 주거나 버리기 전에 꼭 안아주기 등도 있다.

대학 시절에 즐겨 입던 티셔츠를 누군가에게 줄 때 부드럽게 접어서 상자에 담기 전에 꼭 껴안는다는 게 우스꽝스럽게 들릴지도 모르지만, 정리는 실제로 당신의 삶을 변화시킨다. 나도 딸이 태어나고 몇 달 뒤에 곤도의 책을 읽고는 대담하면서도 엉뚱한 짓을 했는데, 그때 직접 경험해봤기 때문에 잘 안다.

책을 다 읽은 직후, 정리를 해야 한다는 절박한 욕구에 사로잡혀 새벽 4시 45분에 잠이 깼다. 충동이 너무 강해서 남편에게 일을 하루 쉬고 아기를 돌보는 일을 맡으라고 졸랐다. 그래야 내 옷을 전부 꺼내 침실 한가운데에 쌓아놓고 속옷을 한 벌씩 만져보면서 가슴 설레는 걸 찾을 수 있을 테니까 말이다. 결국 공구 가방 20개를 꽉 채울 만큼의 물건을 굿윌(Goodwill)에 기부하게 된 그 과정을 통해 '정돈'이라는 말은 동물을 '잠들게' 하거나 누군가를 '사라지게' 한다는 말처럼 훌륭한 완곡어법이며, 곤도 마리에가 쓴 책의 더 정확한 제목은 '당신이 소유한 모든 것을 버리는 인생 변화의 마법'일 거라고 생각하게 됐다.

THE POWER OF **FUN**
파워 오브 펀

하지만 정말 큰 변화가 생겼다! 우리는 필요 없는 물건을 모아두는 사람들이 아닌데도 시간이 흐르면서 온갖 물건이 스웨터에 달라붙은 고양이 털처럼 쌓여갔다. 그리고 그 물건들이 사라진 뒤에야 비로소 그게 얼마나 많은 정신적·물리적 공간을 차지하고 있었는지 알게 됐다. 정돈이 끝나고 얼마 뒤에 찾아온 친구(우리가 곤도 마리에식 작업을 했다는 걸 모르는)가 집이 훨씬 가벼워진 느낌이라고 말했던 기억이 난다.

당신도 나처럼 강박적으로 집을 정돈해야 한다고 말하는 게 아니다. 사람들은 저마다 다양한 수준의 물건을 견딜 수 있다. 하지만 내가 가진 물건을 재평가한 경험을 통해 이전에는 이해하지 못했던 사실, 즉 물리적 환경이 재미를 느끼는 능력에 영향을 미친다는 사실을 깨닫게 됐다.

물리적인 환경이 우리 정신 상태에 강력한 영향을 미친다는 건 잘 알려진 사실이다. 인정하지 않거나 그런 생각을 바탕으로 행동하지 않는 경우가 많긴 하지만. 〈하버드 비즈니스 리뷰〉에 실린 기사에서는 이렇게 말한다. "물리적 환경은 우리의 인식, 감정, 행동에 지대한 영향을 미쳐서 의사결정이나 타인과의 관계에도 영향을 준다. 어수선한 공간은 스트레스와 불안 수준뿐만 아니라 집중력, 식사 선택, 수면에까지 부정적인 영향을 미칠 수 있다. (…) 무질서한 상황이 시야에 계속해서 들어오면 인지 자원이 고갈되고 집중력이 저하된다." 그러면서 "공간이 엉망이면 우리도 엉망이다"라고 직설적으로 결론을 내렸다.

어수선한 환경은 혈액 내에 순환하는 코르티솔의 양을 높이며, 이는 불안과 우울감을 유발할 수 있다. 책상이나 식탁이 지저분하다면, 그 상태가 우리의 책임과 할 일 목록을 상기시키기도 한다. 그리고 이것 자체가 할 일 목록에서 완료되지 않은 항목('잡동사니 줄이기' 같은)을 나타낸다.

더 중요하게는 진정한 재미를 느끼는 우리 능력에 직접적인 영향을 미친다는 것이다. 우리를 산만하거나 불안하게 하는 건 전부 몰입을 깨뜨리는데, 몰입은 재미를 위한 전제 조건이라는 걸 기억하자. 또 진정한 재미에는 자유로움과 일반적인 의무에서 벗어나는 것도 포함된다. 당연한 얘기지만, 자신의 책임을 상기시키는 것들에 둘러싸여 있으면 재미를 느끼기 힘들다.

어수선한 환경이 정신에 미치는 영향을 생각하면 왜 우리의 가장 재미있는 기억이 집이 아닌 다른 장소에서 발생하는지도 이해할 수 있다. 재미는 참신함을 좋아하는데 익숙한 환경에서는 참신함을 찾기 어렵지 않은가. 하지만 재미가 발생하는 원인은 새로운 환경의 참신함뿐만이 아니다. 현관에 쌓여 있는 쓸모없는 광고 우편물 더미처럼 일상적인 삶의 부담을 떠올리게 하는 단서들이 없어야 한다는 점도 중요하다.

또 사람들이 모이도록 유도하는 방식 등 재미에 도움이 되는 물리적 공간의 특별한 특성도 있다. 내가 다녔던 언론대학원 건물이

아주 좋은 예다. 거의 단층인 그 건물 가운데에 큰 안뜰이 있었는데 피크닉 테이블과 햇볕을 받아 향기를 뿜어내는 로즈메리 덤불이 있어서 시간을 보내기에 아주 좋은 곳이었다. 건물의 주요 복도가 안뜰 둘레를 따라 이어졌고, 강의실 사이를 이동할 때 안뜰을 내다볼 수 있는 창문이 있었다.

이런 식의 설계 덕분에 학생과 교수 모두 자주 뜰에 모였는데, 때로는 뜰에 나와 일을 하기도 했지만 다른 사람들과 어울리려고 오는 이들이 더 많았다. 내가 대학원에서 나눈 가장 즐거운 대화 대부분이 그곳에서 이루어졌다. 다시 말해 건물의 물리적인 배치가 그곳에서 시간을 보내는 사람들의 행동과 감정에 영향을 미쳐서 더욱 가까운 관계를 만든 것이다. 그 안뜰이 없었다면 학교에서 그처럼 강한 공동체 의식과 동지애를 느끼진 못했으리라고 진심으로 믿는다.

여기서 얻을 수 있는 교훈은 세 가지다. 첫째, 자기 집의 물리적 공간을 더 깨끗하게 치워놓으면 불안감과 산만함을 줄일 수 있을 것이다. 둘째, 자기 삶에 더 많은 재미를 불러들이고 싶다면 때때로 일상적인 환경에서 완전히 벗어나는 게 도움이 될 것이다. 즉, 평소의 환경에서 물리적으로 벗어나 자신만을 위한 공간을 만들어보자. 마지막으로, 기존 환경에서 탈출할 때는 찾아가게 될 새로운 공간의 특성에 주의를 기울여서 그게 정말 재미를 느끼는 데 도움이 되는지 확인해야 한다.

우리 목표는 수도승처럼 살거나 자기가 소유한 걸 모두 버리는 게 아니다. 환경이 행동과 기분에 미치는 영향을 확인해서 진정한 재미를 끌어들이는 물리적 공간을 만들거나 추구하려는 것이다.

재미를 위한 정신적 공간을 만들자

머릿속에서 생기는 산만하고 불안하고 전반적으로 도움이 되지 않는 생각과 의식 속으로 밀려드는 외부 정보의 끊임없는 흐름 때문에 우리 뇌는 진정한 재미를 더 많이 만들기 위한 조치를 취하지 못한다. 애초에 그 문제를 생각할 여유조차 없다. 게다가 우리 관심을 사로잡고 마음을 가로채야만 돈을 벌 수 있는 기업들 탓에 문제가 더욱 복잡해진다. 진정한 재미를 누릴 기회를 더 늘리고 싶다면 우리 뇌에 공간을 만들어야 한다.

내가 유용하게 여기는 기술 하나는 내 시간과 관심을 예산이라고 생각하는 것이다. 내 은행 계좌에 유한한 액수의 돈이 들어 있는 것처럼 내 시간과 관심 역시 유한하다. 돈도 그렇지만, 세상에는 내 시간과 관심을 빼앗고 싶어 하는 사람들이 많다. 앞서도 말했듯이, 돈과 다르게 시간과 관심은 결코 다시 채울 수 없다. 한번 사용하면 다시 돌려받을 수 없고, 어딘가에 쓰고 나면 다른 곳에 쓸 수 없다. 우리에게 가장 중요한 것들을 위해 시간과 관심을 절약하고 싶다면, 그게 무엇인지 알고 이를 위한 공간을 만들어야 한다.

양동이에 돌멩이를 넣으려고 한다고 상상해보자. 돌멩이 크기는

다양한데 큰 돌은 당신의 가장 중요한 우선순위를 나타내고 작은 돌은 덜 중요한 걸 나타낸다. 당신은 또 모래도 가지고 있다. 사소하거나 불필요하지만 어쨌든 당신의 시간을 채우는 것들이다. 양동이는 당신의 하루를 의미한다. 큰 돌을 양동이에 넣고 싶다면 그것부터 먼저 넣어야 한다. 그렇지 않으면 자리가 없을 것이다. 조약돌과 모래는 큰 돌 주위에 들어갈 수 있지만 이미 조약돌이나 모래가 차지하고 있는 공간에 큰 돌을 억지로 밀어 넣을 수는 없다.

내가 무슨 말을 하려는지 아마 알아차렸을 것이다. 예를 들어 완수해야 하는 큰 과제(예: 책 쓰기)가 있다는 걸 알고 있으면 그걸 위한 시간을 할애해야 한다. 뉴스나 이메일 확인 같은 중요하지 않은 활동은 집중력과 에너지를 떨어뜨리기 때문에 가장 의미 있는 작업을 할 기력을 소모한다. 오히려 좌절과 피로를 불러일으키는 방법이다.

인간관계와 재미의 기회에도 동일한 원칙이 적용된다. 친구나 자녀, 배우자와의 관계가 인생에서 가장 중요하다고 말하는 사람은 실제로 그렇게 행동해야 한다. 즉, 그들과 함께 있을 때 주의를 산만하게 하는 걸 없애야 한다. 특정한 활동이 자신의 재미 자석이라는 걸 안다면 일정에 그 활동을 위한 여유 시간을 만들어두자.

2년쯤 전에 한 친구가 큰 돌과 조약돌을 식별하고 우선순위를 바로잡기 위해 사용하는 일일 플래너에 관해 얘기한 적이 있다. 그녀는 더없이 진지한 표정으로 그 플래너가 자기 삶을 바꿔놓았다고 말했다. 어느 날 아침, 함께 식사를 하던 중에 그녀가 꺼낸 플래너를 보고 웃을 수밖에 없었다. 두툼하고 무게가 족히 250그램은 돼 보이며 너무 커서 가방을 들고 다니지 않으면 집 밖으로 가지고 나올 방법이 없을 듯한 그것은 플래너라기보다 일기장에 가까웠다. 효율성이나 간결한 디자인이라는 개념을 내팽개친 그 플래너는 스마트폰의 달력 기능을 벽돌과 맞바꾼 듯한 느낌이었다. 난 인생을 바꾸는 건 고사하고 어떻게 저런 게 실용적일 수 있는지 상상이 가지 않았다. 하지만 이 친구를 매우 신뢰하기 때문에 당장 플래너를 하나 주문했다.

그리고 아니나 다를까, 그 플래너는 내 삶도 바꾸어놓았다. 당신에게 플래너 얘기를 꼭 해야겠다고 생각할 정도로 말이다.

플래너는 우선순위를 식별해서 고수하고 우리 삶의 긍정적인 측면에 초점을 맞출 수 있도록 다양한 일일 실습 과제를 제안한다. 오늘의 '가장 영향력 강한' 목표를 확인한 후, '중요한' 목표 다섯 가지와 '해내면 좋은' 목표 다섯 가지를 적는다. 다시 말해 운동이나 취미처럼 업무와 관련 없는 항목을 포함해 하루에 할 일을 최대 열 가지까지 정할 수 있다. 이 플래너는 또 자기가 감사하는 일 세 가지와 흥분되거나 기대되는 일 세 가지를 적으면서 하루를 시작하라고 안내한다. 두 가지 모두 사람들의 전반적인 행복감을 높인다는 사실이 입증된 일이다. 그리고 하루 일정을 메모하고 중요한 작업에 구체적인 시간을 할당할 수 있는 공간도 포함돼 있다.

THE POWER OF **FUN**
파워 오브 펀

하루를 시작할 때 플래너에 글을 쓰면 '큰 돌멩이'를 확인하는 데 도움이 되고 산만함에 휩쓸릴 가능성이 줄어든다. 휴대전화를 보기 전에 이 작업을 먼저 시도하는 건 주목할 만한 가치가 있다. 난 이른 아침에는 휴대전화와 인터넷을 최대한 피하는 걸 중요시한다. 하루 중 가장 생산성이 높은 시간이기 때문이다. 밤새 휴대전화를 침실 밖에서 충전하고 별도의 알람 시계를 사용한다. 휴대전화를 알람 시계로 사용하면 틀림없이 아침에 일어나서 가장 먼저 만지는 게 휴대전화가 될 테고, 화면에서 발견한 주의를 빼앗는 내용이나 알림 사항에 정신이 팔린 채로 하루를 허비할 위험이 있다. 또 하루에 이메일을 확인하고 회신하는 횟수에 제한을 두려고 노력한다.

그리고 밤에 잠자리에 들기 전에 휴대전화를 옷방 충전기에 꽂아놓고 플래너를 꺼내 거기에서 요구하는 저녁 과제를 한다(그렇다, 이 플래너에는 저녁 과제도 있다). 그날 하루를 묘사하는 긍정적인 문장을 쓰고 그날 이룬 일 세 가지와 최고의 순간 세 가지를 나열하는 것이다. 이렇게 아침과 저녁 과제를 모두 마치면 만족스럽지 못한 화면 스크롤링 대신 자기 성찰로 하루를 마무리할 수 있다.

방금 쓴 내용을 읽어보니 내가 집중력과 규율의 모범이 되는 사람, 가부좌를 틀면서 하루를 시작하고 온종일 허브차만 마시면서 목적과 생산성과 은혜의 구름 위를 활보하는 사람처럼 보이겠다는 생각이 든다. 그건 절대 사실이 아니다. 바로 지금의 내 모습이 좋은 예다. 내 뇌는 이 단락을 쓰는 걸 멈추고 이메일이나 확인하기를 간절히 바라고 있다. 그래야 도파민이 분출되기 때문이다. 내가 그 충동을 참을 수 있는 유일한 이유는 이 섹션의 초안을 완성하면 초콜릿 한 조각을 먹게 해주겠다고 자신에게 약속했기 때문이다.

솔직히 말하면 그 목표를 달성하기 전에 초콜릿을 먹을 가능성이 크다. 하지만 그런 건 괜찮다. 당신이 이 책에서 얻었으면 하는 가장 중요한 메시지 하나는 우리 자신을 이해해줘야 한다는 것이다. 기술이 끼어들면 자신의 목표를 고수하면서 균형을 유지하기가 매우 어려워진다. 우리는 경계 설정을 어렵게 하려고 의도적으로 설계된 기기와 앱을 상대로 경계를 만들려고 노력하고 있다. 또한 궁극적으로 훨씬 더 만족스럽지만 실현하기 어려운 실제 경험을 위해 도파민으로 인한 갈망에 저항하도록 자신을 훈련하고 있다. 다시 말해 우리는 자신의 뇌를 비롯해 여러 가지 강력한 힘과 맞서 싸우고 있다. 그러니 만약 실수를 하더라도 그대로 주저앉지 말자. 자신을 미워하거나 실패자라고 생각하지도 말자. 무엇 때문에 탈선했는지 알아낸 뒤 다시 정상 궤도로 돌아가자.

목록을 제한하자

자신을 위한 공간을 많이 만드는 또 하나의 방법은 매일 '하지 말아야 할 일' 목록을 작성하는 것이다. 시간을 가장 많이 낭비하는 활

THE POWER OF FUN
파워 오브 펀

동을 미리 파악해서 거기에 시간을 빼앗기지 않겠다고 의식적으로 결심함으로써 일정에 빈틈을 만드는 방법이다(플래너에 대해 알려준 친구가 코로나19 팬데믹 기간에 그날의 '하지 말아야 할 일' 목록을 찍은 사진을 보내준 적이 있다. 1. 페이스북, 2. 부동산 매물 사이트 둘러보기, 3. 절망).

이 개념, 즉 시간을 쏟고 싶지 않은 일을 확인하는 것은 불필요한 일을 많이 거절해서 자신을 위한 공간을 확보하는 '목록 제한'의 한 형태다. 하지 말아야 할 일을 추적하는 건 그날 하루 뭘 하고 싶은지 알아내는 것만큼 중요하다. 하지 말아야 할 일이 뭔지 미리 알고 있으면 그것이 유혹할 때 쉽게 알아차리고 거절할 수 있을 뿐만 아니라, 자발적으로 움직이거나 생활에 아주 중요하지는 않아도 실제 즐길 수 있는 활동을 할 공간을 보존할 수 있다. 예를 들어 하지 말아야 할 일 목록에 '나쁜 상황에 대한 뉴스를 강박적으로 스크롤하는 것'을 포함해두면 적어도 하루 30분씩은 피아노를 치거나 운동을 하거나 친구와 산책하거나 이야기를 나누는 데 쓸 수 있다. 아니면 아무것도 하지 않을 수도 있는데 그 역시 가치 있는 일이다.

당신이 맡는 책임과 리더십 역할을 줄이는 식으로 목록을 제한하는 것도 중요하다. 비록 그게 소셜 미디어에 빠져드는 것과 똑같은 방식으로 시간을 낭비하는 건 아니더라도 말이다. 마치 우표를 수집하듯 약속을 수집하는 이들이 많다. 처음 시작할 때는 몇 개뿐이었지만 시간이 흐르면서 점점 늘어나게 된다. 때로는 저절로 늘어나는 것처럼 느껴지기도 한다. 결국 너무 많아져서 주체할 수 없는 지경이 되고 만다.

우리 의무 중 일부는 우리가 적극적으로 받아들이기로 하고 실제로 즐기는 것도 있다. 하지만 어떤 의무는 다른 사람들이 제안하거나 떠넘긴 것이다. 안타깝게도 선천적으로 책임감이 강한 사람들은 가장 많은 책임을 떠맡는 경향이 있다. 뭔가를 해야 할 때마다 사람들이 그를 떠올리기 때문이다. 이들이 바로 학부모 모임을 운영하고, 스포츠팀을 지도하고, 비영리 이사회에서 봉사하고, 사무실의 생일 파티를 전담하는 사람들이다. 만약 당신도 그런 사람이라면 잠시 시간을 내서 자문해보자. 당신의 의무 가운데 남이 맡긴 건 몇 가지고, 스스로 원해서 맡은 건 몇 가지인가? 자발적으로 맡은 의무 중에서 즐기는 건 몇 가지나 되는가?

그리고 이제 중요한 질문이 나온다. 그중 거절할 수 있는 의무는 무엇인가? 재미로 가득한 삶을 살려면 새로운 경험을 열린 태도로 받아들여야 한다고 이야기했기에 이 질문이 직관에 반하는 것처럼 들릴 것이다. 하지만 우리는 신중해야 한다. 자기가 즐기는 걸 더 많이 받아들일 수 있는 공간을 갖고 싶다면 좋아하지 않는 것들은 거절해야 한다.

그러니 현재 해놓은 약속을 훑어보면서 무엇을 버리고 싶은지 생각해보자. 그리고 새로운 일을 맡아달라는 요청을 받을 때마다 자신에게 물어보자. 이게 꼭 필요한 일인가? 만약 아니라는 답이 나온다면 직감을 이용해 확인해보자. 그 일이 재미있게 느껴지는가?

너무 모호한 질문 같으면 '장난기·유대감·몰입의 감정을 느끼게 될 가능성이 있는가?'라고 물어보자. 맞으면 하겠다고 대답하고, 아니면 안 하겠다고 대답하면 된다.

몇 년 전에 한 조직의 이사회에서 일하기로 한 결정을 재고할 때 이런 작업을 직접 해봤다. 난 이사회 멤버들을 모두 좋아했고 조직에 대한 관심도 많았지만, 회의가 열리는 저녁마다 피곤하고 지친 상태로 집에 돌아오게 된다는 걸 깨달았다. 이사회 참여는 자발적인 선택이었고 내 기여가 가치 있다고 생각했지만, 내가 없어도 조직이 살아남을 수 있다는 것 또한 알고 있었다. 게다가 당시에는 내 인생에서 일어난 다른 재미없는 일들에 압도당한 상태였다. '이 일이 재미있는가? 그리고 장난기·유대감·몰입을 위한 더 많은 기회로 이어질 것인가?'라고 자문했을 때 대답은 '아니다'였다. 그래서 마음이 불편하긴 했지만 이사회 일을 그만뒀다. 그 조직은 여전히 잘 운영되고 있고 내 일정에는 여유가 생겼다.

또 사람에 대한 결정을 내릴 때도 재미 직감 검사를 이용할 수 있다. 주변에 있으면 기분이 좋아지는 사람도 있고 그렇지 않은 사람도 있다. 그들이 가족이나 동료 또는 상사라면 부정적인 기분을 느끼게 하더라도 어느 정도의 상호작용은 피할 수 없을 것이다. 하지만 누군가가 당신에게 지속적인 반재미 요소라는 걸 깨달았고 또 그들과 함께 보내는 시간을 조절할 수 있다면, 그 시간을 최소화하는 게 어떨까? 당신의 자의식을 자극하거나 평가받는 기분을 느끼게 하거나 항상 분위기에 찬물을 끼얹는 등, 기분을 나쁘게 하는 사람들과 어울려 살기에는 인생이 너무 짧다.

주변인 목록을 제한하고자 하는 경우에는 던바의 수(Dunbar's number)를 염두에 두는 게 좋다. 인류학자이자 심리학자인 로빈 던바는 큰 집단이 작은 집단으로 갈라지거나 완전히 붕괴하기 전에 어떻게 그런 집단이 형성되는지, 그리고 일정 시간 동안 사람들은 얼마나 많은 관계를 유지할 수 있는지에 대해 광범위하게 연구했다. 인간뿐 아니라 다른 영장류까지 연구한 던바는 이것이 인지 및 언어와 관련된 신피질이라는 뇌 부위의 크기에 따라 달라진다는 결론을 내렸다. 어떤 종의 신피질이 클수록 그 종이 지탱할 수 있는 사회적 연결망의 크기가 커진다.

던바의 연구에 따르면, 평균적인 사람이 한 번에 유지할 수 있는 사교적 관계의 수는 대략 150개다. 즉 집단 구성원이 150명 이상으로 커지면 해체되는 경향이 있다.● 던바의 연구와 그 외 과학자들이 진행한 후속 연구에서 이것이 고정된 숫자이며 문화권이나 시대에 상관없이 똑같다는 사실이 밝혀졌다. 그는 또 우리가 친밀한 관계를 유지할 수 있는 최대 인원은 약 50명이라고 결론지었다. 여기서 말하는 '친밀한' 관계는 모두 함께하는 식사 자리에 초대할 수 있을

● 던바는 '사교적 관계'를 대규모 파티에 초대할 수 있을 정도의 가벼운 친구 사이로 정의했다. 150이라는 숫자는 대략적인 평균치. 사람에 따라 그 수는 100명 정도에서 최대 200명까지 다양하다.

THE POWER OF **FUN**
파워 오브 펀

정도의 사람을 가리킨다. 절친한 친구, 즉 비밀을 털어놓을 수 있는 사람은 15명을 넘지 않을 테고, 가장 진실하고 가까운 친구는 5명 정도로 제한될 것이다.**

그렇다면 목록을 줄여서 공간을 만드는 실험을 해보는 게 어떨까? 현재 당신이 시간과 관심을 쏟고 있는 활동과 사람들을 대상으로 재미 직감 검사를 실시해보자. 그런 다음 좋아하는 사람과 활동을 위한 시간이나 자발적으로 움직일 수 있는 시간을 늘리기 위해 어떤 의무와 책임을 버릴 수 있는지 자문해보자. 다시 한번 강조하지만, 시간과 관심은 유한한 자원이라서 한 가지 일에 사용하면 다른 일에는 사용할 수 없다. 진정한 재미를 더 많이 즐기고 싶다면 시간을 누구와 어떻게 보낼 것인지 냉정하게 선택해야 한다.

휴대전화와 이별하자

사람과 활동 목록을 제한하고 나면, 다시 말해 은유적인 집에 재미를 느낄 수 있는 공간을 만들었다면 다음에 할 일은 문에 자물쇠를

**　던바의 연구 결과는 소셜 미디어에 대한 우리의 접근 방법과 정면으로 충돌한다. 우리는 소셜 미디어에서 최대한 많은 '관계'를 맺으려고 노력한다. 던바가 〈뉴요커〉 기자에게 말한 것처럼, "페이스북이 하는 일, 그리고 그렇게 많은 면에서 성공을 거둔 이유는 소셜 미디어가 없다면 사실상 우리 기억에서 사라질 사람들을 추적할 수 있게 해주기 때문이다". 아마 당신이 아는 사람 중에도 관심을 거의 기울이지 않아서 기억에서 거의 사라지다시피 한 이들이 있을 것이다.

걸어서 이 공간을 지키는 것이다. 이는 무선 모바일 장비와 관해서 특히 중요한 문제다.

분명히 말하지만 휴대전화와 '결별'하라는 게 그걸 버리라는 말은 아니다. 그리고 내가 말하는 건 휴대전화뿐만이 아니다. 앞서도 말한 것처럼 다른 기기와 기술도 재미를 느끼는 우리 능력을 방해할 만한 힘을 가지고 있다. 단지 지금은 휴대전화가 가장 나쁜 영향을 미친다는 것이다. 누군가와 헤어진다고 해서 반드시 그 사람을 두 번 다시 만나지 않는 건 아니듯이, 휴대전화와 헤어진다고 해서 다시는 그걸 사용하지 말아야 한다는 얘기는 아니다. 그냥 자신에게 효과가 있는 것과 없는 것을 평가할 수 있는 공간을 제공해서, 좋아하는 건 유지하고 좋아하지 않는 건 최소화하거나 제거하는 새롭고 건전한 관계를 만드는 것뿐이다.

결국 휴대전화와 인터넷을 사용할 수 있는 모든 장치는 현대 생활의 필수품이고 종종 즐거움도 안겨준다. 난 스마트폰이 등장하기 전에 자란 세대라서 확실하게 말할 수 있는데, 원하는 음악을 듣고 원하는 걸 배우고 원하는 사람과 언제든 연락할 수 있다는 건 멋진 일이다. 특정 노래를 카세트테이프에 녹음하려고 그 노래가 라디오에서 나오기만을 기다리며 스테레오 옆에 웅크리고 앉아 있는 게 어떤 기분인지 잘 안다. 모든 노래가 3초 뒤에 시작되는 믹스테이프 컬렉션을 들으며 청소년기를 보냈다면 당신도 나와 같은 세대일 것이다.

THE POWER OF **FUN**
파워 오브 펀

그러나 오늘날에는 우리의 시간과 관심을 빼앗기 위해 의도적으로 설계된 앱이 많다. 이는 우리가 자유롭게 쓸 시간을 늘리고자 할 때, 가장 먼저 휴대전화에 주목해야 한다는 걸 의미한다.

그러면 어떻게 해야 휴대전화와 헤어질 수 있을까? 먼저 자신이 시간을 들여서 뭘 하고 싶은지 알아내야 한다. 그렇지 않으면 의지력을 발휘해서 충동에 저항해야 하는데 의지력으로 습관을 바꾸겠다는 건 끔찍한 계획이다. 결국에는 의지력이 고갈돼서 출발선으로 되돌아가게 될 것이다. 그보다는 자신의 재미 자석과 자신에게 중요한 것들을 위한 공간을 찾고 만드는 게 훨씬 효과적이다.

그러고 나면 하고 싶은 일 목록이 많아지기 때문에 화면을 보면서 보내는 시간이 줄어들 것이다. 또 애초에 화면을 들여다보고 싶다는 욕구도 감소한다. 그러면 당신 마음속에서 휴대전화는 저항해야만 하는 유혹에서 정말 원하는 삶의 방식에 방해가 되는 장애물로 바뀔 것이다.

사람들이 저지르는 가장 큰 실수 중 하나는 스크린을 들여다보는 시간이 전부 나쁘다고 가정하는 것이다. 절대 그렇지 않다. 그보다는 화면을 들여다보는 시간, 그리고 실제로 이용할 수 있는 모든 시간을 음식이라고 생각하는 게 더 생산적이다. 소셜 미디어처럼 우리가 시간을 쏟는 어떤 대상은 정크푸드 같아서 적당량만 먹기가 매우 힘든 반면, 교통 체증을 피하려고 사용하는 지도 앱 같은 건 오트밀에 가깝다. 실용적이지만 담백해서 폭식으로 이어질 가능성이 매우 작다. 몸에 좋은 식단을 유지하겠다고 음식 섭취를 완전히 중단하는 사람은 없다. 기분을 좋게 해주는 음식은 많이 먹고 속이 더부룩해지는 음식은 줄일 것이다. 여기서 힌트를 얻어 기술에 대한 더욱 미묘한 접근 방법을 개발할 수 있다. 다양한 스크린 활용 방법 중 꼭 필요하거나 즐거운 건 무엇인지, 또 너무 폭식하지 않고 적당한 포만감을 느낄 정도의 양은 어느 정도인지 자문해보자.

또 스크린을 이용하든 아니든, 여가를 연결(connection), 창작(creation), 소비(consumption)의 세 가지 범주로 분류하는 것도 도움이 된다. 난 이를 '3C'라고 부른다. 그리고 이 중 무엇이 가장 즐겁고 영양가 있고 만족스러운지, 양은 어느 정도나 되는지 자문해본다. 나도 좋아하는 소비 형태(독서, 맛있는 음식, 특정한 영화)가 있지만 적당량만 소비한다. 창작은 일반적으로 스크린을 이용하지 않을 때 더 기분 좋게 느껴지는데 이는 아마도 감각이 더 많이 관여하기 때문일 것이다. 예를 들어 컴퓨터 화면을 보면서 동영상을 편집하는 것보다 연주를 하거나 요리를 하는 게 더 즐겁다. 3C 중에서도 단연코 가장 기분 좋은 건 연결이다. 물론 그 안에도 단계별 차이가 있다. 직접 만나는 게 전화보다 기분 좋고, 문자나 이메일보다는 전화가 낫다. 단, 소셜 미디어를 통한 연결은 아무 의미도 없고 불만족스럽기 때문에 피하려고 한다.

내가 스크린을 들여다보는 시간을 평가할 때 즐겨 사용하는 또 다른 기술로 '전화 풍수'라는 게 있다. 풍수는 문자 그대로 번역하

면 '바람과 물'을 뜻하는데, 기(氣, '생명력'이라고 번역할 수 있는)의 자유로운 흐름을 유도하는 방식으로 주변을 설계해서 자신과 외부 환경이 연결돼 있다고 느끼고자 했던 중국의 고대 관행이다.

풍수의 목표 중 하나는 주변의 물리적 환경에서 기가 정체될 수 있는 부분을 제거하는 것이다. 예를 들어 방은 깔끔하게 정리돼 있어야 하고 문과 자기 사이에 시야를 가로막는 게 없어야 한다. 나는 '기'에 항상 눈에 보이는 탈출 경로가 필요하다고 생각하지는 않지만, 내가 휴대전화로 하는 일을 평가할 때는 '정체된 에너지'라는 아이디어가 유용하다는 걸 깨달았다. 예를 들어 휴대전화로 이메일이나 뉴스를 확인할 때는 내 주의력과 에너지가 휴대전화 안에 갇히게 된다. 이는 휴대전화를 재미있게 사용하는 방법이 아니다. 하지만 친구에게 전화를 걸거나 레시피 또는 배우려는 노래의 코드 같은 정보를 찾을 때는 내 주의력과 에너지가 휴대전화를 통해 실제 목표물에 전달된다.

기라는 개념을 있는 그대로 믿지 않더라도 이 아이디어를 활용해보길 권한다. 일상적인 활동이 본능적인 수준에서 어떤 기분을 느끼게 하는지 알려주기 때문이다. 또 자기 삶의 다양한 관계를 평가할 때도 사용할 수 있다. 어떤 사람과 에너지를 공유한다고 느끼는가? 누가 당신을 지치게 하는가? 어떤 관계에서 가장 많은 노력이 필요한가?

이들은 모두 마음챙김을 실천하는 방법일 뿐이다. 즉, 당신이 어떤 순간에 무엇을 하고 그것이 어떤 기분을 느끼게 하는지 더 잘 알게 된다. 이는 매우 간단하지만 종종 간과되는 이유로, 습관을 바꾸는 데 필수적인 단계다. 자기에게 나쁜 습관 또는 문제가 있다는 사실을 인정하지 않으면 습관을 바꾸거나 문제를 해결할 수 없다. 마치 자기가 흡연자라는 사실을 모르면서 담배를 끊으려고 노력하는 것과도 같다. 담배를 끊으려면 자기 인식이 필요하다. 따라서 휴대전화와 거리를 두기 위한 첫 번째 단계는 자기 습관을 확인하고 인정하면서 그것이 삶에 어떻게 부정적인 영향을 미치는지 되돌아보는 것이다.

하지만 이것도 말은 쉽지만 실제 행동에 옮기기는 어렵다. 전자 장비와 관련된 습관은 대부분 무의식에 배어 있어서 그걸 사용하면서도 알아차리지 못하기 때문이다. 언제 어떻게 휴대전화를 집어 들었는지도 모르는데 어느새 손에 휴대전화가 들려 있곤 하지 않던가. 이럴 때는 자기 행동을 쉽게 알아차릴 수 있도록 간단한 장치를 만들어두자. 먼저 휴대전화에 고무줄이나 머리 끈을 묶어놓자. 그러면 무심코 휴대전화를 잡으려고 할 때 물리적 장애물 때문에 방해를 받게 될 것이다. 당신의 뇌 일부는 아주 잠깐이라도 '왜 내 휴대전화에 고무줄이 매여 있지?'라며 의아해할 것이다. 그 순간에 자기가 왜 휴대전화를 잡으려고 했는지 이해하기 위해 몇 가지 질문을 해보는 것이다. 그러면 그 순간 휴대전화를 쓰고 싶은지 아닌지를 결정할 수 있다.

나는 이 실습을 'WWW'라고 부르는데, 다음과 같은 뜻이다.

- 무엇 때문에(What for)?
- 왜 지금(Why now)?
- 다른 이유는(What else)?

- **무엇 때문에?:** 무엇을 하려고 휴대전화를 들었는지 자문해볼 기회다. 다시 말해, 목적이 무엇인가? 이메일 보내기? 특정한 뉴스 기사 읽기? 특별한 목적이 있는가, 아니면 뭐 새로운 소식이라도 있나 보려고 그냥 집어 든 건가?
- **왜 지금?:** 무엇 때문에 지금 이 순간 휴대전화에 손을 뻗었는지 자문해보라는 독촉이다. 이는 특히 흥미로운 질문인데, 특별한 이유가 있을 수도 있지만 대개는 감정적인 요인이 그런 행동을 유발하기 때문이다. 일테면 순간적으로 지루하거나 불안을 느꼈다, 집중력이 점점 떨어져서 머리를 식힐 게 필요했다, 외로워서 사람들과의 연결을 원했다 등을 들 수 있다.

'왜 지금'인지를 이해하면 실습의 마지막 부분인 '다른 이유는?'으로 넘어갈 수 있다. 이 단계에서는 앞서 나온 두 가지 질문에 대한 답을 이용해서 찾아낼 수 있는 대안을 브레인스토밍하고 다음에 무엇을 할지 결정한다. 만약 연결을 원한다면 소셜 미디어는 건너

뛰고 실제로 친구에게 전화를 걸기 위해 휴대전화를 사용할 수 있다. 불안감을 느낀다면 휴대전화를 내려놓고 주변을 산책하거나 짧은 명상을 할 수도 있다.

- **다른 이유는?:** 여기에 대한 대답이 '아무것도 하지 않기 위해서'일지도 모른다. 자기 뇌에 휴식할 기회를 주는 것이다. 물론 그건 공간을 만드는 훌륭한 방법이다. 그리고 이 실습을 마친 뒤에 그 순간 정말 휴대전화를 사용하고 싶다는 결론이 나올 수도 있다. 그래도 아무 상관 없다. 실습 목표가 꼭 휴대전화를 내려놓게 하는 건 아니기 때문이다. 전자 장비를 사용할 때, 그것이 의식적인 선택의 결과인지 확인하려는 것뿐이다.

휴대전화 사용 습관을 발생시키는 감정적인 분비 요인이 뭔지 파악하고 더욱 의식적으로 대응하는 방법을 연습하면, 휴대전화와 물리적인 환경을 바꿔서 건전한 기분과 더 큰 재미를 안겨주는 새로운 습관을 들일 수 있다.

기본적인 아이디어는 '마찰(friction)' 개념을 이용하는 것인데, 바꾸고 싶은 습관에는 빠져들기 힘들게 하고 새로 확립하려는 습관에는 쉽게 참여하게 하는 방법이다. 마찰은 실리콘밸리 같은 곳에서 제품과의 상호작용이 점점 어려워지거나 덜 편리해지는 모든 종류의 장애를 지칭할 때 사용하는 용어다. 예를 들어 예전에는 휴대전

화 잠금을 해제하려면 실제로 암호를 입력해야 했다. 그러다가 지문 판독기가 등장했고, 그다음에는 얼굴 인식 기능이 나왔다. 이런 단계가 진행될 때마다 마찰이 줄었다. 이제는 의식적으로 '휴대전화를 확인하고 싶다'라고 생각하면서 일련의 숫자를 입력하지 않고 그냥 쳐다보기만 해도 휴대전화가 활성화된다.

마찰 개념을 이해하면 이를 자신의 이익을 위해 활용할 수 있다. 예컨대 잠들기 전에 소셜 미디어를 스크롤하기보다 일기를 쓰고 싶어질 것이다. 먼저 휴대전화를 충전할 때 침실 밖이나 적어도 손이 닿지 않는 곳에서 충전하여 현재의 습관에 마찰을 더한다. 그리고 평소 휴대전화를 올려뒀던 침대 옆 테이블에 일지를 놔둬서 새로운 습관에 대한 마찰을 줄인다. 그렇게 해두면 무의식적으로 휴대전화를 잡으려고 손을 뻗었을 때(이건 뿌리 깊은 습관이기 때문에 어쩔 수 없다) 일지가 손에 잡힐 것이고, 침대에서 일어나 휴대전화를 가져오는 것보다는 일지를 쓰기가 더 쉬울 것이다. 이 기술은 다양한 상황에서 활용할 수 있다. 예를 들어 나는 기타를 더 잘 치고 싶어 한다는 걸 아니까 기타를 케이스에서 꺼내 거실에 놔둔다. 그러면 기타를 치는 일에 대한 마찰을 줄일 수 있다. 케이스에 넣어 지퍼를 채워두지 않고 밖에 꺼내놓으면 자연스럽게 손에 들고 연주할 가능성이 훨씬 커진다.

자신에게 스크린 대신 제공하는 대안이 고도의 에너지가 필요하거나 미래의 목표를 추구하는 데 도움이 될 필요는 없다는 사실에 유의하자. 특히 피곤할 때를 위한 아이디어와 옵션을 찾으려고 하는 경우에는 더욱 그렇다. 한마디로, 쉬울수록 대체로 더 좋다. 긴 하루를 보낸 뒤에 휴대전화 스크롤링을 대신할 가장 좋은 대안은 아마 소설을 읽거나 간단한 십자말풀이를 하는 것일 듯하다. 잠자기 전 마지막 순간을 스페인어를 배우는 데 사용하겠다는 건 지나친 목표다.

휴대전화와 헤어지기 위한 다음 단계는 휴대전화를 최대한 지루하게 만드는 것이다. 즉, 유혹을 느끼는 대상이 아니라 평범한 도구로 만들어야 한다. 이때 가장 효과적인 방법은 무엇일까? 바로 도파민 분비 요인을 줄이는 것이다.

먼저 대부분의 알림을 비활성화하는 것부터 시작하자. 알림은 우리의 관심을 장악하며 우리보다 앱 제작자에게 더 많은 이익을 주도록 설계돼 있다. 정말 관심 있는 것에 대한 알림만 받도록 다시 설정하자. 나는 문자 메시지, 전화 통화, 일정 알림, 내비게이션 프롬프트에 대한 알림만 허용해둔다.

그다음에는 문제가 있는 앱을 이동시키거나 삭제해서 휴대전화 홈 화면을 재설계한다. 이를 중독 전문 정신과 의사들은 '접근 용이성 축소(reducing ease of access)'라고 부른다. 예를 들어 술을 끊으려는 사람이 냉장고에 와인을 가득 채워두는 건 말이 안 되는 행동이다. 같은 맥락에서 특정 앱 사용을 줄이려는 사람이 왜 해당 앱을 홈 화면에, 아니 애초에 왜 휴대전화에 계속 깔아둔단 말인가?

내가 가장 큰 유혹을 느끼는 디지털 매체는 이메일과 뉴스다. 그

래서 접속의 용이성을 축소하기 위해 휴대전화에서 관련 앱을 삭제하고 컴퓨터로만 메일과 뉴스를 확인하려고 최선을 다한다. 그것도 하루에 몇 번으로 줄이려고 애쓰고 있다. 그렇다고 휴대전화로는 절대 이메일이나 뉴스에 접속하지 않는 건 아니다. 원하거나 필요할 경우 언제든 휴대전화의 인터넷 브라우저를 통해 접근할 수 있다. 중요한 건 장치마다 특정한 용도를 할당해서 경계를 만드는 것이다.[*] 또 '다시 켰다가 *끄는*' 방법을 이용하기도 한다. 문제가 있다고 생각돼 삭제한 앱을 정말 사용하고 싶을 때, 다시 설치해서 사용한 뒤 작업이 끝나면 다시 삭제하는 것이다. 앱을 다시 설치하는 데는 20초 정도밖에 안 걸리지만, 작업을 실행하기 전에 자신의 충동을 알아차릴 기회가 생기고 내 시간을 정말 이런 식으로 쓰고 싶은지 자문해보기에 충분한 시간이다.

빼앗긴 뇌를 되찾자

마지막으로, 재미를 위한 공간을 만들고 싶다면 자기 머릿속의 정신적인 혼란도 줄여야 한다.

---

* 예컨대 스마트워치가 있다면 수면 시간 또는 심박수를 추적하거나 시간을 확인하는 등 당신을 방해하지 않으면서 도움이 되는 용도로만 사용하는 게 좋다. 스마트워치를 통해 이메일을 확인하려고 하거나 뉴스 알림을 설정해둔다면 지금보다 더 좌절하고 혼란스럽고 스트레스를 받게 될 것이다. 난 스마트워치로 문자 메시지를 받는 것도 좋아하지 않는다.

우리 마음은 인터넷을 사용할 수 있는 휴대전화 같은 장치가 개발되기 전에는 조용함에 대해 편견을 가지고 있었다. 마음을 조용히 가라앉히는 법을 배우는 것은 인류가 종교와 철학을 가지기 시작한 이래로 많은 종교와 철학, 특히 불교에서 핵심적으로 추구하는 일이었다. 다시 말해, 그 문제는 새로 등장한 것이 아니다. 단지 휴대전화가 문제를 더 어렵게 할 뿐이다.

그렇다면 마음을 진정시키는 연습이 왜 그렇게 중요할까? 이유는 간단하다. 우리 머릿속에 떠오르는 무작위적인 생각이 전부 주의를 기울일 가치가 있는 건 아니기 때문이다! 마음은 자기가 맡은 소임에 따라 새로운 생각을 계속 떠올리는 것뿐이다. 자신에게 심적인 여유를 허락하지 않는다면 그중 어떤 생각이 실제로 관심과 시간을 들일 가치가 있는지 판단할 수 없을 것이다. 오히려 머릿속에 떠오른 모든 생각과 아이디어에 끌려다니게 되는데, 그중 어떤 건 유용하거나 흥미롭겠지만 어떤 건 무가치하거나 파괴적일 수도 있다. 나는 내 마음을 정신적으로 불안정한 매우 소중한 친구라고 생각하고 싶다. 난 그 친구를 사랑하고 그녀 없이는 살 수 없지만…, 솔직히 말해 완전히 미친 친구다.

마음을 진정시키는 한 가지 방법은 지루함을 의식적으로 받아들이는 것이다. 친구를 기다릴 때, 휴대전화를 들기보다 주변 세상을 관찰해보자. 엘리베이터를 탈 때는 지나가는 층을 표시하는 불빛을 바라보자. 여행할 때는 창문 밖을 내다보자. 줄을 서서 기다리는 동

안에는 느리게 심호흡하는 연습을 해보자. 다시 말해 평화롭거나 멍한 표정으로 허공을 응시하는 괴짜가 되라는 얘기다.* 처음에는 어색하겠지만 시간이 지나면 끊임없는 자극에서 벗어날 수 있는 이런 소소한 휴식을 기대하게 될 것이다.

여기서 한 걸음 더 나아가고 싶다면 스크린에서 벗어나 더 오랫동안 휴식을 취해보자. 휴대전화를 놔두고 산책을 나가자. 친구들과 약속을 잡은 다음 자신의 현재 위치와 얼마나 늦을지에 대한 최신 정보를 분 단위로 주고받지 말고 미리 정해둔 장소에 시간 맞춰 도착하자(물론 힘들 것이다. 나도 안다). 하루를 시작할 때와 마무리할 때 얼마간은 화면을 보지 않는 습관을 들이자. 당신도 다른 사람들과 비슷하다면 아마 처음에는 초조하고 불안할 테지만, 곧 예상치 못한 평온함을 느끼게 될 것이다.

마음을 진정시키는 또 다른 전략은 되도록 한 번에 한 가지 일만 하는 것이다. 이는 몰입과 진정한 재미를 위한 전제 조건이다. 옷을 갤 때는 그냥 옷만 개자. 누군가와 시간을 보내고 있다면 상대에게 집중하면서 휴대전화를 멀리하고 눈에 띄지 않는 곳에 두자. 연습을 많이 할수록 더 쉬워질 것이며, 사람들과의 관계도 더 좋아질 것이다.

---

* 나도 종종 그런 괴짜가 된다. 한번은 식당에서 친구를 기다리는 동안 구식 출구 표지판을 보며 시간을 보내고 있었다. 식당에 들어선 친구는 나를 보더니 웃기 시작했다. 그래, 출구 표지판에 감탄하는 게 이상해 보일 수도 있다. 하지만 계속 휴대전화만 내려다보면서 주변의 모든 걸 무시하는 게 더 이상하지 않은가?

사실 한 번에 한 가지 일만 하는 건 지속적인 주의 산만과 자극 때문에 위축됐을 주의력을 회복하는 방법이기도 하다. 내가 추천하는 기술은 휴대전화를 다른 방에 두고 주방 타이머를 이용해(휴대전화에 설치돼 있는 것만 아니라면 어떤 타이머든 상관없다) 10분 동안 집중해서 책이나 잡지를 읽는 것이다. 시간을 하루 5분씩 늘려서 1시간 동안 집중력을 유지할 수 있게 하자. 처음에는 상당히 어렵겠지만 우울해하거나 좌절할 필요는 없다. 장담하건대, 점차 잘하게 된다.

많은 과학적 연구의 주제가 된 세속화된 불교 명상의 한 형태인 마음챙김 명상을 실험해볼 수도 있다. 기본적인 아이디어는 집중할 대상(가장 흔한 것은 자신의 호흡)을 선택하고 머릿속에 온갖 생각이 맴돌아도 계속 그 대상에만 주의를 기울이는 것이다.

생각은 항상 표류하기 마련이다. 내가 가장 좋아하는 비유는 자신의 머릿속을 마구 흔들어서 눈보라가 휘날리는 스노볼이라고 생각하는 것이다. 눈송이는 개별적인 생각인데 아무렇게나 빙글빙글 도는 바람 탓에 제대로 볼 수가 없다. 마음챙김 명상을 할 때는 아무것도 판단하지 않고 아무것도 바꾸려고 하지 않으면서 폭풍(자기 생각)을 가만히 관찰하기만 한다. 그러다가 결국 폭풍이 잦아들면 눈송이가 바닥에 얌전히 가라앉을 것이다.

직접 해보는 게 좋은데, 주의해야 할 점이 두 가지 있다. 첫째, 자신을 용서하는 태도를 취하자는 것이다. 앞서도 얘기했지만, 뇌는 생각하는 게 자신의 본분이기 때문에 늘 생각으로 가득 차 있다. 마

음을 진정시키려고 애써도 계속 산만해지기 쉬우니, 그것 때문에 자책하지는 말자. 그건 더없이 정상적인 일이다. 자기 생각을 알아차렸다는 건 성공했다는 뜻이다.

둘째, 너무 바쁘게 살지 말자는 것이다. 고요하고 여유 있는 생활이 너무 불편해서 삶을 여러 일로 가득 채우는 이들도 많다. 또 불안감이 밀려오지 않도록 바쁘게 지내기도 한다. 나도 바쁘게 지내는 게 어느 정도까지는 유용한 대처 전략이 될 수 있다고 생각한다. 하지만 도가 지나치는 바람에 분주함 자체가 불안과 고통의 근원이 되는 경우가 많다. 문제는 그런 분주함을 제거할 경우 또 다른 일시적 부작용인 실존적 절망의 위험을 겪을 수도 있다는 것이다.

막간: 실존적 절망의 위험

1946년, 빅터 프랭클은 '일요일 신경증(Sunday neurosis)'이라는 말을 창안했다. 일테면 '바쁜 한 주가 끝나고 내면의 공허함이 드러날 때 자기 삶에 콘텐츠가 부족하다는 사실을 깨닫는 사람들을 괴롭히는 우울증'을 말한다. 1932년에 버트런드 러셀도 "평생 장시간 일하던 사람이 갑자기 한가해지면 지루함을 느낄 것"이라면서 "하지만 상당한 여가를 누리지 못하면 인간은 가장 좋은 것들과 대부분 단절된다"라고 썼다.

프랭클과 러셀의 말은 오늘날에도 여전히 진실이다. 공간을 만들려고 노력해서 얻을 수 있는 보상은 우리가 사랑하는 것들에 더 많은 시간을 쏟을 수 있다는 것이다. 하지만 자기가 뭘 좋아하는지 모른다면 프랭클이 '실존적 진공'이라고 말한 상태에 빠질 위험이 있다. 이는 당연히 많은 불안을 초래할 가능성이 있다.

이런 구절이 눈에 띈 데는 분명한 이유가 있다. 두 구절 모두 프롤로그에서 얘기한, 소파에 멍하니 앉아 있던 내가 겪은 일들을 설명한다. 시간을 채우느라 너무 바빴던 탓에 어떻게 내 시간을 채우고 싶은 건지 더는 알 수가 없었다. 당신도 나와 비슷한 경험을 했다면, 공간을 만드는 과정에서 재미에 대한 감각을 잃었다는 걸 깨닫게 될 것이다. 아니면 어떤 것도 제대로 느끼지 못한다는 사실을 깨달을 수도 있다. 정말이다! 이런 일은 놀라울 정도로 자주 일어난다. 우리는 끝없는 분주함, 자극, 산만함에 너무 익숙해져 있기 때문에 속도를 줄이거나 디지털 세계에서 벗어나면 혼란과 공허함을 느낄 수 있다.

하지만 절망할 필요는 없다. 이런 불편함을 참고 받아들이는(반직관적으로 보이겠지만, 이것이 가장 좋은 극복 방법인 경우가 많다) 법을 배우는 것도 실망, 상실, 두려움 같은 어려움을 헤쳐나가는 데 도움이 된다. 또 어느 정도의 불안감은 실제로 유용하기도 하다. 인생에서 가장 좋은 것들 가운데 일부는 노력과 불편함을 감수해야 얻을 수 있으며, 약간의 실존적 불만은 불쾌하긴 해도 꽤 강한 동기를 부여한다. 이렇게 자신 있게 말할 수 있는 건 직접 겪어봤기 때문이다. 소파에

서 느낀 공포감 때문에 내가 어떤 일에 시간을 쏟고 싶은지 알아내야겠다는 생각이 들었다. 그리고 지금도 꾸준히 새로운 걸 알아내면서 즐기고 있고, 그 덕에 이 책까지 쓰게 됐다.

좋은 소식은 우리 모두 더 재미있는 삶을 살아갈 능력이 있다는 것이다. 이제 자신에게 활력을 주는 활동을 위한 공간을 마련했으니 더 재미있는 부분으로 넘어가 보자. 바로 그 활동이 무엇인지 알아내는 것이다.

07

몰입에 이르게 하는 열정을 추구하라

여가를 즐기는 데는 어떤 기술도 필요 없고 누구나 할 수 있다는 게 일반적인 생각이다. 그러나 증거는 그와 반대되는 정황을 시사한다. 여가는 일보다 즐기기가 더 어렵다. 여가를 마음대로 이용할 수 있다고 하더라도 그걸 효과적으로 활용하는 방법을 모르면 삶의 질이 높아지지 않으며, 그건 저절로 배울 수 있는 것도 아니다.

미하이 칙센트미하이, 《몰입》

마흔 살에 조정을 배우고 싶다고 생각했을 때 내가 직면한 첫 번째 문제는 가르쳐줄 사람을 찾는 것이었다. 이건 꽤 쉬운 문제일 수도 있다. 필라델피아는 조정을 즐기는 문화로 유명하고, 우리 집에서는 15개의 보트하우스가 있는 스쿨킬 강둑까지 자전거로 10분이면 갈 수 있기 때문이다. 스쿨킬에서는 매일 새벽과 저물녘마다 조정용 보트를 탄 사람들이 끊임없이 물을 헤치며 나아가는 모습을 볼 수

있었다.

하지만 조정은 대부분 젊을 때, 보통은 고등학교나 대학교에 다닐 때 시작하는 스포츠라는 걸 알게 됐다. 조정을 하는 성인들은 대부분 스물한 살이 되기 전에 노 젓는 법을 배웠다고 한다. 게다가 보트가 워낙 비싸서 진입 장벽이 더 높았다(노 하나가 수천 달러씩 한다). 약간 부딪히거나 보트를 잘못 댈 경우 수리가 불가능할 정도로 손상될 수 있으니, 노도 제대로 저을 줄 모르는 사람에게 누가 보트를 선뜻 내주겠는가.

그러니 강둑에 있는 보트하우스들 가운데 오직 두 곳만이 성인을 위한 노 젓기 강습 프로그램을 운영하고, 심지어 거기서도 노 젓기 경험이 없는 사람의 문의에는 빨리 답을 해주지 않는다는 데 놀라지 말았어야 했다. 그럼에도 마침내 나는 강습을 해줄 보트하우스를 찾아냈다.

조정에 관심이 생긴 건 이웃 사람이 해준 얘기 덕분이다. 그는 물에 떠서 도시의 스카이라인을 감상하거나 통나무에 줄지어 앉아 노를 젓는 사람을 바라보는 아기 거북을 발견하는 등 미국에서 가장 큰 도시 중 하나인 이곳에서 자연을 일별하는 마법 같은 경험을 할 수 있다고 했다. 얘기를 듣다 보니 목가적인 느낌이 들었다. 또 난 양쪽 무릎에 관절염이 있는데 무릎 상태를 악화시키지 않고 할 수 있는 몇 안 되는 운동 가운데 하나가 노 젓기다. 그래서 예전부터 에르그(erg)라는 로잉 머신을 이용해 유산소 운동을 자주 했는데 그것보다 조정이 훨씬 더 매력적으로 느껴졌다. 에르그에 앉아서 노를 젓는 건 훌륭한 전신 운동이지만 힘들고 지루하며 몰입과 정반대되는 행동이다. 1분간의 운동이 10분처럼 느껴질 때가 많다.

신체 활동은 내게 재미 요소고, 물 위에서 노를 젓는 건 실제로 즐길 수 있는 운동처럼 보였다. 헬스클럽에서 벽을 쳐다보며 움직이지 않는 노를 젓는 대신 밖에 나가 움직이는 배를 젓고 싶었다. 노가 움직이면서 내는 휙휙 소리가 들릴 것이다. 아기 거북도 볼 수 있다. 새로운 재미 자석을 발견하게 될지도 모른다! 진지하게 조정을 하는 사람들은 매우 치열하게 움직이기 때문에 겁이 나기도 했지만 그래도 한번 해보고 싶었다.

보트하우스 코치는 브라이언이라는 젊은 남자였는데 혈색이 좋고 천연덕스러운 유머 감각이 있었다. 그는 내게 에르그를 이용해 기본적인 기술 몇 가지를 알려준 뒤, 이제 강에 들어가 보자고 했다.

브라이언은 그가 '욕조'라고 부르는 보트에 내가 올라탈 수 있게 도와줬는데, 그 보트는 카약보다 폭이 좁았기 때문에 대체 그는 어떤 식으로 목욕을 하는 건지 궁금해졌다. 그는 낡아빠진 폰툰(pontoon, 밑이 평평한 작은 배-옮긴이)에 올라타 내 옆을 따라오면서, 내가 내 키의 거의 두 배나 되는 노를 조작하려고 고군분투하는 동안 지시를 내렸다.

스쿨킬강에는 필라델피아의 강우 유출수와 성분이 의심스러운 폐수가 흘러든다. 그러니 수영을 하고 싶은 강은 아니다. 그럼에도

얼마 안 가 자연의 징후가 나타났다. 어색한 손놀림으로 노를 처음 저었을 때 눈앞의 수면 위로 물고기 한 마리가 툭 튀어 올랐다. 그리고 곧 차들이 분주히 오가는 76번 주간고속도로를 배경으로, 통나무 위에서 일광욕을 하는 아기 거북들도 보였다.

내가 그 거북들을 보고 너무 흥분하는 바람에 거북은 나와 브라이언이 반복해서 주고받는 농담거리가 됐고, 브라이언은 메가폰을 통해 계속 "제발 거북들을 위해서 해봐요"라며 애원했다. 메가폰은 우리가 강에 있을 때 그가 주로 사용한 의사소통 도구였는데 왜인지는 몰라도 아주 유쾌했다. 이렇게 브라이언까지 끌어들인 나는 '아기 거북'이라는 말을 3박자 주문처럼 사용해서 노를 저을 때 타이밍을 맞추기 시작했다. 앞의 두 박자는 리커버리(recovery, 다리와 상체, 팔이 앞으로 나아가는 단계-옮긴이)와 캐치(catch, 노를 젓기 위한 첫 단계-옮긴이), 마지막 박자는 푸시(push)다. "아-기 거북." 노를 저으면서 계속 혼자 중얼거렸다. "아-기 거북."

나는 여름 내내 매주 목요일 아침마다 강습을 받으러 자전거를 타고 보트하우스로 갔고 점차 자신감을 얻었다. 결국 욕조를 마스터했고 브라이언은 내가 1인승 스컬로 업그레이드할 준비가 됐다고 생각했다. 이 스포츠에 익숙하지 않은 사람들을 위해 설명하자면, 이는 세발자전거에서 경주용 자전거로 건너뛰는 것과 비슷하다. 괜찮다면 잠시 시간을 내서 자신의 엉덩이 너비를 생각해보라. 아무리 마른 사람이라도 경주용 스컬의 폭이 엉덩이 너비보다 좁을 거라고 장담할 수 있다. 너무 좁아서 보트에 앉는다기보다는 엉거주춤한 자세로 균형을 잡는 것에 가깝다. 욕조도 뒤집힐 수는 있지만 그러려면 상당히 애를 써야 할 것이다. 반면 스컬은 너무 불안정하기 때문에 물에 빠지는 걸 막을 유일한 방법은 노를 이용해 배의 균형을 유지하는 것뿐이다.

당신에게 얘기하고 싶은 그 특별한 아침은 마침 핼러윈 데이였다. 계절에 맞지 않게 따뜻했지만 위협적인 비구름이 몰려오고 있었다. 브라이언과 나는 일정을 다시 잡을 건지 의논하는 문자 메시지를 주고받았다. 하지만 결국 강물이 너무 차가워지기 전에 그 계절에 강습을 받을 마지막 기회가 될 것 같다는 생각에 그냥 진행하기로 했다.

자전거를 타고 보트하우스에 도착하자 바람이 불기 시작했다. 브라이언과 내가 부두 가장자리에 섰을 때는 금방이라도 비를 쏟을 것처럼 구름이 잔뜩 몰려왔다.

"어떻게 생각해요?" 브라이언이 물었다.

"모르겠어요. 당신 생각은 어때요?"

그는 자기가 지도했던 고등학교 팀을 언급하면서 "당신이 그 아이들 중 하나라면 배에 타라고 했을 거예요"라고 했다.

"좋아요, 그럼." 내 나이의 반도 안 되는 낯선 아이들에게 진다고 생각하니 자존심이 상해서 비이성적인 도전욕이 불타올랐다. "해보죠."

선착장을 노로 밀면서 보트를 출발시킨 순간, 비가 내리기 시작했다. 곤란한 상황이다. 노가 너무 길어서 항로를 되돌릴 방법이 없기 때문에 일단 선착장에서 출발하면 다시 돌아갈 수 없다. 게다가 바람까지 세차게 불어서 브라이언은 후드를 뒤집어쓰고도 얼굴에 물방울을 맞으면서 눈을 겨우 뜨고 있었다. 바람 때문에 물결이 심하게 출렁여서 노 젓는 걸 멈추지 않는 게 더욱 중요해졌다. 자전거처럼 스컬도 움직일 때 가장 안정적이다.

비가 내리기 시작하는 바람에 사소한 것처럼 보였지만 실은 꽤 중요한 것으로 판명된 변화가 강조됐다. 그날 나는 평소에 쓰던 노를 사용하고 있지 않았다. 다른 코치가 노를 내 몸에 맞지 않게 조절해놓는 바람에 브라이언이 다른 노를 준 것이다. 평소에 쓰던 노의 손잡이는 손가락 부분에 홈이 약간 파여 있고 손에 잘 잡히도록 특별한 질감의 소재로 만들어졌다. 그런데 이 노는 손잡이가 완전히 매끈매끈했고 이제 젖기까지 해서 더 미끄러웠다.

"계속 미끄러져요!" 폰툰을 타고 따라오는 브라이언에게 소리쳤다.

"원래 미끄러운 노라서 그래요." 그는 건성으로 대답했다. "왜 그런 걸 갖고 왔어요?"

속으로 욕설을 중얼거리면서 계속 노를 젓다가 출발하기 전에 알아차렸어야 할 사실을 뒤늦게 깨달았다. 평소에는 노 젓는 사람들이 끊임없이 우리 옆을 지나갔는데(난 항상 남들에게 추월당하는 쪽이니까) 오늘은 강이 텅 비어 있었다. 보트를 타는 사람은 브라이언과 나뿐이었다. 필라델피아에서 조정의 인기가 어느 정도인지를 생각할 때 정말 흔치 않은 일이었고, 약간 불길한 정도를 넘어섰다. 주요 고속도로의 합류 지점에서 내 차 말고는 아무것도 없다는 걸 깨닫는 것과 비슷했다.

이때 우리는 강을 거슬러 올라가는 보트를 위해 지정된, 보이지 않는 '차선'으로 가려고 강을 건너고 있었다. 이 차선은 거북들이 평소 모여 있는 통나무 근처에 있지만 그날 아침에는 하나도 보이지 않았다. 거북들은 똑똑하기 때문이다. 나도 모르게 평소 거북들이 있던 쪽으로 너무 급하게 방향을 트는 바람에 강둑으로 노를 저어 들어갈 위험에 처했다. 브라이언은 왼팔로 더 강하게 노를 저어서 해안에서 멀어지라고 했다.

하지만 지시에 따르기 위해 손을 뻗자마자 뭔가가 끔찍하게 잘못됐다는 걸 알 수 있었다. 오른손에는 아무것도 쥐어져 있지 않았고 몸은 옆으로 굴러떨어지고 있었다. 내가 어디로 향하고 있는지 정확히 알았지만(강물 속으로) 이를 멈추기 위해 할 수 있는 일이 하나도 없었다. 그냥 숨을 들이쉬면서 눈을 감고 가장 좋은 방향으로 일이 풀리길 바랐다.

수면으로 다시 떠 올랐을 때 내가 가장 먼저 한 말은 "예상했던 것만큼 물맛이 나쁘진 않은데요"였다. 그건 사실이다. 시체가 일상적으로 떠오르는 강치고는 놀라울 정도로 깨끗한 맛이 났다. 두 번

째로 한 말은 "지금 막 간염에 걸린 것 같아요"였다(브라이언은 파상 풍에 걸릴 가능성이 더 크다고 했다). 그리고 세 번째로 "남편에게 보내게 사진 한 장 찍어주세요"라고 말했다(우리 부부가 2019년에 주변 사람들에게 보낸 크리스마스카드에는 뒤집힌 보트에 매달려서 엄지손가락을 치켜세우고 있는 내 사진이 담겨 있었다).

"왜 이런 일이 벌어진 거죠?" 브라이언에게 물었다. 갑작스러운 추위로 숨이 턱턱 막힐 것 같았다.

"노를 놔버렸으니까 그렇죠." 대답을 들은 나는 그의 표현에 이의를 제기했다. '놓았다'라는 말은 내가 의식적인 결정을 내렸음을 의미하는데 그건 사실이 아니다. 내가 그렇게 미끄러운 노를 쓰게 된 건 지금 날 보며 웃고 있는 저 조정 코치 때문이다.

하지만 물속에 있는 동안에는 그와 논쟁할 틈이 없었다. "어떻게 해야 하죠?" 여전히 전복된 보트에 매달린 채 소리쳤다.

"헤엄쳐서 나한테 와요."

스컬 주위를 따라 어색하게 평영을 했는데, 물이 차가운데다 배가 워낙 길고(9미터 가까이 된다) 옷을 다 입고 있었던 탓에 놀라울 정도로 힘들었다. 브라이언은 내가 짧은 사다리를 타고 폰툰으로 올라가는 걸 도와줬다. 그는 폰툰을 스컬 옆으로 몰고 가서 스컬에 차 있는 물을 버리고 배를 똑바로 세웠다.

그날은 계절에 어울리지 않게 따뜻했기 때문에 온몸이 젖었어도 견딜 만은 했다. 그래도 어쨌든 내가 강에 빠졌으니 오늘 강습은 이만 마치고 선착장으로 돌아갈 거라고 추측했다.

그러나 브라이언은 이렇게 말했다. "다시 타세요." 그러면서 폰툰 옆에 떠 있는 내 스컬을 손으로 꽉 잡았다.

"진심이세요?" 그에게 물었다.

"오, 그럼요." 그는 악마처럼 말했다. "얼른 타요."

그는 내가 다시 스컬 좌석에 앉도록 도와줬다. 배를 다시 전복시키지 않고 얌전히 올라탔다는 게 아직도 믿기지 않는다. 그는 노를 건네주고는 배가 폰툰에서 멀어지도록 밀어냈다. 비가 여전히 퍼붓는 가운데 난 그가 외치는 격려의 말을 들으면서 열심히 "아-기 거북"을 읊어댔다. 우리는 강을 따라 올라가 평소의 반환점까지 갔고 거기서 큰 반원을 그리며 배를 돌려서 다시 하류로 향했다.

강습 초반에 브라이언에게 스윙 댄스 수업에서 만난 어색한 남자에 관해 얘기한 적이 있다. 춤을 추는 동안 계속 "우리는 즐거워. 우리는 즐거워"라고 되뇌던 그 남자 말이다. 그래서 비를 뚫고 강을 따라 보트하우스로 돌아가는 동안 브라이언과 나는 이 말을 선창-후창으로 주고받았다.

"우리는 즐거워!" 그가 소리쳤다.

"즐거워! 즐거워!" 나도 노를 제어하려고 애쓰면서 맞받아 소리쳤다.

그런데 중요한 건, 내가 실제로 재미를 느끼고 있었다는 것이다. 젖은 바지가 허벅지에 찰싹 달라붙고 빗물이 눈으로 뚝뚝 떨어지고

노를 저을 때마다 보트가 다시 뒤집힐까 봐 걱정됐다. 하지만 실제로 위험에 처한 건 아니었고, '이 상태에서 발생할 수 있는 최악의 시나리오는 뭘까?'라고 자문했을 때 나오는 대답은 '강물에 빠지는 것'이었다. 하지만 그건 이미 겪지 않았나. 불편과 불안함이 남아 있는데도 웃음이 멈추지 않았다. 이 모든 상황이 너무 황당하다는 생각이 들어서, 1년이 넘게 지났지만 그 일에 대한 글을 쓰는 것만으로도 얼굴에 미소가 떠오른다.

보트하우스로 돌아온 나는 초조하게 우리의 귀환을 기다리고 있던 관리자에게 "강물에 빠졌어요!"라고 쾌활하게 알렸다. 그때쯤에는 비가 너무 많이 와서 브라이언도 나만큼 흠뻑 젖어 있었기 때문에 안 빠진 척할 수도 있었지만 그냥 솔직하게 말했다. 그렇다, 온몸이 흠뻑 젖었다. 또 자신감도 흔들렸다. 하지만 한편으로는 살아 있다는 기분을 느꼈다.

당시에는 아직 재미에 대한 정의를 내리지 않은 상태였는데, 그때의 경험을 생각해보면 세 가지 요소가 모두 확실히 존재했다. 브라이언과 나는 서로를 친구라고 생각할 만큼 친하지는 않았지만 그래도 매우 장난기 어린 인연을 맺었고, 우리끼리만 통하는 농담을 만들기에 충분한 시간을 함께했다. 노를 젓는 육체적 도전(다시 배가 전복되지 않게 하려는 욕망은 물론이고) 때문에 나는 머리에서 멀어져 몸에만 집중하게 됐다. 그리고 의심의 여지 없는 몰입에 빠져 있었다. 그 상황에 완전히 빠져들어 내 능력의 한계치까지, 사실 그 너머까지 밀어붙였다.

다시 강물에 빠질 생각은 없지만 그런 경험을 한 것에는 감사한다. 다소 불편하긴 했지만 내 컬렉션에 추가할 진정한 재미의 새로운 기억을 안겨줬다. 간염에 걸리지도 않았다. 게다가 만약 노를 젓지 않았다면 그날 아침에 뭘 했을까? 이메일을 더 썼으려나?

내가 스쿨킬강에 빠진 건 SPARK(기억하겠지만 '공간을 만들고, 열정을 추구하고, 재미를 끌어들이고, 반항하고, 계속 노력하라'의 약어다)에서 P를 따르려는 노력의 결과였다. P는 '열정 추구'를 의미하는데 이것이 우리 과정의 다음 단계다.

우리는 그저 자기 삶에 감정적이고 물리적인 공간을 만들기 위해 노력했을 뿐이다. 이제 그 공간을 이용해 뭘 하고 싶은지 확인해야 한다. 그러지 않으면 진공상태로 남은 그 공간을 낡은 습관들이 다시 채우려고 몰려들 것이다. 프롤로그에서 더 재미있는 삶을 만드는 건 자기가 좋아하는 음식을 더 많이 먹는 다이어트와 비슷하다고 했던 말 기억하는가? 우리는 이미 그런 걸 몇 가지 찾아냈다. 그게 바로 우리의 재미 자석이다. 거기서 멈추지 말고 한 걸음 더 내딛자. 이상적인 상황에서라면 다들 몰입할 수 있고 여가를 위한 기회가 생겼을 때 언제든 의지할 수 있는 즐거운 활동이 담긴 긴 목록을 가지고 있을 것이다. 이번 장에서는 바로 그런 목록을 만들어보려고 한다.

'재미를 위해' 어떤 일을 한다는 건 무슨 의미일까?

열정·관심사·취미를 추구해야 한다고 제안했을 때, 정말 하고 싶었던 말은 '재미를 위해 하는 일'을 늘려야 한다는 것이었다. 때로는 이런 활동이 진정한 재미로 이어질 수도 있고 그렇지 않을 수도 있지만, 전부 즐겁고 보람 있는 일이며 시간을 할애할 가치가 있다.

문제는 일상적인 대화를 나눌 때 업무상 하는 일이 아닌 모든 활동을 재미 삼아 하는 것으로 분류하는 경향이 있다는 것이다. 즉, 수동적이고 에너지가 적게 필요한(그리고 아마도 영혼을 고갈시키는) 소일거리부터 진정한 재미를 생성할 가능성이 있는 활동적이고 에너지 넘치고 정말 즐거운 경험까지 전부 같은 단어를 써서 설명한다는 얘기다. 즉, 그 말을 너무 무심하고 어설프게 사용하는 바람에 의미가 없어질 정도가 됐다.

좀 더 구체적으로 살펴보자. 나는 다음과 같은 활동은 재미를 위해 한다는 말이 어울리지 않는다고 생각하며, 따라서 이런 활동을 설명할 때는 '재미'라는 단어를 쓰지 말아야 한다고 제안하고 싶다.

- 충동적으로 추구하지만 결국 즐겁지 않고, 진만 빠지고, 만족스럽지 못한 활동. 예컨대 나쁜 뉴스만 강박적으로 확인하는 행위를 떠올려보라. 이런 건 가짜 재미의 원천이므로 재미를 위해서 한다고 말하면 안 된다. 실제로 그렇지 않기 때문이다.

- 드라마를 몰아서 보거나, 아무 생각 없이 휴대전화를 스크롤 하거나, 마약 또는 과도한 알코올 섭취처럼 우리가 자가 치유를 위해 하는 일들
- 대가가 없거나 즐겁지 않은 활동
- 낮잠이나 목욕처럼 순전히 휴식과 회복을 위해 하는 일들. 이런 활동은 마음을 진정시키고 자양분을 제공하며 즐겁기도 하지만 일반적으로 장난기·유대감·몰입을 생성하지는 않기 때문에 엄밀히 말해 재미를 위해 하는 일은 아니다.

요컨대 어떤 활동이 장난기·유대감·몰입을 생성하지 못한다면, 그리고 그 목적이 즐거움을 위해서가 아니라면 그 일을 재미 삼아 한다고 말하지 말아야 한다. 그 용어를 사용하는 방식과 시기를 정확히 정해둬야 내면이 죽은 듯한 느낌을 주는 것에 실수로 여가를 쓸 가능성이 줄어든다.

그럼 어떤 일이 자격이 있을까? 우리의 재미 자석은 그 정의상 분명히 재미를 느끼기 위해 시간을 보내는 일들의 범주에 속한다. 관심사, 취미, 열정도 마찬가지다.

관심사, 취미, 열정을 정의해보자

간단히 말해서 관심사, 취미, 열정은 우리가 즐기고 몰입하게 하는

활동이다. 본질적으로 매우 흥미롭고, 즐겁고, 동기 부여가 된다고 생각하는 일들이다. 노력에 대한 대가를 받지 못하거나 아무런 보상을 얻지 못하더라도 말이다. 때로는 유대감이 생기기도 하고 때로는 장난기를 느끼기도 하겠지만, 그 모든 걸 하나로 묶는 변수는 몰입이다. 따라서 어떤 일을 재미로 한다고 분류할 수 있으려면 세 가지 요소 전체의 마법적인 결합까지는 아니더라도 우리를 몰입하게 하는 일관된 능력이 있어야 한다.

일반적으로 관심사는 우리가 배우는 걸 즐기는 주제를 말하고, 취미는 우리가 좋아하는 것이다. 예를 들어 스페인어 공부를 하는 건 관심사고, 일요일 아침마다 스페인어 신문을 읽는 건 취미일 것이다.

열정을 취미나 관심사와 구별하는 주된 특징은 우리가 느끼는 끌림과 그것이 만들어내는 에너지의 양이다. 취미와 관심사는 휴식이나 즐거운 참여로 이어지는 경향이 있지만, 열정은 우리에게 활력을 준다. 에너지가 지나치게 공급된 관심사나 취미라고 말할 수 있다. 특정한 활동으로 생성되는 에너지의 강도는 우리 삶의 단계와 상황에 따라 달라질 수 있다. 흥밋거리나 취미로 시작한 일이 결국 열정으로 변하는 이유와 한때 열정을 느꼈던 일이 지금은 단지 가벼운 관심만 불러일으키는 것도 그 때문이다. 특정 활동에 대한 열정이 클수록 추구하려는 동기도 커지고, 거기서 생기는 즐거운 에너지도 많아져서 더 활기찬 기분을 느끼게 되며, 진정한 재미를 만들어낼 가능성도 더 커진다.

하지만 그렇다고 해서 열정을 품은 일에만 시간을 쏟아야 한다거나, 관심사와 취미만 있으면 실망해야 한다는 얘기는 아니다. 우리에게 즐거움과 살아 있다는 기분을 안겨주는 일은 그게 무엇이든 시간을 들일 가치가 있고, 취미·관심사·열정은 모두 진정한 재미를 더 많이 끌어당기게 해준다.

무엇보다 그게 자발적이라는 사실은 취미, 관심사, 열정을 모두 놀이의 한 형태로 간주할 수 있음을 의미한다. 너무 진지해지면, 즐거움과 보람은 여전히 느낄 수 있을지 몰라도 장난기를 잃게 되기 때문에 진정한 재미로 이어질 가능성이 작아진다. 다양한 여가 활동을 하면, 일상적인 스트레스에 시달릴 때마다 사라지곤 하는 더 장난스러운 면을 비롯해 자기 성격의 다양한 부분을 드러낼 수 있다.

관심사, 취미, 열정은 또 기존의 관계를 강화하고 새로운 사람이나 공동체를 소개해서 연결되도록 촉진한다. 우리 어머니와 시어머니는 관심사, 취미, 열정을 통해 이런 연결고리를 만드는 데 도움을 받은 이들의 훌륭한 본보기다. 어머니의 경우를 말하자면, 여러 가지 수업을 들으면서 만난 강사 중 몇 명은 우리가 선택한 가족의 일원이 됐다. 새로운 걸 시도하고 배우려는 어머니의 끊임없는 열정을 보면서 나도 직접적인 자극을 받았다. 시어머니는 은퇴 후 여러 합창단에서 노래를 부르고, 북클럽에 참여하고, 도예 공방을 운영하고, 터키어부터 플루트까지 다양한 수업을 들었다. 두 분 다 참여한 모든 활동을 통해 새로운 사람들을 만났다. 이런 인연 중 일부는

그 활동이나 수업 시간 동안만 지속됐는데 어떤 인연은 더 오랫동안 지속되는 우정으로 발전했다. 두 분이 세상에 나가 새로운 일을 시도하는 걸 중요하게 여기지 않았다면 이런 일들은 전혀 일어나지 않았을 것이다.

마지막으로, 관심사·취미·열정은 더욱 다양한 상황에서 몰입할 수 있게 하는 기술과 지식을 안겨준다. 그리고 우리는 몰입하면 할수록 더 살아 있다고 느끼게 된다. 미하이 칙센트미하이는 이 주제를 다룬 《몰입》이라는 획기적인 책에서 체스판의 예를 들어 이 점을 강조했다. 체스를 둘 줄 모르는 사람에게 체스판은 작은 조각상이 잔뜩 널려 있는 판자일 뿐이다. 그러나 게임 방법을 배우려고 노력한 사람, 게임에 참여하는 데 필요한 기술과 지식을 갖춘 사람에게 체스판은 몰입을 위한 기회다.

다시 말해 더 많은 관심사와 취미, 열정을 계발할수록 지식과 기술도 늘어나고 이것이 결국 몰입에 이르는 다양한 길을 제공한다. 외국어를 배우면 대부분의 관광객이 접근할 수 없는 방식으로 새로운 장소를 여행하면서 사람들과 연결될 수 있다. 요리하는 법을 배우면 저녁 모임을 주최할 수 있다. 스크래블(Scrabble, 알파벳이 적힌 플라스틱 조각으로 글자를 만드는 보드게임-옮긴이) 게임에 노력을 기울이면 단어 애호가들의 서브컬처에 다가갈 수 있다. 악기 연주법을 배우면 다른 사람들과 함께 연주할 수 있다. 내 기타는 이 개념의 완벽한 예라고 할 수 있다. 기타 수업을 듣기 전까지 나의 기타는 벽장의 공간을 차지하는 천덕꾸러기에 불과했다. 하지만 이제는 장난스러운 유대감을 느끼면서 몰입에 빠져드는 데 직접적인 관문이 됐다.

관심사, 취미, 열정은 또 당신을 다양한 관심사를 가진 흥미로운 사람으로 만들어준다. 관심사가 많을수록 자기 삶에 더 적극적으로 참여하게 되고 다른 사람들과도 더 많은 이야기를 나누게 된다. 추가적인 보너스로, 시도해봤지만 관심사·취미·열정으로 바뀌지 않거나 결국 불쾌하고 불편한 기억으로 끝난 일들도 나중에 좋은 이야깃거리가 될 수 있다. 예를 들어 조정 수업을 받다가 배가 뒤집혀서 강에 빠지는 일이 없었다면 그 수업에 대해 그렇게 재미있는 이야깃거리를 얻지 못했을 것이다.

고독한 추구에는 어떤 가치가 있을까?

열정, 취미, 관심사의 이점은 혼자 하는 활동에도 적용된다. 나는 혼자만의 관심사, 취미, 열정을 추구하는 것을 강력하게 지지한다. 여가를 즐길 수 있는 일상적인 기회는 우리가 혼자 있을 때 또는 재미 자석을 추구하기 힘들거나 친구와 활동을 조율하기 어려울 때 갑자기 나타나는 경향이 있기 때문이다. 이런 순간은 휴대전화를 집어 들 가능성이 가장 큰 순간이기도 하다. 수동적으로 콘텐츠를 소비하고 싶어서가 아니라 휴대전화를 손에 드는 습관이 편하고 접근하기 쉬우며 그것보다 잘할 수 있는 일이 하나도 생각나지 않기 때문이다.

THE POWER OF **FUN**
파워 오브 펀

혼자만의 관심사, 열정, 취미가 많을수록 그리고 더 쉽게 접근할 수 있을수록 여유로운 시간이 생겼을 때 무의식적으로 스크린에 의지하는 걸 피하기가 쉬워진다. 그것 말고 다른 하고 싶은 일이 있기 때문이다. 혼자 있을 때는 다른 사람과의 유대감을 경험하는 게 본질적으로 어렵기 때문에 이런 취미생활은 진정한 재미를 유도하지 못할 수도 있다. 그래도 다른 어떤 일을 했을 때보다 더 즐겁고 보람 있으며, 다양한 일에 관심을 가진 흥미로운 사람이 될 수 있다.

예를 들어 코로나19 팬데믹으로 도시가 봉쇄돼 남편과 딸을 데리고 뉴저지주 시골에 있는 부모님 집으로 거처를 옮겼을 때도, 나는 예전 루틴으로 되돌아가지 않기 위해 새로운 관심사와 취미를 찾으려고 했다. 이 무렵에는 문손잡이를 찾는 대대적인 검색 작업 대신 꿈의 부동산을 찾기 위한 검색을 하고 있었지만 기본적인 동기, 그러니까 자신을 달래고 불안에서 벗어나려는 욕구는 똑같았다.

당시 야외에서 많은 시간을 보냈기 때문에 식용 식물에 대해 배우기로 했다. 지금 와서 생각해보면 약간 생존주의자 모드였던 것 같기도 하다. 뒷마당에서 먹을거리를 찾는 방법에 관한 책을 사고 식물 식별 앱을 다운로드받는 등 조류 관찰자와 비슷한 식물 관찰자가 됐다. 내 눈길을 사로잡은 나뭇잎이 뭔지 확인하느라 몇 걸음마다 한 번씩 발길을 멈추곤 했다.

가끔은 이 취미가 맛있는 결과물을 낳기도 했다. 부모님의 소유지 주변에서 엄청나게 많은 붉은가시딸기가 자라고 있는 걸 딸과 함

께 찾아내 그 달콤하고 끈적끈적한 과일을 양동이에 가득 채웠을 때
처럼 말이다. 하지만 그런 결과를 얻지 못하는 경우가 더 많았는데,
폭풍우가 몰아치는 날 필라델피아 보도에 떨어진 은행 열매를 주우
려고 억지로 딸을 데리고 나온 날도 그랬다. 은행 열매의 냄새는 '치
즈 냄새가 나는 토사물'이라고 설명하면 정확할 듯하다. 인터넷에서
찾은 설명에 따라 은행을 구우려고 하자 냄비 뚜껑이 들썩거릴 정
도로 강하게 폭발했다. 구우면 지독한 냄새가 사라지고 맛도 괜찮지
만 그 가치에 비해 훨씬 많은 노력이 들었다. 게다가 나중에 알게 된
바에 따르면, 은행 자체에는 덩굴옻나무처럼 우리 몸을 가렵게 하는
화학물질이 들어 있고 한 번에 너무 많은 양을 먹으면 독이 될 수도
있다고 한다. 다시는 은행 열매를 모으지 않을 생각이다.

식물 채집을 하면서 얻은 가장 큰 교훈은 어떤 식물은 인간이 먹
을 수 있도록 재배되고 어떤 식물은 그렇지 않은 데에는 다 그만한
이유가 있다는 것이다. 하지만 중요한 건 최종 결과가 아니다. 중요
한 건 내가 새로운 일을 시도했다는 것이다. 여가에 흥미롭고 활동
적인 일을 했고 몰입에 빠져들 새로운 방법을 찾았다.

나의 식물 식별 모험이 보여주듯이, 혼자만의 여가 활동이 지닌
또 하나의 장점은 그것이 종종 다른 사람과의 유대감으로 이어져서
비록 우회적인 방법을 통해서긴 하지만 진정한 재미를 촉발한다는
것이다. 나와 딸에게도 분명히 이런 일이 일어났다. 우리는 함께 식
물을 채집하는 동안 종종 장난스러운 유대감을 느끼는 몰입에 빠져

THE POWER OF **FUN**
파워 오브 펀

들었고, 딸은 곧 수렵 채집인들이 '길가의 한입거리'라고 부르는 걸 찾기 위해 주변을 샅샅이 뒤지는 아이가 됐다.

이윽고 팬데믹으로 인한 사회적 제한이 풀리기 시작해 친구들과 산책하러 나갈 수 있게 되자, 나는 산책길에서 식용 식물을 마주칠 때마다 잔뜩 흥분해서 가리켜 보이곤 했다. 내 식물학 수업을 얼마나 감사하게 여겼는지는 동료들에게 물어봐야겠지만 이 새로운 관심사가 날 즐겁게 해준 건 분명하다. 즐거운 혼자만의 취미로 시작한 일이 장난기, 유대감, 몰입을 생성할 잠재력을 갖춘 무언가로 꽃을 피웠다. 다시 말해 재미의 사료가 된 것이다.

관심사, 취미, 열정을 식별하고 발견하려면

관심사, 취미, 열정의 훌륭한 장점 중 하나는 접근하기 쉽다는 것이다. 아침에 침대에서 일어나 "오늘은 진정한 재미를 누릴 것이다"라고 대담하게 선언하는 건 불가능하다. 진정한 재미는 모호하기도 하고 또 계획에 잘 반응하지 않는 감정적인 경험이기 때문이다. 하지만 "오늘은 십자말풀이를 해야지", "오늘은 새로운 레시피를 시도해봐야지", "오늘은 그 소설을 좀 읽어야지" 같은 말은 할 수 있다. 재미와 다르게 관심사, 취미, 열정은 일정에 집어넣을 수 있다.

하지만 그렇다고 해서 관심사, 취미, 열정을 추구하는 게 반드시 쉽다는 얘기는 아니다. 앞서 얘기한 것처럼 대부분 사람은 더 많은 시간과 에너지, 자유가 생겼을 때 어떤 종류의 활동적인 오락을 즐겼는지 기억하지 못한다.

게다가 우리 생활 환경이 예전에 즐기던 일에 참여하지 못하게 방해하는 방향으로 바뀌었을지도 모른다. 예를 들어 내가 20대 때 가장 좋아하던 일 중 하나는 일요일 오후에 친구들과 공원에서 프리스비 게임을 하다가 친구네 집에 가서 가볍게 바비큐를 해 먹는 것이었다. 하지만 그건 벌써 20년 전의 일이다. 지금은 친구들 대부분이 다른 도시에서 살고 있고, 대부분 결혼해서 아이가 있으며, 난 무릎 관절염 때문에 이제 과격한 게임을 하지도 못한다. 그 시절은 끝나버린 것이다.

재미를 위해 하고 싶은 일을 찾아낸다고 하더라도 우리 목록에 있는 많은 활동은 시간과 계획, 그리고 도와줄 다른 사람이 필요하다. 예를 들어 대학 시절 룸메이트들과 함께 가는 스키 여행을 정말 좋아한다는 사실을 알고 있을 수도 있지만, 그건 어느 화요일 밤에 즉흥적으로 할 수 있는 종류의 일은 아니다.

이 모든 걸 종합해보면, 많은 사람이 TV를 보거나 휴대전화 또는 컴퓨터를 응시하는 수동적인 소비에 일상적인 여가 대부분을 바치고 있는 게 이해가 된다. 수동적 소비에는 계획이 필요 없다. 간편하고 접근하기 쉽다. 그리고 우리가 정신적으로 얼마나 지쳐 있는지 생각하면 간편하고 쉽게 접근할 수 있는 걸 바라는 게 당연하다. 길고 바쁜 하루를 보낸 후에 소파에 푹 파묻히고 싶어 한다고 해서 누

THE POWER OF FUN
파워 오브 펀

가 비난할 수 있겠는가. 그리고 난 당신을 탓하는 게 아니다. 우리 삶의 모든 순간이 활동적이어야 한다고 말하는 것도 아니다. 문제는 수동적인 소비 자체가 아니라 수동적인 소비가 기본이 될 때 일어나는 일들이다.

안타깝게도 지금은 수동적 소비가 우리의 기본 모드가 됐다. 스트레스와 피로도가 너무 높아서, 그리고 기술 및 엔터테인먼트 기업이 수동적 소비를 너무 쉽게 할 수 있도록 만들어놓은 탓에 실제로 그걸 원하거나 필요로 하지 않을 때도 수동적인 소비에 의지하게 됐다.

최근 들어 새롭게 등장한 문제도 아니다. 버트런드 러셀은 1932년에 사람들이 일에 쏟는 에너지가 너무 많아서 활동적인 여가에 참여하는 능력이 저하된다고 지적하면서 이렇게 썼다. "도시 사람들이 추구하는 즐거움은 영화관 가기, 축구 경기 보기, 라디오 듣기 등주로 수동적인 것이 됐다. 활동적인 에너지를 전부 일에 쏟기 때문이다."

새로운 문제는 아니지만 기술이 상황을 더 악화시켰다. 기술 때문에 일과 가정생활 사이의 경계가 약화됐기 때문이기도 하고 우리가 자유 시간을 수동적인 소비에 쓰는 것이 많은 기업의 수익에 필수적이기 때문이기도 하다.[●] 만약 기본 모드를 바꾸고 여가의 통제권을 되찾고 싶다면, 열정·취미·관심 분야의 레퍼토리를 확장하고

● 넷플릭스 CEO 리드 헤이스팅스의 말처럼, "우리는 잠과 경쟁하고 있다".

스크린에서 이용할 수 있는 쉽고 수동적인 옵션들과 경쟁할 수 있도록 최대한 접근하기 쉽게 만들어야 한다.

아이들은 자신의 취미, 관심사, 열정을 아주 쉽게 식별한다. 당시 네 살이던 딸에게 뭐가 재미있냐고 물었더니 "탭댄스요!"라고 소리쳤다. 그리고 발끝으로 서서 내 주변을 빙글빙글 돌기 시작했는데 눈은 반짝거리고 얼굴에는 미소가 가득했다. 친구의 열한 살짜리 딸에게 똑같은 질문을 했더니 한시도 망설이지 않고 "베이킹이랑 뜨개질이랑 축구"라고 줄줄 늘어놓았다. 그 이유를 묻자 "그런 걸 하는 게 좋아서요"라고 간단히 대답했다.

당신도 그 아이들처럼 많은 관심사와 취미, 열정을 갖고 있다면 좋다. 거기에 더 많은 시간을 할애하자. 하지만 만약 그렇지 않다고 하더라도 자책하지는 말기 바란다. 어른들은 대개 자기 내면을 밝혀줄 정도로 즐거운 활동에 참여한다는 게 어떤 느낌인지 거의 기억하지 못하니 말이다.

당신이 어떤 범주의 어른에 속하든 간에, 먼저 재미 일지와 재미 자석 목록을 살펴보면서 관심사·취미·열정에 포함될 만한 자격이 있지만 아직 그런 식으로 분류되지 않은 일을 하고 있는지 알아보는 게 좋다. 그런 다음 관심사·취미·열정을 찾기 위해 새로운 아이디어를 브레인스토밍해보자. 어른들은 따분한 경향이 있기 때문에 이런 과정을 거치는 게 중요하다. 우리는 아이들에게는 새로운 걸 시도해보라고 격려하면서 정작 자신은 그렇게 하는 걸 거부한

다. 대신 인생의 어느 시점이 되면 자기는 특정한 활동을 즐기지 않는다고 결론을 내리고 다시는 그걸 해보지 않는다. 하지만 어릴 때는 좋아했는데 더는 매력을 느끼지 못하는 활동이 있는 것처럼, 전에는 즐겁지 않았던 또는 시도할 의욕조차 느껴보지 않았던 활동이 최고의 재미 자석까지는 아니더라도 적당한 취미나 관심사, 열정으로 바뀔 수도 있다. 완전히 살아 있다는 기분을 느끼고 싶다면 새로운 일을 시도해보는 게 매우 중요하다.

새로움 자체가 아주 강력한 재미 요소기 때문에 활동 자체는 마음에 들지 않더라도 새로운 걸 시도했다는 사실만으로도 재미를 느끼는 경우가 많다. 나도 남편에게 이런저런 활동을 해보라고 자주 권하는 사람이니, 남편이 이와 관련된 다양한 사례를 증언해줄 수 있을 것이다. 많은 관계 전문가가 일상에 갇혀 있다고 느끼는 커플들에게 평소의 데이트 루틴에서 벗어나 함께할 수 있는 새로운 활동 또는 수업을 찾거나 신선한 경험을 해보라고 권하는 이유도 이것이다.

당신은 이미 마음 한구석에 평소 궁금해하던 것들에 대한 아이디어를 몇 가지 품고 있을지도 모른다. 내가 조정 레슨을 받게 된 것도 그런 호기심 때문이다. 그렇다면 잘됐다! 그중 한 가지를 시도해볼 계획을 세우자. 아니면 당신의 재미 요소 중에서 두세 가지를 무작위로 골라 그걸 모두 결합할 수 있는 활동이나 주제를 최대한 많이 제시하는 것도 한 방법이다. 당신을 잘 아는 친구에게 전화를 걸어 당신이 시도해볼 만한 활동을 브레인스토밍하는 걸 도와달라고 부탁하거나 인터넷을 검색해서 근처에서 진행 중인 활동, 모임, 수업 중에 마음에 드는 게 있는지 알아보는 것도 좋다. 이 목록에는 피곤할 때 집에서 혼자 할 수 있는 일들에 대한 아이디어도 포함돼 있어야 한다.

다음에 답해보자.

- 이것을 배우는 데 관심이 있다:

  _____

- 이것과 관련된 것을 배우는 데 관심이 있다:

  _____

- 이것이 궁금하다:

  _____

- 이것을 해보고 싶다:

  _____

- 이것을 더 잘하고 싶다:

  _____

- 어리석은 소리처럼 들릴지도 모르지만, 이것을 하고 싶다:

  _____

- 어릴 때 이것을 즐겨 했다:

  _____

- 전에는 여가에 이것을 종종 했지만 더는 하지 않는다:

  _____

- 항상 이것을 하고 싶다거나 배우고 싶다고 말하지만 시간이 없어서 못 한다:

_____

- 난 이것을 할 때 살아 있다고 느낀다:

_____

타이머를 15분으로 맞춰놓고 생각나는 걸 전부 적자. 타이머가 멈출 때까지 계속하자. 때로는 처음에 폭발적으로 떠오르던 아이디어가 다 소진된 뒤에 가장 흥미로운 아이디어가 나오기도 한다. 이렇게 브레인스토밍을 할 때는 자체적으로 검열을 하거나 기준을 너무 높게 설정하진 말자. 너무 사소하거나 어리석은 아이디어 같은 건 없으며, 가벼운 흥미나 호기심이라도 불러일으키는 건 뭐든 적으면 된다. 또 당신이 생각한 일들을 전부 실제로 해야 한다고 생각할 필요도 없다. 우리는 새로운 책임으로 자신을 압박하려는 게 아니다. 그냥 마음을 열고 평소의 사고방식에서 벗어나려는 것뿐이다.

아이디어 목록을 만들었으면 그중 하나를 시도해보자. 뭘 선택하든 상관없고, 꼭 흥미진진한 일일 필요도 없다. 그냥 뭐든 해보자.

그런 다음 자신에게 물어보자. 즐거웠는가? 호기심이 자극됐는가? 다시 할 생각이 있는가? 그 일이 안겨준 신체적인 느낌에도 주목하자. 그리고 약간 긴장되거나 불안하더라도 미루지 말자. 그건 자신의 안전지대에서 벗어났다는 신호일 수 있는데 결국 좋은 쪽으로 작용하는 경우가 많다. 어떤 느낌이 드는지 확실하지 않다면 육아 지침서를 참고해서 최종 결정을 내리기 전에 몇 번 더 시도해보자.

그리고 어떤 일에 한결같은 노력을 쏟았는데도 여전히 즐길 수가 없다면 그만해도 좋다. 재미로 어떤 일을 한다는 건 대단히 즐거운 일이다. 그러니 만약 재미를 느끼지 못한다면 그걸 할 필요가 없다! 새로운 걸 시도했는데 잘되지 않았더라도 상관없다. 이제 다른 걸 시도해볼 공간과 시간이 확보됐다고 생각하면 된다.

지면상에서는 이 모든 게 썩 괜찮아 보일지도 모르지만, 실제로 새로운 걸 시도하려고 하면 어렵고 두려울 수 있다. 사람들은 새로운 관심사와 취미, 열정을 찾으려고 할 때마다 비슷한 장애물에 부딪히곤 한다. 그렇다면 그런 장애물에 어떻게 대처해야 하는지 알아보자.

장애물을 극복하는 방법

혼자 하는 활동에만 마음이 끌릴 때

당신의 목표가 그냥 즐기는 것뿐이라면 혼자만의 활동을 추구해도 괜찮다. 다른 사람이 관여하지 않더라도 그런 활동이 당신을 더 다양한 관심사를 지닌 흥미로운 사람으로 만들어줄 것이다. 게다가 몰입 상태에 빠지게 해줄 수도 있다. 하지만 진정한 재미를 느끼고 싶다면 여기에 장난기를 곁들이고, 아마 어렵겠지만 유대감까지 끌

어들일 방법을 찾아야 한다.

한 가지 방법은 누군가에게 함께하자고 요청하는 것이다. 예를 들어 당신이 독서를 좋아한다고 해보자. 독서는 물론 즐거울 수 있지만 혼자 하는 활동이기 때문에 진정한 재미로 이어지지 않는 경우가 많다. 하지만 북클럽에 가입하거나, 그보다 쉬운 방법으로 자기가 읽고 있는 책에 대해서 친구와 대화를 나눈다면 진정한 재미의 발판이 될 수 있다.

강좌를 듣는 것은 혼자만의 활동에 사교적인 요소를 더하는 좋은 방법이다. 집에서 요가 하는 걸 좋아한다면 근처의 요가 학원을 들러보는 게 어떨까? 그림을 좋아한다면 그림 워크숍에 참여할 수도 있을 것이다. 자신이 원하지 않는다면 아무와도 얘기를 나눌 필요가 없다. 하지만 누가 알겠는가. 어쩌면 다른 사람들과 얘기를 나누고 싶어질지도.

너무 바빠서 무엇에도 전념할 수 없을 때

무엇보다, 새로운 일에 전념할 필요는 없다. 우리의 목표는 해야 할 일 목록에 새로운 일을 추가하는 게 아니다. 당신은 어떤 순간 관심이 가거나 호기심을 자극하는 것에 잠깐 손을 대볼 권한이 있고, 평소 화면을 스크롤하면서 보내는 시간에 사소한 일들을 재미 삼아 해볼 수도 있다. 심지어 휴대전화를 통해 관심사, 취미, 열정을 추구할 수도 있다. 물론 내 말이 이질적으로 들릴 수 있다는 거 안다. 하지만 휴대전화나 전자 기기는 시간을 빼앗아 가기만 하는 게 아니라 다양한 방법으로 우리의 관심사와 취미, 열정을 뒷받침하기도한다. 내가 사용한 식물 식별 앱이 좋은 예다.

당신이 정말 좋아하는 어떤 일이 현재 일정에서 조정할 수 있는것보다 많은 시간을 필요로 한다면 6장을 다시 읽으면서 공간을 만들 방법을 찾아보는 게 좋을 듯하다. 또 주변 사람들과 대화를 나누면서 당신의 어깨에 실린 무게를 덜어내 속박된 기분을 덜 느끼게할 방법을 찾아볼 수도 있다. 말이 나온 김에 이 문제도 살펴보자.

다른 사람이 장애물이 될 때

당신이 누군가와 함께 살고 대부분의 여가를 그 사람과 함께 보낸다면 개인적인 열정·관심사·취미를 파악하거나 추구하기가 어려울 수 있다. 시간이 지나면 개인적인 열정이 공통의 관심사로 대체됐다는 사실을 깨닫게 될지도 모른다. 공통의 관심사도 물론 훌륭하고 관계의 건강과 장수에 도움이 되겠지만 자신만을 위한 시간을마련하는 것은 그 못지않게 중요하다.

앞서 언급한《페어플레이 프로젝트》의 저자 이브 로드스키는 이를 가리켜 '유니콘 스페이스(Unicorn Space)'라고 하는데, 관계에 속한 이들 각자가 개인적인 열정을 추구하기 위해 따로 떼어놓은 시간을 의미한다. 로드스키는 "당신이 누구고 무엇을 하든 간에, 먹고살 돈을 벌기 위해서 하는 일 이외의 무언가에 참여할 시간과 공간

이 필요하다"라고 말했다. 중요한 건, 유니콘 스페이스는 아이들의 스포츠 활동을 따라다니거나 TV를 보는 등의 수동적 활동에 소비하는 시간을 의미하지 않는다는 것이다. 활동적인 여가를 위한 시간, 즉 당신을 다양한 관심사를 지닌 흥미로운 존재로 만들고 내면의 불꽃을 키우기 위한 일을 하는 시간이다. 다시 말해 당신의 열정을 불태우는 시간이다.

어린 자녀가 있으면 유니콘 스페이스를 만들어서 지키기가 특히 어려울 수 있다. 아이들에게 많은 시간을 쏟아야 하기 때문이기도 하고, 부모가 자식보다 자신의 요구를 우선시하는 걸 이기적인 행동으로 받아들이기 때문이기도 하다. 나는 이를 비행기에서 하는 안전 안내의 관점에서 생각하는 걸 좋아한다. 다른 사람을 돕고 싶다면 자기가 먼저 산소 공급 마스크를 써야 한다.

그러려면 함께 사는 사람과 협상을 해야 할 수도 있다. 첫째 유니콘 스페이스를 위한 시간을 내는 게 가치 있는 일임을 이해시키고, 둘째 편파적이라는 느낌 없이 논리적으로 그 일을 실행할 방법을 찾아야 한다. 추천할 만한 방법이 있다면? 유니콘 스페이스를 갖는 게 상대에게도 정말 중요하다는 걸 강조하면서 그걸 받아들이도록 독려하자. 한 달 동안 시도해보면서 그것이 당신의 에너지 수준, 기분, 유대감에 어떤 영향을 미치는지 살펴보자.

고비를 넘기는 방법

열정, 취미, 관심사에 시간을 쏟았을 때 생기는 중요한 이점 중 하나는 몰입 상태에 빠질 수 있다는 것이다. 이는 본질적으로 매우 즐겁고 만족스러운 상태기 때문에 그 자체가 보상이 된다. 따라서 몰입을 경험하면 할수록 더 많은 몰입을 경험하고 싶어진다.

그러나 앞서 얘기한 것처럼 몰입에 이르려면 어느 정도의 기술이나 역량이 필요한데, 기술과 역량을 개발하기가 어려울 수도 있다. 피아노 앞에 처음 앉자마자 모차르트를 연주할 수는 없으니 말이다. 따라서 재미보다 좌절의 순간이 더 많은 초기 단계를 통과해야 한다.

'몰입'이란 용어를 만든 심리학자 칙센트미하이가, 새로운 활동의 초기 단계에 있을 때는 몰입을 할 수 있고 그 활동 자체를 즐길 수 있는 수준에 이를 때까지 동기를 유지하기 위해 외적인 보상을 만들라고 권유한 것도 이 때문이다. 예를 들어 아이가 피아노 레슨을 거부한다면 적어도 몰입할 수 있을 만큼 잘하게 될 때까지는 연습할 동기를 부여하기 위해 어떤 유형이든 보상을 제공하는 게 이치에 맞을지도 모른다. 몰입할 수 있는 시점이 되면 피아노 연주가 더 만족스러워지고, 결국 외적인 보상에 대한 약속 없이도 스스로 피아노를 치게 될 것이다.

새로운 목표 중 하나가 힘들게 느껴지거나 좌절감이 쌓이기 시작하면 언제든 자신을 상대로 같은 방법을 시도할 수 있다. 외국어

를 배운다고 가정해보자. 일주일 동안 매일 30분씩 단어 공부를 한다면 자신에게 어떤 보상을 해줄 수 있을까?

결국 당신은 이런 외적 동기가 더 이상 필요하지 않은 수준에 도달하게 될 것이다. 예를 들어 스페인어를 유창히 구사하게 돼 신문을 읽거나 대화를 이어가는 게 별로 힘들지 않고 즐겁게 느껴질 정도라면 그것 자체가 보상이 된다. 하지만 그 지점까지 가는 길이 험난할 수도 있고, 이 때문에 많은 사람이 무의미하지만 더 쉬운 활동에 여가를 허비하게 된다. 그러니 새로운 걸 시도하다가 힘들다고 느껴질 때면 호흡을 가다듬고 그런 좌절이 당연하다는 걸 인정하자. 그런 다음 칙센트미하이의 조언대로 외적인 보상을 몇 가지 만들면 일이 더 쉬워질 것이다. 즉, 자신을 훈련시키려 하는 강아지라고 상상하면서 간식을 약간씩 주는 것이다.

바보처럼 느껴질까 봐 걱정될 때

사람들이 새로운 걸 시도하지 못하도록 가로막는 가장 큰 장애물 중 하나는 아마도 극복하기 가장 어려운 것, 즉 두려움일 것이다. 우리는 대부분 바보처럼 보이거나 실패자로 인식될 것 같은 일을 하는 걸 두려워한다. 놀이학자 스튜어트 브라운의 말처럼, "성인이 놀이를 할 때 가장 큰 걸림돌은 진심을 다해 놀 경우 어리석거나 채신머리없거나 멍청해 보일 것이라는 걱정이다".

마거릿 탤벗은 〈뉴요커〉에 기고한 한 기사에서, "중년에 접어든

뒤로는 초보자가 된 듯한 느낌이다"라는 말로 이 기분을 표현했다. 수치심을 느끼게 될 것 같은 일에 관심을 두지 않는 건 너무도 당연하다. 하지만 당신이 어떤 일에 완전히 초보자라면 부끄러움을 느낄 필요가 없다. 아무도 당신이 잘할 거라고 기대하지 않는다!

그건 또 용감한 행동이기도 하다. 어떤 일에 완전한 초보자라는 건 아마 두려움을 느낄 수도 있는 새로운 일을 시도하고 있다는 의미일 것이다. 그리고 새로운 일을 시도하는 것은 관심사·취미·열정의 컬렉션을 확장하고, 진정한 재미로 향하는 더 많은 길을 여는 유일한 방법이다. 그러니 그런 초보자의 기분에서 도망치지 말고 받아들여야 한다.

그렇다고 초보자 입장이 편할 거라는 말은 아니다. 하지만 스스로 탐험할 권한을 주지 않는다면 어떻게 성장할 수 있겠는가. 아기들이 넘어질까 봐 너무 걱정한 나머지 아예 걷지 못하게 한다면 어떻게 될까?

나도 조정 수업을 받으면서 이런 생각을 많이 했다. 나는 평소에 비교적 균형을 잘 잡는 사람이지만 배에 올라탔을 때는 그렇게 느낄 수가 없었다. 균형이 무너졌고, 노는 너무 긴 것 같았고, 노를 저을 때마다 배가 뒤집힐 것 같았다. 신체적·감정적 현기증 때문에 극도로 혼란스러웠다. 그러던 중 당시 네 살이었던 딸이 생각났다. 좀 더 구체적으로 말하자면, 딸에게는 세상 전체가 너무나 새롭기 때문에 항상 이런 현기증을 느끼겠구나 하는 생각이 들었다. 그리

고 딸이 어떻게든 계속해나갈 수 있다면 나도 그렇게 하겠다고 마음먹었다. 그러고 나서 강에 빠졌지만, 살아남아서 그 이야기를 당신에게 들려줄 수 있게 됐다.

멍청해 보이는 걸 두려워할 때 생기는 안타까운 부작용 하나는 새로운 걸 시도하는 사람들을 질투하게 된다는 것이다. 그들은 우리가 갖고 싶어 하는 자신감과 용기를 보여준다. 하지만 우리는 너무 두려워서 그들과 합류할 수 없기 때문에 또는 그렇게 하는 방법을 모르기 때문에 그들을 비판한다. 그들을 방종한 사람들 또는 특권층 또는 이기적인 사람이나 호사가라고 비난하기도 한다. 그리고 다른 사람의 흠을 잡는 것만으로는 충분치 않다는 듯이, 종종 그 비판을 자기 내면으로 돌리곤 한다. 어떤 일을 처음 시작할 때는 자의식이나 멍청한 기분을 느끼도록 겁을 줘서 쫓아내려 하는 비평가를 모두 피해야 한다.

성인이 된 뒤에 보컬 수업을 받기 시작한 한 저자가 첫 리사이틀을 마친 뒤 스승에게 가서 공연에 대한 비평을 부탁했다는 에세이가 생각난다. 그녀는 자기비판 성향이 매우 강했기 때문에 다른 이들에게서도 비평을 듣고 싶었던 것이다. 하지만 스승은 그녀를 멀뚱하게 쳐다보면서 말했다. "당신은 초보자예요. 그리고 발전해가는 과정에서 지금 딱 있어야 할 자리에 와 있습니다. 그런데 내가 뭘 비판하겠어요?"

이는 가장 큰 장애물 중 하나인 우리 자신의 완벽주의로 연결된다. 이것은 정말 큰 문제인데 단순히 재미를 느끼는 능력과 관련해서만 그런 게 아니다. 2017년에 토머스 쿠란과 앤드루 P. 힐은 1989년부터 2016년까지 미국, 영국, 캐나다 대학생들 사이에서 나타난, '지나치게 높은 개인적 기준과 지나치게 비판적인 자기 평가의 조합'으로 정의되는 완벽주의 비율을 조사했다. 그 결과, 완벽주의가 증가하고 있다는 사실이 드러났다. 저자들은 연구 결과를 설명하면서 "자신에 대한 비합리적인 이상을 품은 젊은이들이 갈수록 늘고 있다. 그들의 이상은 학업 및 직업적 성취, 외모, 소유물에 대한 비현실적 기대를 통해서 드러난다"라고 썼다. 그리고 "이 젊은이들은 자신을 비롯해 모든 게 완벽해야 한다는 현대의 신화를 내재화한 것 같다"라고 덧붙였다.

완벽주의가 증가한 일부 원인은 "우리 사회가 비교를 강조하고 그에 따라 분류하고 선별하고 순위를 지정하는 것" 때문일 수 있는데, 이 설명은 우리가 소셜 미디어에서 하는 행동을 완벽하게 묘사하는 듯하다. 그러나 원인이 무엇이든 간에, 쿠란과 힐의 지적처럼 이런 완벽주의가 증가하는 것은 간단치 않은 문제다. "완벽함은 불가능한 목표다. 그것에 몰두하는 사람들은 필연적으로 실패와 심리적 혼란에 빠지게 된다. 그들은 타인의 인정을 받는 것과 흠잡을 데 없는 연기를 통해 자신의 가치를 증명하는 데 집착한다. 계속해서 자신의 불완전성을 숙고하고, 있을 수 있거나 있어야 했던 것을 곰곰이 생각하며, 자신의 부적절함과 무가치함에 대해 상당한 불안과

수치심과 죄책감을 느낀다."

완벽주의는 실패에 대한 두려움 때문에 새로운 일을 시도하는 걸 가로막을 뿐만 아니라 건강에 실제로 해를 끼칠 수도 있다. 완벽주의자는 완벽주의자가 아닌 사람에 비해, 급격한 혈압 상승 등 스트레스와 실패에 대한 생리적 반응이 강하게 나타나는 것으로 밝혀졌다. 또 불안, 우울증, 사회공포증, 거식증, 심지어 자살 충동에도 더 취약하다. 쿠란과 힐은 "젊은이들의 심리적 질병 증가는 그들이 자신에게 부과하는 과도한 기준과 일상적으로 행하는 가혹한 자기처벌에서 비롯된 것이라는 증거가 늘어나고 있다"라고 지적하면서 "거의 전염병 수준으로 심각한 젊은이들의 정신질환" 이면에는 완벽주의가 존재할 수도 있다는 가설을 세웠다.

쿠란과 힐의 연구는 특히 대학생들 내에서 완벽주의 비율에 관한 것이지만 여기에는 자녀를 둔 부모들이 마음에 새겨야 할 교훈도 담겨 있다. 첫째, 아이들에게 부담을 덜 주고, 완벽함은 달성할 수 있는 목표 또는 건전한 목표가 아니라는 걸 어릴 때부터 가르쳐야 한다. 둘째, 아이들에게 더 좋은 역할 모델이 되기 위해 자신을 있는 그대로 받아들이는 능력을 키우고 밖에 나가 새로운 일들을 시도하는 걸 두려워하지 말아야 한다. 나도 완벽주의를 치료 중인 사람이기 때문에 이게 어렵다는 걸 잘 안다. 하지만 인생을 더 재미있게 살고 싶다면 꼭 필요한 일이다.

완벽주의의 덫에서 벗어나는 한 가지 방법은 일을 완벽하게 처리하지 않았을 때 어떤 일이 일어날까 봐 두려운 것인지 조심스럽게 조사한 다음, 괜찮으리라는 확신이 들 때까지 계속 질문하는 것이다. 내가 스쿨킬강에 빠진 뒤 '지금 벌어질 수 있는 최악의 사태는 뭐지?'라고 자문했을 때 한 일이 이것이다.

그리고 작은 일부터 시작하자! 새로운 걸 시도할 때 무용단에 가입하거나 연극에 도전하는 등 극적인 일을 해야 한다는 법은 없다. 당신의 흥미를 유발하거나 호기심을 자극하는 활동을 찾은 다음 이번 주에 시간을 내서 시도해보자. 아니면 예전엔 잘했지만 어떤 이유로 중단했던 일을 다시 시작할 수도 있다.

마거릿 탤벗은 "실력은 평범하지만 정말 즐기는 일에 기꺼이 참여하는 것, 특별한 이유 없이 해보고 싶은 일을 불완전하게나마 추구하는 것은 그 자체가 일종의 저항처럼 느껴진다"라고 했다. 그러니 저항하자. 초보자가 되자. 사정이 허락할 때마다 열정·관심사·취미를 추구하자. 새로운 일을 시도하는 걸 중요하게 여기자. 그럴 때마다 '호사가'라는 말은 변덕이나 무책임한 태도를 암시하는 게 아니라 '즐기다'라는 이탈리아어 동사에서 유래했다는 걸 기억하자. 그리고 '아마추어'는 기술 부족을 뜻하는 게 아니라 '사랑'과 관련된 라틴어 단어에 뿌리를 두고 있다.

08
둥둥 떠다니는 재미 끌어 모으기

재능과 웃음을 만끽하며 살아가겠다고 결심하자.

마야 안젤루(시인)

이제 공간을 만들고 열정·관심사·취미를 확인했으니, SPARK의 다음 단계인 재미를 끌어들일 준비가 됐다. 왜 재미를 끌어들여야 할까? 장난기·유대감·몰입을 위한 기회가 항상 우리 주위를 떠다니기 때문이다. 그런 기회를 잘 끌어모아서 진가를 인정하는 능력이 뛰어날수록 삶이 더 즐거워질 것이다. 앞서 재미를 끌어들이는 자석 역할을 하는 활동, 환경, 사람들에 관해 얘기했다. 이제 우리 목표는 스스로 재미 자석이 되는 것이다.

우리는 재미를 끌어당기는 사람들을 알고 있다. 파티 자리에서 모두를 즐겁게 해주는 친구들이다. 그들은 따뜻함, 장난기, 자신감을 발산한다. 그들과 함께 있으면 제대로 인정받는다는 기분을 느낄 수 있고, 그들 곁에 있는 이들은 항상 행복해 보인다. 당신이 미처 생각지 못한 사실은 당신도 그런 사람이 될 수 있다는 것이다. 자신을 수줍음 많고 내향적인 사람이라고 생각하더라도 말이다.

내가 펀 스쿼드 회원들에게 지금까지 만난 사람들 중 재미있다고 생각되는 사람을 묘사해달라고 부탁했을 때 그들의 응답에 다음과 같은 특징이 여러 번 언급됐다.

- 자발적이다.
- 자신을 편안하게 받아들이고 있는 그대로의 자신에게 만족한다.
- 우스꽝스러워 보이는 걸 두려워하지 않는다.
- 새로운 걸 시도하거나 초보자가 되는 걸 두려워하지 않는다.
- 연약해지는 걸 두려워하지 않는다.
- 작은 것에도 감사한다.
- 살아 있는 것에서 기쁨을 찾는다.

재미있는 사람은 무엇이든 웃어넘길 수 있는 사람이라고 설명하는 이들이 많았고, '호기심'과 '편견 없는 열린 마음'을 특징으로 꼽기도 했다. 그 순간에 집중하는 태도도 마찬가지였다. 어떤 사람은 "그들은 매우 긍정적인 태도를 보이고 즐겁게 지내고 있는 것처럼 보인다"라고 썼다. "우리 엄마는 재미있어요! 엄마는 상상력이 풍

부하고 어떤 상황에서든 새롭고 흥미로운 걸 찾아내는 재주가 있죠. 또 사람들이 자기를 어떻게 생각하든 별로 신경 쓰지 않고, 언제나 보고 미소 지을 수 있는 것들을 주변에 둡니다"라고 말한 사람도 있다.

　재미있는 사람들에 관한 설명 대부분은 그들과 함께 있을 때 다른 사람들이 받는 느낌과 관련이 있다. 예를 들면 다음과 같다.

- 그들에게 평가받는다는 느낌을 받은 적이 없다.
- 모든 사람이 소속감을 느끼게 한다.
- 다른 사람의 감정을 배려한다.
- 주변 사람들과 함께 신나 한다.
- 함께 나눌 수 있는 멋진 추억을 만든다.
- 그들과 함께 있으면 항상 뭔가 할 일이 있고, 그들은 이런 행사를 최대한 즐겁게 만든다.
- 관대하고 모든 사람을 좋은 쪽으로 해석하며 타인에게 정말 열린 태도를 보인다.
- 항상 사람들이 특별하다고 느끼게 하는 시간과 에너지를 가지고 있다.

　재미있는 사람들에 대한 이런 설명을 읽을 때 두 가지가 눈에 띄었다. 우선 언급된 특성 중 유전적으로 결정된 건 극히 적었다.

예를 들어 누구도 금발인 사람이 더 재미있다고 말하지 않았다. 그리고 두 번째로, 재미있는 사람들 중에는 외향적인 사람이 많지만 그런 사람으로 간주되기 위해 반드시 외향적일 필요는 없었다. 예를 들어 다른 사람들이 소속감과 편안함을 느끼도록 하기 위해, 아니면 공유하는 멋진 추억을 만들거나 삶의 작은 것들에 감사하도록 자신감이나 유머 감각을 발휘하기 위해 반드시 파티 주인공이 될 필요는 없었다. 다른 사람의 감정을 배려하는 걸 비롯해 사람들이 언급한 많은 자질은 내향적인 사람이 자연스럽게 하는 일들이다.●

재미있는 사람으로 인식되는 게 유전이나 외향적인 성격에 의존하지 않는다는 건, 몇몇 사람만 자연스럽게 재미있는 사람이 될 수 있고 다른 사람들은 감히 꿈꾸지 못할 일이 아니라는 얘기다. 오히려 사람들을 재미있는 인물로 보이게 하는 많은 특성은 오랜 기간에 걸쳐 실행한 선택과 태도, 습관의 결과다. 이는 재미있는 사람이 되는 건 우리가 상상했던 것처럼 태어날 때부터 결정되는 특징이 아니라 얼마든지 개발할 수 있는 기술임을 뜻한다.

●　이게 특히 중요한 이유는 내향적이든 외향적이든 불안하든 슬프든, 우리의 성격적 특성이 대부분 유전의 영향을 많이 받으므로 안타깝게도 우리가 전적으로 통제할 수 없기 때문이다. 긍정심리학 분야에서 눈에 띄는 심리학자 마틴 셀리그만은《마틴 셀리그만의 플로리시》에서 이렇게 말했다. "강력한 생물학적 토대 때문에 어떤 사람들은 슬픔, 불안, 분노에 빠지게 된다. 치료 전문가들이 그런 감정을 조절해줄 수는 있지만 그것도 한계가 있다."

그렇다면 그런 기술을 개발하는 두 가지 방법을 알아보자. 하나는 재미 마인드셋을 받아들이는 것이고 다른 하나는 놀이터를 인식하고 만드는 법을 배우는 것이다.

재미 마인드셋 받아들이기

재미를 끌어당기는 사람과 별로 재미없는 친구를 구분 짓는 가장 중요한 특징은 '태도'다. 그들은 장난기·유대감·몰입을 위한 기존의 기회를 알아차리고 활용하면서 자신의 재미 자석과 열정·관심사·취미를 위한 시간을 할애할 뿐만 아니라, 내가 '재미 마인드셋'이라고 부르는 걸 통해 이런 활동과 인생 전반에 접근한다. 재미 마인드셋은 스탠퍼드대학교 심리학 교수인 캐럴 드웩의 '성장 마인드셋'에서 따왔다.

재미 마인드셋을 받아들인다는 건 지나치게 감상적인 사람이 된다거나 억지로 외향적이거나 우스꽝스럽거나 항상 명랑한 사람이 된다는 뜻이 아니다. 재미 마인드셋이란 의도적으로 재미를 끌어들이는 방식으로 자기 삶에 접근하고 반응하는 습관을 말한다. 재미 마인드셋을 지닌 사람들은 똑같은 상황에 있더라도 다른 사람들보다 그 상황을 더 즐기는 것처럼 보인다. 이는 결국 유머, 부조리, 장난기, 유대감, 몰입을 창출하거나 음미할 기회를 최대한 많이 추구하는 태도라고 요약할 수 있다.

쉽게 웃을 수 있는 사람이 되자

재미 마인드셋을 더 키우고 발산시킬 수 있는 한 가지 확실한 방법은 일상생활에서 유머를 알아차리고 음미하는 것이다. 그렇다고 부업으로 스탠드업 코미디언이 돼야 한다거나 다른 사람의 유머에 일일이 주목해야 한다는 얘기는 아니다. 그냥 유머러스한 상황을 직접 알아차리거나 다른 사람이 그 상황을 이야기할 때 그에 대한 감상을 표현하는 것부터 시작하면 된다. 트위터의 전 CEO인 딕 코스톨로의 말에 따르면, "유머 감각을 키우는 가장 쉬운 방법은 (…) 웃기려고 애쓰는 게 아니라 그냥 웃을 수 있는 순간을 찾는 것이다".

나는 이를 가리켜 '쉽게 웃을 수 있는 사람'이라고 하는데, 재미 마인드셋을 키우는 가장 강력한 방법 중 하나다. 사람들은 누구나 자기를 웃게 해주고 스스로도 많이 웃는 사람과 시간을 보내는 걸 좋아한다. 당신이 쉽게 웃음을 터뜨릴수록 그리고 웃을 수 있는 일을 많이 찾아낼수록 다른 사람이나 재미를 끌어들이는 힘이 더 강해질 것이다. 그리고 웃는 데 시간을 많이 쓸수록 그것 자체만으로도 기분이 좋아진다.

'예스, 앤드'라고 말하자

재미 마인드셋을 발전시키는 또 하나의 방법은 즉흥 코미디극에서 힌트를 얻은 '예스, 앤드' 기술에 통달하는 것이다.

잘 모르는 이들을 위해 설명하자면, 즉흥 코미디는 즉석에서 코

미디 장면을 만들어내는 기술이다. 전형적인 즉흥 쇼에서는 자신을 '플레이어'라고 지칭하는 배우들이 관객에게 어떤 단어나 아이디어를 제시해달라고 부탁한 다음, 그 아이디어를 바탕으로 유머러스한 장면을 구성하는 게임을 한다. 정말 멋진 즉흥 연기는 마법과도 같아서 플레이어와 관객 모두 장난스러운 유대감을 느끼는 몰입을 경험할 수 있다. 당신의 재미 요소에 공연, 자발성, 불확실성이 포함돼 있다면 그 요소들을 직접 시도하면서 즐길 수 있을 것이다.

내 재미 요소에 이런 것들이 포함돼 있지 않다는 걸 고려하면, 왜 스물세 살 때 뉴욕의 한 극장에서 진행한 즉흥 코미디 수업에 참여하기로 한 건지 의아할 것이다. 그 이유는 어떻게든 안전지대에서 벗어나려고 노력했기 때문이다. 하지만 아니나 다를까, 혈액 검사나 산부인과 검사를 예약했을 때와 비슷한 강도로 토요일 아침을 두려워하게 됐다. 최종 공연 때의 내 연기는 객관적으로 봐도 당혹스러울 정도라서 꽃다발을 주려고 찾아온 친구들은 잘하지 못하는 일을 감히 해보겠다고 나선 내 용기에 대해 어색한 말을 몇 마디 건네고는 같이 점심을 먹고 헤어졌다. 그리고 우리는 그 공연 얘기를 다시는 입에 올리지 않았다.•

• 　최근 그중 한 친구에게 공연 얘기를 꺼냈다. 그녀는 공연이나 함께한 점심에 대해서는 전혀 기억나지 않고 내가 그 수업에 등록했다는 사실에 감명받은 기억만 희미하게 날 뿐이라고 얘기했다. 공연을 망친 나를 배려하느라 그렇게 말했을 것이다.

살면서 민망함을 느낀 기억은 거의 없지만 그 수업은 그런 기억 중 하나다. 그 덕분에 이후 내 삶을 형성해온 도구인 '예스, 앤드'라는 철학을 알게 됐다. '예스, 앤드'는 즉흥 코미디의 기본 규칙인데 아이디어는 매우 단순하다. 당신이 누군가와 함께 무대에 올랐을 때 그 사람이 당신에게 뭔가를 말하거나 장면에 관해 얘기하면, 그 제안이 아무리 미친 소리처럼 들려도 일단 그 말에 동의하고('예스'라고 대답하고) 그걸 기반으로 다음 장면을 연기한다(이게 '앤드' 부분이다). 무대에 같이 오른 사람이 자기 아버지가 산타클로스라고 말했더라도 "아니, 그럴 리 없어"(내가 마지막 공연 때 그랬던 것처럼)라고 말하는 건 용납되지 않는다. 그 사람의 아버지가 산타라는 생각을 받아들이고 거기에 새로운 내용을 덧붙여서 장면을 진전시키는 게 '예스, 앤드'의 원칙이다. 이때 덧붙이는 내용은 계속 확장할 수 있으며, 상대방이 한 말을 기반으로 하기만 한다면 어떤 내용을 추가하든 상관없다.

즉흥 연기의 대가이자 〈새터데이 나이트 라이브〉의 출연자였던 티나 페이는 《티나 페이의 보시팬츠》에서 이를 나보다 훨씬 잘 설명했다. "상대방의 말에 동의한 다음 자기만의 내용을 추가해야 한다. 만약 내가 '이렇게 덥다니 믿을 수가 없어'라는 말로 장면을 시작했는데 당신이 그냥 '그러네…'라고 말한다면 장면이 더는 진행되지 않을 것이다. 하지만 내가 '이렇게 덥다니 믿을 수가 없어'라고 했을 때 당신이 '뭘 기대했는데? 우린 지옥에 있잖아'라고 하거

나 '그래, 밀랍 인형에게는 좋을 수가 없는 날씨네' 또는 '그러길래 내가 이 개 입속으로 기어들어 오지 말자고 했잖아'라고 말한다면 이제 우리는 어딘가 새로운 방향으로 나아갈 수 있다."

다행히 '예스, 앤드' 철학의 도움을 받기 위해 반드시 배우가 될 필요는 없다. 대신 자발적인 태도를 취하고 적응력을 높여서 재미 마인드셋을 강화하는 데 이 방법을 활용할 수 있다. 마이크 마이어스의 말처럼 "(즉흥극은) 단순한 게임이 아니다. 그건 삶을 바라보는 방법이다".

다시 말해, 연기자가 아닌 사람들도 '예스, 앤드' 원칙을 이용해 새로운 걸 제안하거나 다른 사람의 생각에 열렬히 동조하면서 추진력을 더하고 재미를 끌어낼 수 있다. '예스, 앤드'라는 말을 자주 할수록 다른 사람들은 당신 앞에서 더 편안해지고 자신감을 느낄 테고, 사람들과의 유대감이 깊어질수록 당신은 놀 기회가 많이 생기고 자주 몰입하게 될 것이다. 그리고 그런 일이 많아질수록 진정한 재미를 자주 경험하게 된다.

부조리를 추구하자

티나 페이가 나열한 여러 가지 대답은 재미 마인드셋의 또 다른 핵심 요소인 부조리를 강조한다. 부조리한 것들은 비논리적이고 약간 우스꽝스러운데, 이 때문에 부조리는 평소의 목표 주도적인 삶의 방식에서 벗어날 수 있는 반가운 탈출구가 된다. 부조리는 우리를 웃게 해주고, 웃음은 재미를 부른다. 요컨대 더 많은 부조리를 인지하고 경험하고 만들어낼수록 진정한 재미를 누릴 가능성이 커진다.

　이를 위한 한 가지 방법은 부조리한 요소가 포함된 상황과 활동을 의도적으로 찾아내는 것이다. 예를 들어 예전에 라트비아의 수도 리가에 있을 때 남편을 설득해서 아쿠아 에어로빅 교실에 함께 다닌 적이 있다. 아쿠아 에어로빅 자체도 원래 좀 우스꽝스러운 운동인데, 언어가 아닌 고음의 깽깽거리는 소리로 의사소통을 하는 올가라는 강사 때문에 상황이 훨씬 더 우스꽝스러워졌다. 올가는 수영장에 있는 여자들(내 남편 외에는 전부 여자였다)이 다른 동작을 하기를 바랄 때마다 치와와가 울부짖는 듯한 소리로 그들의 관심을 끌었다. 올가는 가장 좋아하는 동작, 일테면 공을 한쪽으로 멀리 밀어내면서 다리는 다른 쪽으로 뻗는 동작을 시연할 때면 깽깽거리는 소리를 연발했고 가끔 마지막에는 피가 얼어붙을 듯 소름 끼치는 "요오오!" 소리를 내지르기도 했다. 이 소리는 수영장 전체에 비명처럼 메아리쳤다.

　게다가 올가가 우리에게 기대하는 동작이 적어도 나와 남편에게는 신체적으로 불가능하다는 사실 때문에 부조리함이 한층 커졌다. 올가는 미소 띤 얼굴로 앞차기를 시작하면서 동시에 음악 박자에 완벽하게 맞춰 팔을 앞뒤로 흔들었다. 나는 그녀를 따라 하려고 애써봤지만 실패했다. 물의 저항력 때문에 올가와 비슷한 속도를 유지하는 게 불가능했고(올가는 수영장 밖에서 시범을 보였다) 물속에서 팔

다리를 힘차게 움직이다 보면 한자리에 가만히 있지 못하고 어딘가로 헤엄쳐 가게 됐다. 발차기 때문에 몸이 뒤로 밀려나고 어색한 팔 움직임 때문에 계속 균형을 잃었다.

올가는 개의치 않았다. 이제 의자에 앉은 그녀는 두 발을 동시에 사용해서 옆으로, 앞으로, 옆으로, 앞으로 발차기를 해보라면서 시범을 보였다. 너무 빠르다! 너무 빨라요, 올가! 우리가 어디에서 운동을 한다고 생각하는 거예요? 공기 중에서? 꼭 젤리가 가득 담긴 통 안에서 에어로빅을 하는 기분이었다. 나는 머리가 물속에 잠기지 않은 상태에서 두 가지 동작을 모두 하기 위해 한쪽 발로만 발차기를 하고 다른 쪽 발로는 수영장 바닥을 딛고 서 있으려고 했다. 하지만 내 작전을 금세 알아차린 올가는 양손을 눈앞에 대고 가짜 쌍안경을 만들었다. "다 보여요." 그녀가 입술만 움직여서 말했다. "두 발 다 올리세요. 두 발 다!"

나는 라트비아어(또는 깽깽거리는 소리)를 할 줄 모르는 데다가 올가가 작은 무지갯빛 공을 수영장에 쏟아부으면서 그 상황에 또 다른 부조리를 추가했기 때문에 내 상황을 설명할 기회가 없었다. 처음에는 그 공이 복근 운동을 할 때 사용하는 묵직한 메디슨 볼인 줄 알았다. 하지만 내 몫의 공을 받아 들고 보니 그냥 공기를 채운 공이었고, 이미 물의 부력을 이용해 진행되고 있는 수업을 위한 바보 같은 장신구처럼 보였다.

그 공들은 물속에 잠기고 싶어 하지 않았다. 마치 작은 동물처럼 수면을 향해 올라가려고 발버둥 치면서 저항했다. 이에 아랑곳하지 않고, 올가는 공을 허벅지 사이에 끼우고 양다리를 옆으로 차보라면서 시범을 보여줬다. 이 동작은 불가능하다는 게 판명됐다. 공들이 반기를 들었다. 공이 하나둘 허벅지 사이에서 빠져나오자 수영장은 무지개가 폭발하듯 온갖 빛깔로 장식됐다. 한마디로 이 모든게 우스꽝스러웠다. 하지만 아마 가장 부조리한 부분은 이 수업에 대한 우리의 반응이었을 것이다. 서로에게 말은 하지 않았지만, 남편과 나 둘 다 마무리 운동 시간에 싱크로나이즈드 스위밍 선수가 되는 꿈을 꾸고 있었다.

"난 정말 잘했어." 함께 건물에서 걸어 나올 때 남편이 말했다. "내가 발차기하는 거 봤어?"

당연한 얘기지만 우리는 수중 발레리나 경력을 시작하지 않았다. 하지만 우리가 즐거웠다는 데는 의심의 여지가 없다. 요즘에도 그 기억을 떠올릴 때마다 그날의 우스꽝스러운 상황 때문에 여전히 웃음을 터뜨리곤 한다.

재미를 자아내는 부조리한 상황의 잠재력을 이용하기 위해 아쿠아 에어로빅을 하거나 라트비아로 여행을 갈 필요는 없다. 그런 상황은 우리 주변 어디에나 있다. 그냥 그걸 찾아내기만 하면 된다.

장난기·유대감·몰입을 조금씩 흩뿌리자

부조리한 상황을 찾아내서 음미하는 것 외에 재미 마인드셋을 발

전시킬 수 있는 또 다른 방법은 '어떻게 하면 내가 지금 하거나 경험하는 모든 일에 약간의 장난기와 유대감, 몰입을 추가할 수 있을까?'라고 꾸준히 자문하는 것이다. 이 작업은 다른 사람과 함께 있든 혼자 있든 상관없이 할 수 있고, 그 아이디어가 효과를 발휘하도록 세상을 깜짝 놀라게 할 필요도 없다.

펀 스쿼드에 참가한 헬렌이라는 여성은 자기가 살면서 경험한 사례를 공유했다. 그녀는 내가 보낸 재미 마인드셋에 관한 이메일을 읽은 뒤, 차를 마시면서 떠오른 아이디어를 실험해보기로 했다고 말했다.

"어떻게 하면 차를 더 재미있게 따를 수 있을까 생각해봤어요." 그녀는 이메일에 이렇게 적었다. "그래서 한 발로 서서 차를 따라봤는데, 그거 아세요? 그게 더 재미있었어요."

헬렌을 비롯한 누구도 외다리로 서서 차를 따르는 게 가장 즐거운 추억 중 하나라고 주장하진 않을 거라고 생각하지만, 그래도 이 에피소드는 재미 마인드셋을 품고 삶에 접근하는 것이 어떻게 순간순간의 경험에 영향을 미치고 사소한 방식으로나마 기분을 향상시킬 수 있는지 보여준다.

재미 마인드셋을 받아들이고 일상적인 활동에 사소한 장난기와 유대감, 몰입을 추가하는 방법을 찾으면 집안일처럼 객관적으로 재미없는 활동을 견디는 데도 도움이 된다. 영화 〈메리 포핀스〉에 나오는 노래 '설탕 한 스푼'의 도입부가 생각난다. 여기서 메리 포핀

스는 당연하다는 듯이 "꼭 해야 하는 일에도 재미난 부분들이 다 있단다. 그런 재미있는 부분을 찾아서 손가락을 딱! 그러면 일이 놀이가 되지"라고 말한다.

그 뒤에 이어지는 장면에서는 메리 포핀스가 울새와 휘파람 듀엣을 하고 다양한 마법을 부리는 모습이 나온다. 물론 손가락을 딱 튕기는 것으로 저절로 옷이 개어져 서랍으로 들어간다면 방 청소가 정말 재미있어질 것이다. 하지만 현실은 마법이 아니다. 그렇더라도 내가 말하려는 요점은 여전히 유효하다. 일상생활에서 재미 마인드셋을 키울수록 일상이 가볍게 느껴진다.

놀이 근육을 강화하자

재미 마인드셋을 강화하는 방법을 아직 잘 모르겠다면, 구체적이고 과학적으로 검증된 실습 방법이 몇 가지 있다. 예를 들어 2020년에 발표된 〈응용 심리학: 건강과 웰빙(Applied Psychology: Health and Well-Being)〉이라는 논문에서 설명한 기술 몇 가지를 실험해볼 수 있다. 이 논문을 쓴 연구진은 사람들이 좀 더 장난기 있는 태도를 갖도록 자신을 훈련할 수 있는지 조사했다. 연구진은 사람들이 더욱 긍정적인 생각과 감정, 행동을 하게 해준다는 사실이 밝혀진 긍정심리학 분야의 실습 방안을 상황에 맞게 각색해서 실험 참가자들의 장난기를 키우는 데 사용했다.

첫 번째 실습은 '세 가지 좋은 일'이라는 긍정심리학의 필수 요소

를 변형한 것인데, 플라시보 조절 연구에서 최대 6개월 동안 사람들의 행복감을 높이고 우울증 증상을 감소시키는 것으로 나타났다.

기존 버전의 세 가지 좋은 일 실습에서는 7일 동안 잠자기 전에 10분씩 시간을 내서 그날의 가장 좋았던 순간 세 가지를 기록한다. 이때 다음과 같은 구체적인 세부 사항에 유의해야 한다.

- 자기가 한 행동이나 말, 그리고 다른 사람들이 관련돼 있는 경우에는 그들이 한 행동이나 말
- 그 사건을 경험했을 때 느낀 기분, 그리고 그걸 회상했을 때 느낀 기분
- 사건의 원인이라고 생각되는 것, 즉 그 사건이 발생하게 된 원인

아주 중요한 일이 일어난 순간만 적을 필요는 없다. '커피숍 바리스타가 내 이름을 기억했다' 같은 것도 괜찮다. 왜 그런 좋은 일이 일어났고 당신이 그 일에서 어떤 역할을 했는지 생각해보자. 예를 들어 최근 그 가게에 들렀을 때 일부러 시간을 내서 바리스타와 대화를 나눴기 때문에 당신 이름을 기억한 것 아닐까? 중요한 건 자기 삶의 긍정적인 사건들에 초점을 맞추는 쪽으로 사고방식을 전환하고, 그런 일이 일어나는 데 자기가 어떤 역할을 했는지 이해하는 것이다.

연구진은 또 '자신의 특징적인 강점을 새로운 방식으로 사용하는' 것으로 알려진 긍정심리학 실습 방법도 포함했는데, 이것도 비슷한 효과가 있는 것으로 나타났다.

기존 버전의 실습에서는 자신의 특징적인 장점, 다시 말해 성격적 장점을 파악하는 데 도움이 되도록 고안된 설문조사를 실시한다. 친절, 리더십, 유머, 희망 같은 특성은 진정한 자신을 구성하는 필수적인 요소이며 힘들이지 않고 활력을 안겨준다.

자신의 특징적인 강점이 뭔지 알았다면, 일상생활에서 그걸 활용할 기회를 찾고 그렇게 하면 어떤 기분이 드는지 기록한다. 이는 새로운 시도를 위한 아이디어를 만들기 위해 재미 요소를 사용하는 우리의 작업과 유사하다. 예를 들어 당신의 특징적인 강점 중 하나가 창의력이라면 새로운 프로젝트를 진행하기 위해 매일 밤 1시간씩 짬을 내겠다고 결심할 수 있다.

장난기에 대한 연구에서, 연구진은 이런 실습 내용이 특별히 장난기에 집중되도록 방법을 수정했다. 참가자들은 세 가지 좋은 일 대신 그날 장난기를 발휘했던 세 번의 순간, 그리고 거기에 관여한 사람과 그때 느낀 기분을 적으라는 요청을 받았다. 그리고 자신의 고유한 강점을 활용할 기회를 찾기보다 '직장에서 뭔가 재미있는 일을 하는' 등의 새로운 방법으로 장난기를 발휘할 기회를 찾아보라는 요청도 받았다.

일주일 동안 지속된 개입의 결과는, 우리 각자에게 내재해 있

는 장난기 수준은 다를 수 있지만 관심을 그쪽에 집중시키면 실제로 장난기를 자극할 수 있음을 보여줬다. 게다가 실험하는 데 들인 시간이 매우 짧았던 걸 고려하면(7일간 매일 밤 5~10분으로, 이는 잠자리에 들기 전 휴대전화를 스크롤하면서 보내는 시간보다 짧다) 효과가 비교적 컸다.

놀이 신호를 발산하자

재미 마인드셋을 키우는 또 다른 방법은 놀이 신호를 보내는 것이다. 다른 생물체에게 우리가 장난을 치고 있고 우호적인 의도를 품고 있음을 알리고 그들도 장난스럽게 반응하도록 유도하기 위해서다. 예를 들어 개가 사용하는 놀이 신호 중 하나는 다른 개에게 함께 놀자고 할 때 몸을 낮추는 것이다. 그들은 앞다리를 구부리고 엉덩이를 치켜들고 꼬리를 흔든다. 인간이 사용하는 놀이 신호로는 미소와 결합한 짧은 눈맞춤이나 대화를 유도하는 간략한 발언 등이 있다. 눈보라가 몰아칠 때 '날씨가 참 좋네요'처럼 장난스럽게 비꼬는 말도 효과가 있다.

　전자 장비가 재미를 방해하는 여러 가지 요인 중 하나가 바로 놀이 신호를 무력화하는 것이다. 다들 놀이 신호를 보내지 않고 화면만 응시하고 있다. 신호가 없으면 같이 놀자는 초대도 할 수 없고 놀이도 진행되지 않는다. 놀이를 할 수 있는 시간과 유대감이 사라진다. 미래의 배우자를 만나는 것 같은 중요한 연결에 대해서만 말하는 게 아니다. 휴대전화만 들여다보고 있으면 낯선 사람과 나누는 순간적인 유대감도 놓치게 된다. 이런 상호작용은 언뜻 무의미해 보일 수도 있지만 사실 고립감과 외로움을 덜 느끼게 하는 힘을 가지고 있다.

이 사실을 증명하는 한 실험에서, 연구진은 서로 모르는 사이인 학생들을 둘씩 짝지어 작은 대기실로 오게 했는데 개중에는 휴대전화를 갖고 온 학생도 있고 갖고 오지 않은 학생도 있었다. 이들을 맞은 연구원들이 10분만 기다려달라고 했다. 학생들이 기다리는 동안 대기실에 숨겨놓은 카메라가 표정을 녹화했고, 나중에 이들에게 대기실에서 기다리는 동안 어떤 기분이 들었고 다른 학생과 상호작용을 했는지 등을 물어봤다. 그리고 실험 참가자들이 서로에게 얼마나 자주 미소를 지었는지, 그들의 미소가 얼마나 진심이었는지를 측정하기 위해 녹화한 비디오를 분석했다.

이 실험 결과를 담은 논문 제목 '스마트폰은 낯선 사람들 사이의 미소를 감소시킨다'가 모든 걸 말해준다. 연구진은 휴대전화를 가지고 있는 사람은 그렇지 않은 사람에 비해 웃는 횟수가 적고 웃는 시간도 30퍼센트 적다는 사실을 알아냈다(진심 어린 미소도 적었다).

"미소는 정말 강력한 사회적 윤활제다." 이 연구의 수석 연구원인 코스타딘 쿠슬레프는 〈그레이터 굿 매거진〉과의 인터뷰에서 이렇게 말했다. "누군가가 당신에게 미소를 짓는다면 그건 접근 가능

성을 나타낸다. 우리 연구는 휴대전화가 새로운 사회적 유대를 형성하는 데 도움이 되는 매우 중요한 접근 방법을 방해할 수 있음을 보여줬다."

이와는 대조적으로 휴대전화에서 눈을 들어 놀이 신호를 보내는 건 더 재미있는 상호작용, 그리고 궁극적으로는 더 많은 재미와 즐거움을 자기 삶에 불러들이는 훌륭한 방법이다. 스튜어트 브라운은《놀이, 즐거움의 발견》에서 "놀이 신호가 하는 일은 잠깐이라도 안전하고 정서적인 연결을 유도하는 것"이라고 했다. "심지어 일상적인 대화에서도 진심 어린 칭찬, 더위·비·추위·습한 날씨에 대한 얘기, 농담, 공감 어린 관찰 등은 사람들의 마음을 열어준다. 그것이 음울하고 두렵고 외로운 세상을 활기찬 세상으로 바꾼다."

현재에 집중하는 연습

재미 마인드셋을 발전시키고 더 재미있는 사람이 되는 또 하나의 방법은 혼자 있을 때나 다른 사람들과 함께 있을 때 그 순간에 집중하는 것이다. 이는 자신을 내향적이라고 여기거나 수줍음이 많은 사람이 더 재미있어질 수 있는 가장 손쉬운 방법 중 하나다. 여기에는 여러 가지 이유가 있는데, 그중 가장 기본적인 건 그 순간에 집중하지 않으면 몰입 상태에 빠질 수 없기 때문에 재미를 느낄 수 없다는 것이다. 주의가 산만할 때는 '예스, 앤드' 방식을 이용하지도 못한다. 즉흥 코미디 공연을 보러 갔는데, 한 플레이어가 어떤 상황을 제시하니까 상대방이 "잠깐만, 이 문자 메시지만 다 보내고 하자"라고 말한다면 어떻겠는가. 또 요즘에는 다들 주의가 산만하기 때문에 누군가가 당신에게 관심을 기울여주면 정말 기분이 좋아질 것이다. 그 순간에 온전히 집중하는 사람은 누구나 곁에 두고 싶어 한다.

주변에 관심을 기울이면 사람들이 당신과 더 많은 시간을 함께하고 싶어 할 뿐만 아니라, 현재에 집중하는 훈련을 함으로써 더 재미있는 인생을 즐길 수 있게 된다. 실제로 연구진은 산만함이 우리가 매 순간 느끼는 기분에 가장 부정적인 영향을 미치는 요소 중 하나라는 걸 밝혀냈다. 한 논문에 따르면, "주의력 상실을 겪는 경향은 장기적인 정서적 웰빙 측면에서 나타나는 부정적인 결과와 관련이 있다". 또 다른 연구 논문 제목은 이를 쉬운 말로 요약한다. "방황하는 마음은 불행한 마음이다." 마음이 울적해져서 기분을 북돋우고 싶을 때마다 주의를 산만하게 하는 것들을 찾는 일이 매우 잦다는 걸 고려하면 이는 매우 큰 문제다.

재미를 위한 공간을 만들자고 제안하면서 언급한 것처럼, 마음챙김 명상이나 한 번에 한 가지 일만 하는 습관을 들이는 등의 기술을 통해 현재에 더 집중하도록 훈련할 수 있다.

또 다른 사람들과 함께 있을 때 그들에게 주의를 기울이기만 해도 더 많은 재미를 끌어낼 수 있다. 그들이 가족이든 친구든 낯선 사람이든, 그건 중요하지 않다. 살아 숨 쉬는 다른 사람을 만나면 휴

대전화를 치우고 고개를 들자. 눈을 마주치고 웃자. 그 순간, 상대에게 온전하고 한결같은 주의를 기울이고 있다는 걸 알려주자. 산만한 현대 사회에서 이는 강력하고 관대한 선물이다. 사람들이 그 선물을 받았을 때 어떻게 반응하는지 주목하자.

기쁨을 추구하자

잠재적인 재미에 주목하고 그걸 끌어들이는 방법 중에 내가 가장 좋아하는 건 의도적으로 기쁨의 원천을 찾는 것이다. 1년쯤 전에 친구 버네사가 로스 게이라는 시인이 쓴 《기쁨의 책(The Book of Delights)》에 관해 얘기해줬을 때 얻은 아이디어다. 이 책은 게이가 1년 동안 하루도 빠짐없이 자신을 기쁘게 하는 대상에 대한 에세이를 쓰겠다며 시작한 프로젝트의 결과물이다. 이 책 전체에서 게이는 자신을 기쁘게 하는 것들을 설명할 때마다 그냥 괄호 안에 '기쁘다!'라고 썼다. 그가 소개한 기쁨의 사례는 피칸, 진한 에스프레소, 무화과나무에서 꺾은 나뭇가지, 그를 '스위티'라고 부르는 대부분 사람, 토마토 모종을 들고 비행기에 탔을 때 사람들이 보인 반응, 그가 '시(poems)'라고 말한 걸 잘못 알아듣고 동료에게 "저 사람은 손금(palms)을 보려고 시러큐스까지 간대!"라고 말한 공항의 젊은 직원 등이다.

난 그 책을 읽었고 게이가 해당 주제에 관해 얘기하는 것도 직접 들어봤기 때문에 그가 지나친 낙천주의자는 아니라고 장담할 수 있다. 그의 에세이 가운데 상당수는 인종차별, 사망률, 사랑하는 이의 상실 같은 전혀 기쁘지 않은 주제를 다룬다. 하지만 게이의 말에 따르면, 기쁨을 알아차리는 데 집중할수록 더 많은 기쁨에 둘러싸여 있다는 걸 깨닫게 된다.

그는 또 이렇게 썼다. "얼마 안 가, 이런 에세이를 쓰는 훈련이나 연습이 일종의 기쁨 레이더를 유발했다는 사실을 깨달았다. 아니면 기쁨 근육이 발달한 것일지도 모른다. '기쁨'에 대해 연구하면 할수록 연구해야 할 기쁨이 많아지는 것이다. (⋯) (이 프로젝트를 계속하는 동안) 내 삶이 기쁨으로 충만해지는 걸 느꼈다. 물론 슬픔이나 두려움, 고통, 상실이 없는 것은 아니다. 하지만 더 많은 기쁨으로 가득 차 있다. 또한 사랑이나 즐거움과 마찬가지로 기쁨도 나눌수록 더 커진다는 걸 알게 됐다."

기쁨에 집중할수록 더 많은 기쁨이 찾아온다는 이런 깨달음은 이 책 전체에서 얘기한 철학, 즉 우리가 주목하는 대상이 곧 우리 삶이 된다는 철학과 일맥상통한다. 일상의 아름다움, 친절, 재미있는 부조리, 우리를 웃게 하는 것, 감사하게 여기는 대상 등 주변의 기쁨을 알아차리도록 훈련한다면 더 긍정적인 기분을 느끼게 될 것이다. 장난기·유대감·몰입의 원천에 더 관심을 기울이면 더 많은 재미를 느낄 수 있다. 그리고 일단 시작해보면 생각했던 것보다 쉽다. 제니퍼 에이커와 나오미 백도니스가 《유머의 마법》에서 얘기한 것처럼, "미소의 절벽 위를 걸을 때면 우리를 벼랑 끝으로 내모는

것들이 얼마나 많은지 놀랄 것이다".

반대로 실망, 실패, 슬픔에만 집중하도록 훈련한다면 실망과 실패, 슬픔을 느낄 기회만 계속해서 생기게 될 것이다. 그리고 불안과 분노를 느끼게 하는 콘텐츠를 소비하면 더 큰 불안과 분노를 느끼게 된다.*

기쁜 일에 주목하고 기록하는 건 과거의 실수를 반추하거나 불안에 집착하면서 많은 시간을 소비하는 일반적인 삶의 방식과 극명한 대조를 이룬다. 이는 감사 같은 관행이 행복감을 높이는 데 매우 효과적인 이유 중 하나다. 감사는 우리의 반응을 재구성하는 구조적인 방법을 제공하기 때문이다. 하지만 게이의 작품을 읽기 전까지는 이런 일을 즐겁게 하는 사람이 있다는 얘기를 들어본 적이 없었다. 그래서 직접 시도해보고 싶어졌다.

버네사와 함께 우리만의 기쁨 실습을 시작했는데 당신도 한번 해보기 바란다. 로스 게이에게서 영감을 받은 우리는 각자의 삶이나 주변 환경에서 기쁨을 불러일으키는 뭔가를 만나면 그게 아무리 사소한 것이라도 꼭 꼬리표를 붙이기로 했다. 즉, 그 대상을 손가락으로 가리키거나 크고 열정적인 목소리로 "기쁘다!"라고 말하는 것

---

* '분노하지 않는 사람은 관심이 없는 사람이다'라는 범퍼 스티커가 붙은 차를 볼 때마다, 나는 실제로 많은 관심을 기울이고 있다고 항변하고 싶어진다. 단지 날 화나게 하는 일에만 주의를 기울이는 건 삼가기로 했을 뿐이다.

이다. 혼자 있을 때라도 큰 소리로 말하는 게 중요하다.[*]

예를 들면 이런 것이다. 방금 새의 날갯짓 소리가 들리더니 배에 물방울무늬가 있는 작은 갈색 새가 내 창문 밖의 지붕에 앉아 잠시 나를 들여다보고 날아갔다. 기쁘다! 너무 습한 아침이라 키보드에 손만 대도 끈적끈적한 느낌이 들지만, 선풍기가 시원한 바람을 보내주며 얼굴을 간지럽힌다. 기쁘다! 신선한 딸기를 한 접시 가득 먹으면서 가장 좋아하는 컵으로 커피를 마시고 있다. 기쁘다!

게이가 옳았다. 인생의 즐거움에 많은 관심을 기울일수록 더 많은 기쁨이 찾아왔다. 그건 라디오의 주파수를 맞추는 것과 비슷하다. 일상적인 즐거움에 잘 적응할수록, 그리고 그런 즐거움을 적극적으로 추구할수록 그 즐거움 중 하나가 선을 넘어 진정한 재미로 승화될 가능성이 커진다. 설령 이런 일이 일어나지 않더라도 여전히 즐거울 것이며, 이는 시간을 보내기에 정말 좋은 상태다.

즐거움에 집중하면 즐겁게 노는 법을 알았던 장난기 넘치는 내면의 아이가 깨어나 어른의 껍질을 조금 벗겨주므로 재미 마인드 셋을 기르는 데 도움이 된다. 그러면 더 많은 기쁨을 끌어들일 수

---

[*] 긍정적인 것에 집중하면 기분이 좋아진다는 건 직관적으로 이해가 되지만 그런 행동이 변화를 일으킬 거라고는 생각되지 않는다면 1시간 동안 기쁨 실습의 반대 버전인 불안 실습을 해보자. 기쁜 일에 주목하면서 꼬리표를 붙이는 대신, 부정적인 생각과 스트레스를 주는 환경적 신호를 발견할 때마다 손가락을 허공에 치켜세우고 "불안해!"라고 말하는 것이다. 그런 다음 다시 기쁜 일들에 꼬리표를 붙이는 쪽으로 선회해서 그게 얼마나 큰 차이를 만드는지 확인해보자.

있을 뿐만 아니라 자신도 더 즐거워질 것이다. 그리고 이를 통해 다른 사람이나 재미를 끌어들이는 훨씬 강한 자력을 발휘하게 될 것이다.

즐거움을 알아차린다는 개념과 관련해 특히 마음에 드는 점은 이와 유사한 다른 많은 방법에 비해 쉽고 간편하게 느껴진다는 것이다. 기쁨을 알아차리는 건 기본적으로 작은 찻잔에 담긴 감사의 실천이나 마찬가지다. 그리고 작은 찻잔은 그 자체로 즐겁다. 당신도 꼭 해보길 바란다.

좋은 부분을 향유하자

즐거움에 대해 생각할수록 삶의 긍정적인 것들에 의도적으로 관심을 기울이고 감사하는 관행인 '향유(savoring)'라는 심리학 기법이 떠오른다. 이 주제에 대한 세계 최고의 전문가인 시카고로욜라대학교의 사회심리학자 프레드 브라이언트는 향유를 설명하면서 "경험을 머릿속에서 이리저리 굴리는 것"이라고 말했다. 향유를 오랫동안 실천하면 행복감이 확실히 높아질 뿐만 아니라 인간관계가 강화되고 창의력이 발달하며 신체 건강까지 향상되는 것으로 나타났다.

향유를 위한 가장 효과적인 기술에 대한 설명을 읽어보면, 기쁜 일에 주목하는 게이의 관행과 유사한 부분을 발견할 수 있다. 예를 들어 향유를 연구하는 이들은 현재의 긍정적인 경험에 관심을 집중하라고 제안한다. 즉, 그 자리에서 바로 향유할 수 있도록 즐거운 순간을 포착하라는 것이다. 그들은 또 자신의 감각을 조정해서 향유하고자 하는 걸 마음속에 사진처럼 남겨놓으라고 권한다.

긍정심리학자들은 뭔가를 향유하려고 할 때 그들이 '행동 표현(behavioral displays)'이라고 칭하는 것을 동원하는 게 도움이 된다는 걸 알아냈다. 웃음 같은 비언어적인 행동으로 긍정적인 감정을 표현하거나 뭔가를 가리켜 기쁘다고 말하면서 손가락을 치켜드는 것이다. 또 향유를 연구하는 전문가들은 당신이 겪은 긍정적인 사건을 다른 사람에게 말하는 것, 즉 그들이 '강조(capitalizing)'라고 부르는 기법이 기분에 이로운 영향을 더한다는 사실도 발견했다.

나도 코로나19가 한창일 때 이 기술을 즐거움 중심으로 변경한 버전을 시도해봤다. 당시의 나는 긍정적인 마음가짐을 유지하는 데 도움이 될 만한 걸 절실히 원했다. 그래서 개인적인 즐거움에 집중하는 것부터 시작했고, 친구들에게도 알려줬다. 그런 다음 이 방법을 펀 스쿼드를 위한 실습 목록에 포함하고 내 메일링 리스트에 있는 사람들에게 한 달 동안 '12월의 즐거움' 챌린지를 해보자고 제안했다. 얼마 지나지 않아, 그들이 작성한 즐거움 목록이 속속 도착했다. 다음은 몇 가지 예다.

- 상쾌한 가을날
- 작은 상자
- 내 아이들을 웃기는 것

- 따뜻한 커피
- 엄청나게 바삭바삭한 베이컨
- 잘 익은 복숭아
- 풀잎이 다이아몬드처럼 반짝이게 하는 서리
- 눈사람 만들기
- 맛있는 점심 샐러드

　친구들도 '기쁘다!'라는 캡션이 달린 사진을 문자 메시지로 보내 왔다. 예를 들어 한 친구는 입을 수 있는 침낭에 관한 기사를 보냈 고, 또 한 친구는 아침에 자기 집 새 모이통을 찍은 동영상을 연달 아 보냈다. 우리 가족이 동부로 이사하는 바람에 자주 만나지 못하 게 된 캘리포니아의 친한 친구들 사이에 단체 톡방도 생겼다. 난 그 목록에 속한 누군가가 보낸 새로운 즐거움을 확인하기 위해 며칠에 한 번씩 시간을 내서 휴대전화를 들여다보곤 한다. 내 친구 스티브 가 5학년 때 금목걸이를 하고 빨간색 V넥 스웨터를 입고 찍은 사진, 인터넷상의 누군가가 발굴한 1992년 6월 6일에 갭 매장 탈의실에 서 흘러나온 노래가 담긴 플레이리스트, 친구 나탈리와 그녀의 남 편 사이먼이 조카의 열 번째 생일 파티에서 춤을 추는 비디오 등이 담긴 메시지를 볼 때마다 미소가 절로 떠오른다.

　요컨대 장난으로 시작한 일이 진정한 기쁨의 원천이 된 것이다. 그 덕에 친구들과 내게는 팬데믹과 뉴스 외에도 얘깃거리가 생겼고, 언제든 격려가 필요할 때마다 의지할 수 있는 기쁨의 컬렉션이 만들어졌다. 자신의 즐거운 경험을 되돌아보는 걸 '긍정적인 정신적 시간 여행'이라고 하는데, 기분을 좋게 해주는 또 하나의 검증된 기술이다.

즐거운 시간을 보내자

재미를 '끌어들인다'라는 은유가 분명히 보여주는 것처럼, 재미의 가능성은 우리 주변 어디에나 있다. 극도의 재미까지는 아니더라도 장난기·유대감·몰입의 몇 가지 조합은 늘 존재하기 마련이다. 재미를 끌어모으고 재미 마인드셋을 연마하는 또 하나의 방법은 재미를 느낄 수 있는 기존의 기회에 잘 적응하고 재미가 발생할 가능성이 있는 상황에 많이 참여하는 것이다. 특히 내향적인 사람 또는 뭔가를 계획하거나 진행하는 걸 좋아하지 않는 사람에게 알맞은 기술이다. 다시 말해, 재미가 당신을 발견하게 할 방법을 찾아야 한다.

한 친구의 파티에서 항상 즐거운 시간을 보냈는데 그들이 파티를 연다는 걸 알게 됐다면 꼭 참석하자! 당신의 기억에 재미있었던 이벤트가 또 열린다는 걸 알게 됐다면 거기 참석하는 걸 우선순위로 삼자! 이건 너무 당연한 일처럼 보일 수도 있지만, 종종 너무 당황하거나 관성 때문에 무기력해져서 자기가 실제로 즐길 수 있는 것조차 거절하는 이들이 많다.

일례로 당신 옆에 늘 함께하는 치어리더를 자처하는 나도 앞서

열광적으로 얘기한 스윙 댄스 캠프에 참가하지 않을 뻔했다. 내가 스윙 댄스를 좋아하고 여름 캠프도 좋아한다는 건 알고 있었지만 실행 계획을 세우는 게 너무 어려워 보였다. 캠프장까지 가는 과정, 아이 봐줄 사람을 찾는 일 등 때문이다. 꼭 한번 해봐야 한다고 날 설득한 사람은 남편이었다. 춤을 딱히 좋아하지도 않고 혼자서는 절대 이런 캠프에 참석하지 않을 사람인데도 말이다. 그는 "왜 망설이는지 모르겠네. 가면 틀림없이 즐거우리라는 거 알잖아"라고 말했다. 아니나 다를까, 스윙 댄스 캠프는 그해의 가장 즐거운 행사 중 하나였다.

자신의 재미 자석과 재미 요소를 잘 알수록 그리고 재미 마인드셋을 확실히 받아들일수록 재미를 끌어들일 가능성이 크고, 따라서 참여하기 위해 노력할 가치가 있는 이벤트와 기회를 쉽게 식별할 수 있다. 그러면 당신 자신이 재미 자석이 될 가능성이 커진다.

또 기분이 좋은 상태인 사람들과 함께 있으면 그 기분이 전염될 수도 있다. 그러니 자신에게 장난기 넘치는 에너지가 부족하다고 느껴질 때는 그런 에너지가 많다고 생각되는 상황을 찾아다니는 습관을 들이는 게 좋다. 그 과정이 짜증스러울 수도 있겠지만 그래도 시도해볼 가치는 있다. 당신도 친구가 억지로 끌고 간 곳에서 환상적인 시간을 보낸 경험이 있지 않은가.

자신을 비웃을 수 있는 사람이 되자

쉽게 웃을 수 있는 사람이 되는 게 중요한 것처럼, 자신을 비웃을 수 있는 것도 중요하다. 자신을 비웃는 건 밖으로 나가 새로운 일을 시도하는 것에 더 자신감을 느끼게 하는 방법이다. 이는 매우 구체적인 형태의 자기 확신과 자신감, 그리고 편 스쿼드 회원들이 재미있다고 여기는 사람들에 대한 설명에서 반복해서 등장한 용기다. 재미있는 사람들은 '바보처럼 보이는 걸 두려워하지 않는다', '새로운 일을 시도하면서 초보자가 되는 걸 두려워하지 않는다', '취약해지는 걸 두려워하지 않는다'라고 묘사됐다.

　자신을 비웃는 능력은 어떤 사람은 원래부터 자연스럽게 갖고 있는 재능이고 어떤 사람은 개발해야 하는 기술이다. 하지만 우리 모두 그런 능력을 갖추고 있고, 노력할 가치가 있는 일이다. 자신을 놀리는 능력은 일종의 장난기이며 있는 그대로의 자신에게 만족한다는 강력한 신호다. 그건 당신을 불안으로부터 보호하고 사람들을 가까이 끌어당기는 자기장을 만들 것이다. 그러면 재미가 저절로 끌려올 것이다.

놀이터 만들기

재미를 끌어당기는 사람이 되는 다음 단계는 놀이터를 인식하고 만드는 것이다. 걱정할 필요 없다. 내가 말하는 놀이터는 아이들이 매

달리는 철봉 같은 기구가 있는 데가 아니다. 은유든 문자 그대로든, 장난기·유대감·몰입을 장려해서 재미를 촉진하고 사람들에게 경계심을 늦춰도 괜찮다는 신호를 보내는 구조물을 일컫는다.

이런 구조물이 유용한 이유는 놀이학자 미겔 시카트가 지적한 것처럼 "놀이를 하려면 설계와 재료, 상황 또는 그 모든 것이 담긴 요소가 필요하다. 그래야 놀거나 장난기를 발휘할 수 있다는 걸 알게 되기 때문이다". 잘 설계된 놀이터는 바로 이런 일을 한다. 그런 놀이터는 장난기를 불러일으키고, 그 안에서 어떻게 행동해야 하는지에 대한 명확한 규칙과 지침을 제공하며, 자의식과 흥을 깨는 사람 같은 재미없는 요소를 물리쳐서 안에 있는 사람들을 보호한다.

장난기·유대감·몰입을 위한 기회가 사방에 널려 있을 때가 종종 있는 것처럼, 놀이터라는 명패가 붙어 있지 않더라도 우리 주변에는 곳곳에 놀이터가 있다. 요한 하위징아가 《호모 루덴스》에서 설명한 것처럼, "경기장, 카드 테이블, 매직 서클, 사원, 무대, 스크린, 테니스 코트, 법원 등은 모두 놀이터의 형태와 기능을 갖추고 있으며 그 안에서는 특별한 규칙이 적용된다. 전부 평범한 세계 안에 존재하는 일시적인 세계이며 각각의 세계에서는 별개의 행위를 수행하는 데 전념한다".

일상적인 놀이터의 한 예로, 당나귀 꼬리 달기라는 게임을 생각해보자. 정상적인 상황에서라면 한 무리의 사람들이 당신을 보고 웃어대는 동안 자발적으로 눈가리개를 하고 제자리에서 빙글빙글

돌다가 종이 당나귀에 가짜 꼬리를 붙이려고 애쓴다는 건 정말 기이한 일일 것이다. 틀림없이 다들 이상하다고 생각할 것이다. 난 이 게임을 싫어한다. 하지만 이걸 생일 파티에서 하면 아무도 놀라지 않는다. 다들 게임의 목표를 알고 있고 게임 방법도 안다. 누군가가 당신의 눈을 가리고 당나귀 꼬리를 건네주는 데 동의한다면, 당신은 게임이 만들어낸 '놀이터'에 들어가기로 한 것이다. 일단 그 벽 안에 들어가면 다른 상황에서라면 터무니없다고 생각할 일을 할 수 있는 허가증이 생긴다. 이렇게 하면 자의식이나 멍청하다는 기분을 느낄 필요 없이 자유롭게 게임의 부조리에 빠져들 수 있다.

놀이터의 개념에 대해서 생각하기 시작하면 온갖 다양한 맥락에서 놀이터를 의식하게 될 것이다. 게임과 스포츠가 명백한 사례다. 결혼 피로연 같은 의식과 축하 행사도 마찬가지다. 모든 놀이터의 공통점은 명시적으로든 암묵적으로든 우리의 행동을 인도하고 장난스럽게 행동할 권한을 준다는 것이다.

스물일곱 살인 펀 스쿼드의 한 회원이 자신에게 재미를 안겨주는 매우 창의적인 놀이터에 관해 얘기해줬다. 그녀가 친구들과 함께 정성 들여 개최하는 연례 파이 매드니스(Pie Madness) 대회다. 현재 이들의 페이스북 그룹에는 200명 넘는 회원이 가입해 있다. 이 대회의 공식 설명에 따르면 "2017년 3월, 파이를 기반으로 한 멋진 전통이 만들어졌다. 어떤 사람들은 자기가 좋아하는 파이 맛을 바탕으로 지속적인 우정을 쌓았고, 오랫동안 친구로 지내온 어떤 이

들은 이제 서로를 경멸한다. 훌륭하다".

마치 매드니스(March Madness)라는 농구대회를 본떠서 만든 파이 매드니스에서는 서로 다른 맛의 파이들끼리 맞붙는다. 일례로 2019년에는 모두의 예상을 뒤엎고 1라운드에서 모카 크림 파이가 바나나 크림 파이를 이겼고, 메이플 버번 브라운 버터 피치 파이가 "현장에 등장해 단숨에 파이계를 사로잡았다".

2020년에는 전 세계적인 팬데믹 때문에 대면 경쟁이 불가능했지만 그럼에도 대회는 열렸다. 주최자들이 구조를 조정해서 지금까지와는 다른 유형의 재미있는 놀이터가 만들어졌다. "'맛있는 4대 파이' 기념행사는 줌을 통해 이루어졌고, 파이를 직접 구워서 맛보는 대신 4대 파이의 공식 대표들이 대통령 후보들이 하는 것과 비슷한 토론에 참여했다"라고 펀 스쿼드 회원이 설명했다. 이런 적대적이면서도 장난스러운 구조 때문에 사람들은 #크림팀과 반체제적인 '크러스터 운동' 같은 여러 개의 파벌로 갈라졌고, 그 덕에 재미를 위한 놀이터가 더 많이 생겼다. 펀 스쿼드 회원의 설명은 계속 이어졌다. "오레오-누텔라 파이 대표가 그들의 기업 관계와 누텔라에 사용되는 팜유 때문에 발생한 대규모 삼림 벌채 및 서식지 감소 문제를 해결하는 데 실패한 일을 놓고 토론하는 모습을 보며 정말 즐거웠습니다. (…) 비록 논쟁이 과열되긴 했지만 이런 우스꽝스러운 토론을 하면서 올해 벌어지고 있는 정신 나간 상황에서 잠시나마 벗어날 수 있어서 매우 재미있었습니다."

한 걸음 물러서서 바라보면 여기에도 놀이터의 모든 요소가 존재한다는 걸 알 수 있다. 이 대회는 구조와 발판을 제공했고 다들 자기에게 무엇을 기대하는지 또 어떤 식으로 일을 진행해야 하는지 알고 있었다. 참여는 완전히 자발적이었고(강제적으로 하면 놀이터가 작동하지 않는다), 참가자들은 장난스러운 놀림은 허용되지만 인신공격은 안 된다는 걸 알고 있었다. 또 파이 매드니스의 일원이 되고 싶으면 전력을 다해야 한다는 것도 알고 있었다. 흥을 깨는 건 허용되지 않는다. 파이 매드니스의 세계(오레오-누텔라 파이와 그것이 전 세계 삼림 벌채에 미치는 영향에 대해 열변을 토하는 연설이 환영받고 높이 평가되는 곳)와 외부 세계(그런 연설을 기이하게 여기는 곳) 사이에는 명확한 경계가 있다. 파이가 진지하게 토론할 가치가 있는 주제라는 근본적인 전제의 부조리함이 재미를 더해준다.

파이 매드니스는 또 사람 모으는 일을 전문으로 하는 프리야 파커가《모임을 예술로 만드는 법》이라는 저서에서 언급한 놀이터에 대한 역설 중 하나를 보여준다. "규칙은 실제로 일상적인 모임보다 더 재미있는 일시적인 가상의 세계를 만들 수 있다." 운동장은 구조를 제공함으로써 자발성을 위한 공간을 만들고, 경계를 정해 창의력을 키운다. 요컨대 잘 구성된 놀이터는 우리가 긴장을 풀고 장난을 칠 수 있는 안전감과 소속감을 안겨준다. 그리고 그런 일이 일어날 때마다 재미를 끌어들일 가능성이 커진다.

놀이터를 만드는 방법

재미를 자아내는 놀이터의 잠재력을 경험하는 가장 손쉬운 방법은 이미 존재하는 놀이터에 참여하는 것이다. 재미에 매력적인 구조를 제공하는 일종의 내장형 발판이 있는 상황이나 활동을 찾으면 된다. 강좌나 그룹 활동이 이런 일을 시작하기에 좋은 장소다. 당신의 성격에 따라 다르긴 하지만 이것만으로도 충분할 수 있다. 자기만의 놀이터를 따로 만들지 않아도 시간을 보낼 수 있는 놀이터를 많이 찾을 수 있을 것이다.

하지만 모임이나 행사를 조직하면서 새로운 놀이터를 만드는 실험을 하고 싶다면, 먼저 우리가 참석하는 많은 행사와 모임이 왜 재미가 없는지부터 알아내야 한다. 프리야 파커에 따르면, "우리 대부분은 사람들을 한데 모을 때도 오토파일럿 상태를 유지한다. 고루한 공식을 따르고 좋은 모임과 회의, 파티의 화학 반응이 어떻게든 스스로 작동해서 평소처럼 재미없는 걸 입력해도 마법처럼 짜릿한 결과가 나오길 바란다. 하지만 그건 대개 헛된 희망일 뿐이다". 그보다는 "정말 진지하게 고민하면서 (눈에 보이지 않는) 구조를 만들고 주최자가 호기심과 시도하려는 의지, 아량을 지녀야만 비로소 모임이 활기를 띤다"라고 파커는 썼다. 다시 말해 주최자가 놀이터를 만들어야 성공한다는 얘기다.

장난스러운 대회와 게임은 놀이터를 만드는 좋은 방법이지만 자기만의 파이 매드니스 대회를 주최할 준비가 돼 있지 않더라도 절망할 필요는 없다. 그런 걸 만들 수 있는 다른 방법도 많다. 미겔 시카트는 《놀이의 중요성(Play Matters)》에서 "대부분 공간이 놀이터가 될 수 있다"라고 했다.

실제로 즐길 수 있는 방법이 많은 것처럼 놀이터도 매우 다양하다. 자신에게 특히 매력적인 아이디어를 얻으려면 재미 자석과 재미 요소 목록을 뒤져보는 게 좋다. 예를 들어 스튜어트 브라운은 움직임과 관련된 모든 활동을 강력히 추천하는데, 재미 요소에 신체 활동이 포함된 사람이라면 누구에게나 좋은 선택지다. 음악도 환상적인 놀이터다. 요한 하위징아는 이렇게 썼다. "음악 연주는 처음부터 놀이의 모든 형식적 특성을 적절하게 표현한다. 이 활동은 엄격하게 제한된 시간과 공간 안에서 시작하고 끝내며 반복할 수 있다. (…) 청중과 연주자 모두 '평범한' 삶에서 벗어나 기쁨과 평온의 영역으로 옮겨 가기 때문에 심지어 슬픈 음악도 고상한 즐거움이 된다."

재미 요소에 지적 자극이 포함돼 있는 사람들은 대화도 놀이터가 될 수 있다. 대화는 시작, 중간, 결말 같은 자연스러운 구조로 되어 있으며 가장 재미있게 느껴지는 대화에는 농담이나 주제에 대한 반복이 포함되는 경우가 많다. 거기에는 암묵적이긴 해도 내재된 규칙이 있다. 예를 들어 대부분 사람은 어떤 주제가 금지돼 있는지 알고 있으니 "와, 살이 많이 쪘네요!" 같은 말로 대화를 시작하지 않을 것이다. 또 대화는 대부분 모임의 일부다. 따라서 이런 상호작용에 장

난스러운 구조를 덧붙이는 방법을 알아낸다면, 즉 대화를 놀이터로 전환할 수 있다면 재미를 끌어들일 가능성이 훨씬 커진다.

어디서부터 시작해야 할지, 또 어떤 유형의 놀이터가 자신에게 가장 적합한지 잘 모르겠다면 세부 사항에 너무 집착하지 말자. 그냥 뭐라도 해보자. 예를 들어 내 친구는 남편과 함께 만든 놀이터에 관해 이런 얘기를 해줬다. 세계의 특정 지역에서 만든 와인을 편한 분위기에서 맛보려고 몇 커플을 초대했다는 것이다. 아무도 오지 않으면 어쩌나 걱정했지만, 걱정과 달리 손님들은 각자 다양한 종류의 와인과 해당 와인 생산지에서 많이 먹는 음식을 가지고 왔다. 그들은 와인 맛을 구별할 수 있는지 알아보기 위해 장난스러운 경쟁 식으로 블라인드 시음 테스트를 했다. 중요한 건 이 모임에 참석한 사람들 모두 와인에 대해 잘 모른다는 것이다. 친구는 "다들 실력이 형편없었어"라고 했다. 하지만 요점은 소믈리에가 되는 게 아니라 재미를 끌어모으는 것이었다. 그리고 그건 성공했다.

파이 매드니스 대회를 통해 증명됐듯이, 놀이터가 성공하면 전통이 될 가능성이 크고 그 전통 자체가 재미를 끌어당기는 추가적인 놀이터를 만들 수 있다. 예를 들어 내 남편이 일하는 법률사무소에는 매년 모든 직원이 참가하는 크로켓 파티를 주최하는 동료가 있다. 사람들은 흰옷을 입고 우스꽝스러운 모자를 쓰고 모이며, 대회가 끝나면 시상식도 열린다. 다들 1년에 하루 정도는 직업적인 역할을 포기하고 게임에 참여하자는 생각에 동의한 것이다. 시간이 지나면서 이 행사와 관련된 사람들의 평판도 생겨났고(아무개는 항상 부정행위를 한다거나 누구누구는 항상 특정한 모자만 쓴다는 둥), 그 덕에 모든 사람이 행사 전후에 농담이나 이야기를 주고받을 소재가 생겼다. 즉 대화 놀이터를 만들 기회가 생긴 것이다. 장난스럽게 상대방을 기죽이는 말을 건네기도 했고, 테마 칵테일도 있었다. 일회성 이벤트로 시작한 것이 1년 내내 사람들이 고대하는 전통으로 바뀌었다.

전통은 특히 강력한 놀이터가 될 수 있다. 그 순간에 재미를 끌어들일 뿐만 아니라 요한 하위징아가 "일반적으로 게임이 끝난 뒤에도 영속하는 경향이 있다"라고 말한 '놀이 커뮤니티'를 만들 잠재력이 있기 때문이다. 크로켓 파티의 경우, 이 놀이터는 이미 서로를 알고 있는 사람들 사이에 더 강한 유대감을 형성했다. 내 기타 수업의 경우에는 놀이터가 낯선 사람들로 구성된 커뮤니티를 만들었다.

"물론 모든 구슬치기 놀이나 브리지 카드 파티가 클럽 설립으로 이어지는 건 아니다"라고 하위징아도 인정한다. "그러나 예외적인 상황에서 서로 친밀감을 유지하고, 중요한 것들을 공유하며, 세상의 다른 부분과 거리를 두면서 일반적인 규범을 거부한다는 기분은 게임이 끝난 후에도 그 마법을 유지한다."

적절한 환경과 소품 선택

재미를 위한 잠재적 놀이터를 인지하고 생성하는 능력을 키우려고 할 때는 물리적인 환경에도 주의를 기울여야 한다. 환경은 우리가 행동하고 느끼는 방식에 강력한 영향을 미칠 수 있고, 특정한 환경은 실제로 재미 자석 역할을 하기도 한다. 예를 들어 사람들이 오페라 하우스에 있을 때는 놀이공원이나 운동장에 있을 때와 얼마나 다르게 행동하는지, 또 사무실 칸막이 안이 아니라 꽃이 가득한 정원에 있을 때는 기분이 얼마나 좋아지는지 생각해보라.

잉그리드 페텔 리는 《조이풀》에서 물리적 세계가 우리 감정에 영향을 미치는 방식과 특정한 물체가 기쁨을 불러일으키는 이유를 설명했다. 그녀는 사람들에게 어디에서 기쁨을 얻는지 물었을 때 특정한 단어가 계속 등장한다는 걸 알아차렸다. 그래서 그건 몇몇 사람만 즐기는 게 아니라 대부분 사람에게 기쁨을 안겨준다는 결론을 내렸다. 일테면 무지개, 비치볼, 불꽃놀이, 수영장, 나무 위에 지은 집, 열기구, 부리부리한 눈, 알록달록한 스프링클을 뿌린 아이스크림선디 등이다. "우리는 모두 자기 주변에서 기쁨을 찾는 경향이 있지만 그걸 무시하라고 배웠다. 만약 우리가 기쁨을 찾는 본능을 다시 깨우친다면 어떻게 될까?"

그녀의 말을 유념하면서 진정한 재미의 기억에 대한 펀 스쿼드 회원들의 글을 읽어보니 확실히 몇몇 환경이 반복적으로 언급된다는 걸 알 수 있었다. 그래서 이를 기반으로 추론할 수 있는 더 큰 뭔가가 있지 않을까 하는 생각이 들었다. 예를 들어 진정한 재미에 대한 많은 사람의 기억은 4대 원소, 특히 물과 관련이 있었다. 많은 이들이 수영장, 물 미끄럼틀, 비, 눈, 그리고 해변과 관련된 재미있는 순간들을 얘기했다. 불도 재미를 촉진하는 듯하다. 사람들이 주변에 모일 수 있는 모닥불을 제공하면 장난스러운 유대감을 느끼는 몰입에 빠져들 가능성이 크다. 바람과 흙은 자주 언급되지 않았지만 그래도 연날리기, 패러글라이딩, 캠핑, 정원 가꾸기 등 사람들이 개인적인 재미 자석으로 인식하는 활동에 등장하곤 했다.

또 리의 말처럼 특정한 사물이 재미를 촉진하는 경향이 있다는 것도 알게 됐다. 일반적으로 물질적인 소유물을 축적하는 건 재미로 향하는 통로가 아니지만 특정한 유형의 소유물, 즉 사람들이 상호작용할 수 있고 장난기를 조장하는 물건을 주변에 비축하는 건 가치 있는 일임을 시사한다. 주변 환경을 놀이터로 변화시키면 이런 소품을 통해 어른들은 자신의 장난스러운 부분과 다시 접촉할 수 있다.

멋진 요리 도구, 스키 세트, 새 자전거 등 재미를 안겨주는 몇몇 소유물은 가격이 비쌀 수도 있다. 하지만 돈이 꼭 필요한 건 아니다. 일례로 나는 밧줄 두 가닥을 손잡이 2개에 연결해서 만든 도구를 이용해 많은 재미를 누렸다. 딸은 이걸로 만든 거대한 비눗방울을 쫓아다니면서 좋아한다. 악기는 종류에 상관없이 전부 훌륭한 소품이 될 수 있다. 훌라후프, 잔디밭에서 하는 게임, 썰매도 마찬가지

다. 던지고 잡을 수 있는 물건들이 재미를 발생시키는 능력도 과소평가해선 안 된다.

진심으로 하는 말이다. 예를 들어 어느 해 여름에 남편이 수영장에서 쓸 폼 볼(foam ball)과 물에 가라앉는 후프를 샀다. 나중에 수영장에 놀러 온 친구들이 이 소품을 보고 마음에 들어 하면서 그걸 이용해 즉흥적으로 게임을 만들었다. 그해 여름의 가장 재미있는 기억 중 하나가 친구들과 계속 다이빙 보드에서 뛰어내리면서 한꺼번에 공 2개를 잡으려고 애쓰던 그때의 기억이다. 마침내 남편이 성공했는데, 마치 그가 쿼드러플 악셀을 돌고 성공적으로 착지한 피겨 스케이트 선수라도 되는 것처럼 거기 있던 모든 사람이 만세를 부르며 환호했다. 정말 순수한 기쁨의 순간이었다.

놀이터 보호

재미를 위한 놀이터를 짓거나 찾기 위해 노력했다면, 이제 반드시 수행해야 하는 필수적인 단계가 하나 더 있다. 바로 흥을 깨는 이들로부터 놀이터를 보호하는 것이다.

어쩌면 당신도 흥을 깨는 사람을 한 번쯤은 만나봤을 것이다. 또는 스스로 그런 존재가 된 듯한 기분을 느끼거나 실제로 그랬던 적이 있을지도 모른다. 흥을 깨는 사람이란 놀이터에 완전히 발을 들이거나 그곳의 규칙을 따르는 걸 거부하는 사람을 가리킨다. 때로는 고의로 놀이터를 파괴하기도 한다. 그렇다면 그 사람을 다시는 파티에 초대하지 말아야 한다. 하지만 일부러 흥을 깨려고 하는 이들은 별로 없다. 단지 그 활동에 특별히 관심이 없거나 근본적인 불안감 때문에 자의식을 버리고 스스로 놀이터에 들어가는 걸 힘들어 하는 이들이 대부분이다.[*]

문제는 의도적이든 아니든 간에 다른 모든 사람의 즐거움을 망칠 수 있다는 것이다. 하위징아의 설명처럼, "흥을 깨는 사람은 놀이 세계 자체를 산산조각 낸다. 그가 게임에서 발을 빼는 순간 다른 사람들과 함께 즐기고 있던 놀이 세계의 상대성과 취약성이 드러난다. 그는 놀이의 환상을 강탈한다". 다시 말해 흥을 깨는 것의 문제점은 비록 일부러 찬물을 끼얹으려고 한 게 아니더라도 그들의 참여 거부 때문에 다른 사람들이 자신의 참여에 대해 자의식을 느끼게 된다는 것이다. 자의식은 재미를 말살시키는 크립토나이트 같은 역할을 한다. 사람들이 자의식을 느끼면 재미가 파괴되고, 정성들여 만든 놀이터가 무너지고 만다.[**]

[•] 어릴 때 수줍음이 매우 많았던 나는 2학년 때 열린 학급 파티에서 종이 왕관을 쓰는 걸 거부했던 사건을 비롯해 이런 식으로 무심코 분위기를 깬 일이 많았다. 난 다른 사람들의 즐거움을 망치려고 그런 게 아니다. 그냥 고통스러울 정도로 자의식이 강했고 그런 축하용 모자를 쓰면 바보 같은 기분이 들어서 그랬던 것뿐이다. 당신이 비슷한 상황을 목격한다면, 그때 우리 반 담임이 그랬던 것처럼 당황한 아이를 가리키면서 "어떤 파티에나 흥을 깨는 사람은 있는 법이지"라고 큰 소리로 선언하는 짓만은 하지 말기 바란다. 그건 파티에도 도움이 되지 않을 테고 당황해서 어쩔 줄 모르는 아홉 살짜리 아이에게도 도움이 되지 않는 행동이다.

THE POWER OF **FUN**
파워 오브 펀

행사를 조직하거나 놀이터를 만들 때는 손님들이 편안하고 환영받는다는 기분을 느끼도록 특별히 애쓰는 게 중요하다. 기억하겠지만, 다른 사람들을 편안하게 해주는 능력은 펀 스쿼드 회원들이 "재미있다"라고 말한 이들의 공통된 특징이었다. 따라서 모임을 조직할 때는 누구를 포함할지 신중하게 정해야 한다.

다시 말해 당신이 재미 자석이라고 여기는 이들을 초대해야 할 뿐만 아니라, 누가 흥을 깰 가능성이 있는지 또는 특정한 그룹이나 활동에 적합하지 않은지 고민해서 그런 사람은 초대하지 말아야 한다. 우리는 무례하게 굴거나 사람들의 감정을 상하게 하지 않으려고 인원이 많을수록 좋다는 태도를 취하라고 교육받았다. 하지만 재미를 끌어들이기 위한 놀이터를 만들 때는 사람이 더 많은데 더 즐겁지 않은 경우도 있다. 흥을 깨는 이들 또는 긍정적인 에너지를 보태주리라고 생각되지 않는 모든 사람으로부터 모임을 보호하는 게 손님들을 배려하는 행동이다.

놀이터의 중요성을 강조한다고 해서 고도로 구조화된 상황에서만 재미를 얻거나 끌어들일 수 있다거나 놀이터가 효과를 발휘하려

●● 이걸 읽으면서 자신이 종종 분위기를 깨곤 한다는 사실을 깨달았다면, 왜 자유롭게 행동하는 게 그렇게 어려운 건지 곰곰이 생각해보고 싶을지도 모른다. 어쩌면 어리석어 보일지도 모른다는 두려움과 관련이 있을 수도 있고, 또 어쩌면 나처럼 당나귀 꼬리와 모자가 있는 파티를 피하고 싶다는 결론이 나올 수도 있다. 그리고 이 탐색이 다른 유용한 통찰력으로 이어질 가능성도 있다.

면 정교해져야 한다는 뜻이 아니다. 재미가 저절로 생기거나 아주 작은 발판만 있는 상황에서 생기는 경우도 많다. 그리고 어떤 이들은 '구조화된' 재미라는 개념에 본능적으로 반발하기도 한다.

하지만 과거의 재미 경험을 분석해보면 은근히 놀이터와 관련된 경험이 많은 걸 깨닫고 놀랄지도 모른다. 그리고 재미 자석이 처음에 생각했던 것처럼 느슨하거나 유기적이지 않은 활동인 경우가 많다는 것도 알게 될 것이다. 이런 생각에 집착할 필요는 없다. 너무 열심히 노력하면 잠재적인 재미가 달아나고 만다. 놀이터의 개념을 이해하고 놀이터를 만들거나 촉진하거나 참여할 방법을 실험하는 건 더 많은 재미를 끌어들이는 삶을 구성하는 데 사용할 수 있는 또 다른 도구다. 이는 또한 당신이 다른 사람들을 도울 수 있게 해줄 것이다. 베스트셀러 작가 마이클 루이스가 지적한 것처럼, "사람들은 지루한 삶은 물론이고 심지어 지루한 대화도 원하지 않는다. 그들은 그냥 위험을 회피할 뿐이다. 두려워할 이유가 없는 환경을 만들면 갑자기 일이 풀린다." 다시 말해 어색해하거나 뒤로 물러나는 사람이 있다면, 그들이 재미를 원치 않기 때문이 아니다. 그들은 초대를 기다리고 있을 뿐이다.

09

오늘만은 삐딱하게! 무해하게 반항하기

펀 스쿼드 회원들이 진정한 재미를 느꼈던 과거 경험에 관해 얘기
한 일화를 훑어보다가 그 가운데 많은 사람이 약간 짓궂은 활동에
참여한 적이 있음을 알게 됐다. 그들은 규칙을 어겼던 일에 관해 얘
기했다. 일부러 장난스러운 일탈 행위를 저지르기도 했고, 남들이
예상치 못하거나 특이하거나 약간 금기시되는 방식으로 행동했다.
즉, 반란을 일으킨 것이다.

다음은 그중 몇 가지 사례다.

아홉 살 때쯤이었는데 가장 친한 친구와 대낮부터 학교에서 나와 공원에 가서 점심을 먹고 나무에 올라가곤 했다. 아마 우리 둘 다 점심을 먹으러 집에 가도 된다는 허가증을 받았던 것 같다. 하지만 우리는 집에 가지 않고 공원에 가서 놀곤 했다. 우리가 학교나 부모님 또는 양쪽을 다 속였던 건지 기억이 안 난다. 그런 일탈이 오래가진 않았지만 마법 같은 날들이었다.

친구 몇 명과 미니애폴리스의 한 아파트에서 함께 산 적이 있다. 아마 스물두 살쯤 됐을 것이다. 어느 무더운 여름밤에 그중 한 친구가 난데 없이 플라스틱 빨래 바구니를 들고는 무작위로 물건을 집어넣기 시작했다. 그러면서 우리에게도 모험에 필요한 물건을 가져오라고 재촉했다. 우리가 뭘 가져왔는지 전부 기억은 안 나지만 아무 의미도 없는 물건들이었던 건 생각난다. (…) 우리는 폐쇄된 어린이 수영장에 도착해서 빨래 바구니를 이용해 울타리를 뛰어넘었고, 물속을 첨벙거리고 돌아다니면서 빨래 바구니에 담아온 물건들을 최대한 터무니없는 방식으로 이용했다. 그건 너무나도 무작위적이고 어리석고 불법적이고 즉흥적인 행동이었다.

30대 후반부터 40대 초반까지 몇 년 동안 한겨울에 동네 공원에서 국제 아이스크림 조찬 모임을 열어 사람들을 초대했다. '아이스크림 포 브렉퍼스트 데이(Ice Cream for Breakfast Day)'는 실제 존재하는 날인

데(검색해보라!) 시애틀에서 1년 중 가장 음울하고 황량한 시기에 찾아온다. 우리 가족은 거대한 돌로 만들어진 벽난로와 수많은 테이블이 있는 샐리시 해안의 커다란 피크닉 쉼터에 모였다. 우리는 모닥불을 크게 피우고 몇 가지 종류의 아이스크림(전통적인 맛, 고급스러운 맛, 이국적인 맛)과 다양하고 재미있는 토핑뿐만 아니라 뜨거운 코코아, 차, 커피, 도넛, 베이컨(모두 아이스크림과 잘 어울린다) 등을 제공했다. 그 시기의 전형적인 날씨를 고려하면 별로 어울리지 않는 행사지만 그래서 더 재미있었다. 이런 행사가 아니면 만나보지 못했을 사람들이 많이 들러서 가벼운 일탈(아침 식사로 아이스크림과 온갖 종류의 이상한 토핑을 곁들이는!)을 즐겼다. 추운 날씨에 따뜻한 옷으로 몸을 감싸고 둘러서서 일반적으로 그 시간대에 잘 먹지 않는 간식으로 내면에 존재하는 어린아이의 응석을 받아주면서 '여기에 함께 있다'는 감각을 즐긴 것이다.

내가 간직한 가장 즐거운 명절 기억 중 하나는 집에서 명절을 보내는 걸 포기하고 남편과 함께 뭔가를 했던 것이다. 예를 들자면 헝가리의 버여라는 도시에서 나이 든 퇴직자들 틈에 끼여 캠핑을 한 적도 있는데 크리스마스 다음 날 아침에 우리 텐트 밖에 음식과 싸구려 샴페인 병이 놓여 있었다. 아마도 그들은 우리가 매우 가난하다고 생각한 게 틀림없다. 또 그랜드 캐니언에서 온몸이 꽁꽁 언 채로 새해를 맞이한 기억도 있다.

열한 살쯤 됐을 때 나보다 약간 나이가 많은 친구와 함께 다락방에서 찾아낸 낡은 모자와 스팽글 장식이 달린 작은 조끼, 와이드 팬츠 등 이상한 옷을 차려입은 적이 있다. (…) 우리는 머리카락을 땋아서 머리 위쪽에 핀으로 고정하고 팬터마임 배우처럼 얼굴을 하얗게 칠했다. 그런 차림새로 동네를 돌아다녔고 언니는 특이한 포즈를 취한 우리 사진을 찍어줬다. 맨발로 많은 시선을 받으면서 시내까지 걸어갔던 것 같다. 정말 정말 재미있었다! 그게 재미있었던 이유는 어린 소녀들이 하기에 적당한 행동의 한계를 넘어섰기 때문이라고 생각한다.

이런 사례를 통해 분명히 드러나지만, 내가 말하는 반란은 당신 또는 다른 사람을 다치게 하거나 감옥에 갈 정도로 심각한 행동을 뜻하는 게 아니다. 또 성격에 맞지 않는다면 아드레날린이 솟구칠 만한 일을 하지 않아도 된다. 그냥 재미를 위해 일부러 평범한 삶의 경계에서 벗어나 평소와 다른 일을 하는 무해한 반항 행위를 말하는 것이다.

나 자신도 이런 일에 직접 참여해 즐긴 적이 많지만 펀 스쿼드의 일화를 읽기 전에는 반란에 대해 이런 식으로 생각해본 적이 없다. 하지만 놀이에 관한 문헌을 살펴보면서 반란과 관련된 일탈과 '정상적인' 삶에서 벗어난 놀이가 서로 많이 겹친다는 걸 알게 됐다. 반란이 놀이의 한 형태가 될 수 있을 뿐 아니라 놀이 자체가 반란인 경우도 많다. 놀이 전문가인 스튜어트 브라운은 "놀이는 본질적으로

(⋯) 정상적인 삶에서 벗어나고 정상적인 패턴을 깨는 것이다. 또 생각과 행동, 태도의 규칙을 상황에 맞게 바꾸는 것이기도 하다"라고 말했다. 요한 하위징아도 "놀이는 평범한 삶도 실제 삶도 아니다. 그보다는 실제 삶에서 벗어나 자체적인 성향을 지닌 일시적인 활동 영역에 발을 들여놓는 것이다"라고 했다.

이는 의도적으로 반항할 방법을 찾고 때때로 그렇게 하는 것이 일상생활에서 더 장난기를 발휘하고 더 큰 유대감을 느끼면서 몰입하게 하는 도구가 될 수 있음을 암시한다. 그리고 그렇게 할수록 진정한 재미를 느낄 가능성도 커진다.

당신이 규칙을 잘 따르는 성인이라면 반항적으로 행동한다는 생각만 해도 긴장하게 될지 모른다. 평소의 규범에서 벗어나는 것? 의무를 저버리는 것? 오직 자기만을 위한 일을 하는 것? 전부 무책임하고 방종해 보이며, 어쩌면 조금 무섭기까지 할 것이다. 하지만 적절한 수준의 무책임과 방종 그리고 자신의 안전지대에서 벗어나는 것은 매우 도움이 된다. 행복에 절대적으로 필요하다고도 할 수 있다. 너무 많은 책임을 떠안고 있으면 무겁고 부담스럽다. 항상 자신보다 다른 사람의 요구를 우선시하다 보면 분노와 피로감을 느끼게 된다. 저널리스트 제니퍼 시니어는 육아에 관한 책《부모로 산다는 것》에서 "우리는 모두 가끔이라도 성인 자아로부터 해방되기를 갈망한다"라고 했다. 그녀의 글은 이렇게 이어진다. "공적인 역할과 일상적인 의무를 안고 있는 자아에 대해서만 말하는 게 아니다. 그런 자아에서 벗어나는 건 그냥 휴가를 가거나 독한 술을 마시기만 해도 된다. 내가 얘기하는 자아는 몸보다 머릿속에 주로 살고, 세상이 실제 돌아가는 모습에 흥분하기보다 세상이 움직이는 방식에 대한 지나치게 많은 지식 때문에 부담스러워하며, 비판만 받고 사랑받지 못하는 걸 두려워하는 자아다."

'반란'이라는 말 자체가 뭔가를 상대로 전쟁을 벌인다는 뜻이라서 우리 목적에 비해 다소 폭력적으로 느껴지긴 하지만, 그래도 중요한 부분을 부각하는 장점은 있다. 반란을 일으키려면 반항할 무언가가 있어야 한다. 예를 들어 당신이 나체주의자 집단 안에서 자랐다면 알몸으로 수영하는 것을 반항적이라고 느끼지는 않을 것이다. 오히려 수영복을 입고 수영하는 게 반항적인 행동이 될 것이다. 반항을 재미있게 만드는 건 일탈한다는 느낌이다.

그렇다면 어떻게 당신의 삶을 장난기 가득한 반항으로 채울 수 있을까? 첫 번째 단계는 자기가 어떤 유형의 반항을 즐기는지 확인하는 것이다. 사람들마다 재미 자석과 재미 요소가 다른 것처럼 각자 선호하는 반항 형태도 다르다. 뭔가가 당신을 불편하게 하거나 자신의 가치관 또는 재미 요소에 어긋난다면 당신에게 적합한 반항이 아니다. 반항에 대한 다른 사람들의 정의에 맞설 힘이 있다고 느껴야 한다. 장난스럽게 반항하는 방법에 대한 아이디어를 몇 가지 살펴보자.

우리는 습관과 일상에 반항할 수 있다. 이는 시니어가 말한 "성

년기의 더러운 비밀", 즉 "동일성, 일상과 관습과 규범에 대한 지칠 줄 모르는 고집"에 맞서 싸우는 데 도움이 될 것이다. 또 현재에 다시 집중하고, 일상의 책임에서 일시적으로나마 벗어나게 도와주며, 새로운 걸 시도하도록 독려할 것이다. 이 모든 것이 살아 있다는 기분을 더해준다. 펀 스쿼드의 한 회원은 이를 가리켜 "(재미는) 바깥세상을 잊고 현재에 집중할 수 있게 해준다. 밖에 나가 즐거운 하루를 보냈다면 내 인생의 다른 것들에 대해서는 생각하지 않게 된다"라고 표현했다.

결국 습관과 루틴은 우리가 삶을 쉽게 살아가도록 도와주지만 다른 한편으로는 삶을 지루하게 만들기도 한다. 아침저녁의 통근길이나 매주 식료품점에서 장을 보는 걸 생각해보자. 항상 같은 길로 다니기 때문에 그 경로에 대해 더는 생각할 필요가 없을 것이다. 편리하고 효율적이지만 그런 자동 조종 모드에 있을 때는 현재에 집중하지 않게 된다. 현관문을 나선 뒤로는 어떻게 그곳에 도착했는지 전혀 기억하지 못하는 채로 사무실 책상이나 농산물 매장에 도착해 있기도 한다. 거기까지 가는 동안 휴대전화를 들여다보고 있었다면 더 그럴 것이다.

자동 조종 모드로 살아가면 머릿속에 남아 있는 기억이 적을 뿐만 아니라 실제로 시간이 빨리 가는 것처럼 느껴진다. 윌리엄 제임스는 1890년에 출간한 고전적인 책《심리학의 원리》에서 이를 다음과 같이 설명했다. "해가 지날수록 (우리) 경험의 일부가 자동적인 루틴으로 바뀌어 거의 신경을 쓰지 않게 되고 며칠, 몇 주가 눈 깜짝할 새에 흐른다. (…) 세월은 갈수록 공허하게 무너진다."

심리학자들은 이 현상을 가리켜 '분열(dissociation)'이라고 하는데 스크린은 특히 강력한 방아쇠 역할을 한다. 기술 중독 전문가인 데이비드 그린필드의 말에 따르면, 이는 휴대전화를 들여다보다가 퍼뜩 정신을 차려보니 당신 인생의 최근 45분이 어디로 사라졌는지 알 수 없을 때 일어나는 일이다. 제임스가 넌지시 암시한 것처럼, 당신의 일정을 루틴과 습관, 수동적인 소비로 채우면 기억 속에 서로 구별이 가지 않는 매끄러운 연결고리만 가득해져서 언제 하루가 끝나고 언제 새로운 하루가 시작되는지 알 수 없어진다.

이에 맞서서 시간을 늦추는 가장 좋은 방법은 과학자들이 말하는 '패턴 분리(pattern separation)'의 기회를 많이 만드는 것, 즉 단조로움을 깰 방법을 찾는 것이다. 그러려면 새로운 경험과 작은 반항을 이어가야 한다. 그래야 길고 매끄러운 사슬 대신 색색의 구슬로 만든 목걸이를 갖게 되는데, 각각의 구슬은 요한 하위징아의 말처럼 '기억에 간직될 보물'이 될 잠재력을 지니고 있다. 이 구슬의 색이 더 뚜렷할수록, 그리고 매일 더 많은 구슬을 모을수록 시간이 더 느리게 흐르는 것처럼 느껴질 것이다.

예를 들어 고등학교 시절을 떠올려보자. 대부분 기억이 뚜렷하고, 좋든 나쁘든 그 3년이 비교적 느리게 흘러간 것처럼 느껴질 것이다. 하지만 성인이 되고 나서 3년 동안 그만큼 뚜렷하게 기억에

THE POWER OF **FUN**
파워 오브 펀

남는 해가 얼마나 되는가?

반항이 패턴 분리를 만드는 데에는 도파민이 관여한다. 도파민은 약물이나 강박적인 기술 사용이라는 맥락에서 문제가 되는 한편, 재미에 대한 인식에서도 중요한 역할을 한다. 참신함이 도파민 분비를 촉진하고 반항은 종종 새로운 시도를 수반한다는 사실은 반항 자체가 도파민 분비제라는 걸 의미한다.

알다시피 도파민은 뇌가 기억을 형성하고 다시 시도할 가치가 있는 것들을 기록하기 위해서 사용하는 도구다. 다시 말해 중요한 지표다. 도파민은 관심을 현재에 모으고 감각의 세부 사항에 집중하면서 사물을 더 강렬하게 경험하게 해준다. 그래서 루틴과 습관에 반항하면서 조금이라도 긍정적인 경험을 할 때마다 나중에 되돌아볼 생생한 기억이 생긴다. 그에 뒤따르는 도파민 방출은 새로운 일을 시도하는 게 일반적으로 반복할 가치가 있다는 생각을 강화한다. 그러면 자신감이 높아지고 앞으로 새로운 걸 시도하도록 동기가 부여된다. 이것이 생화학적인 피드백 루프인데, 불안이나 반추와 관련된 다른 피드백 루프와 달리 실제로 우리 기분을 좋게 해준다.

하지만 반항으로 인한 도파민 분비가 너무 많아지면 무모한 운전이나 해로운 약물 사용처럼 위험하고 파괴적인 형태의 반항을 하고자 하는 충동이 일 수 있고 책임을 회피해서 문제가 될 수도 있다. 더 많거나 강한 것이 반드시 좋은 건 아니다. 하지만 의도적인 경우라면, 루틴에 저항해서 도파민의 긍정적인 효과를 이용하고 자기 삶에 더 많은 참신함과 재미를 불러올 수 있다.

습관과 루틴에 반항하기

맨 처음 단계는 8장에서 얘기한 재미 마인드셋을 받아들이는 것이다. 그런 다음 자기 삶을 자세히 살펴보면서 습관적으로 계속하는 일이 뭔지 메모해둔다. 즉, 자동 조종 상태로 움직이는 삶의 영역이 어디인지 식별하는 것이다. 그리고 어떻게 해야 이런 상황을 뒤집을 수 있을지 매일 몇 번씩 자문해보자.

이런 변화가 반드시 극적일 필요는 없다. 그냥 자기 삶에 대해 더 호기심 많은 태도를 취하면서 아이디어를 얻을 수 있다. '왜?', '~한다면 어떻게 될까?', '벌어질 수 있는 최악의 상황은 무엇일까?'라고 질문하는 습관부터 들이자. 왜 매일 똑같은 운동을 하는가? 새로운 운동을 시도한다면 어떻게 될까? 이때 벌어질 수 있는 최악의 상황은 무엇일까? 어쩌면 그 루틴을 정말 좋아하기 때문이라는 결론이 나올지도 모른다. 하지만 단순히 상황을 바꿔볼 생각을 한 적이 없다거나, 자기에게 그런 습관이 있다는 것도 모른 채 자동 조종에 몸을 맡겼다거나, 두려워서 머뭇거렸다는 대답이 나올 수도 있다.

자신의 루틴을 깰 방법을 의도적으로 브레인스토밍하는 것 외에, 그냥 유연한 태도로 "좋다"라고 말하는 것만으로도 습관에 반항할

수 있다. 느긋하다거나 태평하다는 평가를 받는 사람이 돼보는 것이다. 어릴 때 배드민턴을 많이 쳤던 남편이 작년 여름에 작은 무지개색 LED 조명이 달린 배드민턴 버디 세트를 샀다. 어느 날 저녁, 남편이 저물녘에 그걸 들고나오더니 함께 배드민턴을 치자고 했다. 나는 라켓을 이용한 스포츠에 서툰 데다 원래 그날 저녁에는 다른 일을 할 예정이었지만 남편을 따라 나섰다. 우리는 30분 동안 깔깔웃으며 맨발로 풀밭을 뛰어다니면서 칠 때마다 불이 켜지는 버디를 찰싹찰싹 때려댔다. 정말 재미있었다!

　습관과 루틴은 반항을 시작하기에 좋은 영역이긴 하지만, 반항할 수 있는 유일한 대상은 아니다. 나머지 영역도 살펴보자.

그 밖의 틀에 반항하기

관습

할머니는 "다른 사람들이 다 브루클린 다리에서 뛰어내리면 너도 그렇게 할 거냐?"라는 말씀을 자주 하셨다. 다른 사람들이 정치 얘기를 하거나, 스포츠 뉴스를 확인하거나, 특정 드라마를 보거나, 소셜 미디어를 통해 자녀 사진을 공유하는 걸 좋아한다고 해서 나도 꼭 그래야만 하는 걸까? 반대 의견을 가지는 것도 일종의 반항이다. 그리고 따르고 싶은 유행만 따르는 습관을 들이면 인생에 재미를 위한 공간이 더 많이 남을 것이다.

또 관습에 반항함으로써 사람들을 놀라게 하거나 기쁘게 하여 재미를 늘릴 수도 있다. 2000년대 초의 매우 추운 1월 어느 날, 맨해튼에서 지하철을 기다리다가 우연히 내가 가장 좋아하는 사례를 목격하게 됐다. 지하철이 도착했을 때 문득 맨다리가 눈에 들어왔고, 놀랍게도 내 옆에 서 있는 사람이 바지를 입고 있지 않다는 걸 깨달았다. 내면의 뉴요커가 행동을 개시해서(뉴요커의 좌우명은 '이상한 사람들을 피하라'다) 다른 열차 칸에 타야겠다고 순간적으로 결정을 내렸다. 하지만 문이 미끄러지듯 닫혔을 때 지하철에 먼저 타고 있던 사람들 몇몇도 바지를 입지 않았다는 걸 깨달았다. 사각팬티와 삼각팬티는 있는데(심지어 끈 팬티도 봤다) 바지는 없었다.

당황해서 주위를 둘러보다가 바지를 입지 않은 사람들이 나누고 있는 대화를 단편적으로 들었다. "그냥 깜빡했어요." 한 사람이 어깨를 으쓱하며 말했다. 또 다른 사람은 "난 정해진 루틴이 있어요. 양치질을 한 다음에 바지를 입는 거죠. 그런데 오늘 아침에는 양치질을 안 했나 봐요"라고 말했다.

내가 다음에 뭘 해야 할지 미처 생각하기 전에, 누군가가 옷이 가득 든 커다란 가방을 들고 통로를 걸어왔다. "바지! 바지!" 그가 소리를 질렀다. "바지 한 벌에 1달러!"

"아, 다행이다." 바지를 입지 않은 사람이 1달러짜리 지폐를 높이 흔들면서 다른 사람에게 말했다. "어떻게 해야 할지 몰랐거든요."

나중에야 이 사건이 매년 1월에 '바지 안 입고 지하철 타기'라는

행사를 주최하는 임프루브 에브리웨어(Improv Everywhere)란 단체가 벌인 일이라는 걸 알게 됐다. 이 행사는 인기가 아주 많아서 전 세계의 다른 도시들로도 퍼져나갔다. 2013년에는 뉴욕에서만 자그마치 4,000명이 이 행사에 참가했다. 상상이 가는가?

'바지 안 입고 지하철 타기'는 15년 이상 지난 지금까지도 그 세부 사항이 또렷이 기억날 정도로 놀랍고 황당한 사건이었다. 그냥 그 광경을 목격하는 것만으로도 예상치 못한 재미를 느꼈다. 그 이후로 그게 바로 요점이라는 걸 깨달았다. 〈디스 아메리칸 라이프 (This American Life)〉라는 라디오 프로그램에서 임프루브 에브리웨어를 소개한 적이 있는데, 이 단체 설립자인 찰리 토드는 미션의 목표가 '사람들을 행복하게 하는 것'이라고 설명했다. 이 코너 진행자는 "토드의 관점에서 행복이란 재미를 뜻하고, 재미는 지루한 장소에서 이상한 일이 벌어지게 하는 걸 뜻한다"라고 설명했다. 다시 말해, 장난스러운 반란을 일으킨다는 뜻이다.

전통

전통은 유대감을 쌓는 강력한 도구다. 사람들을 더 가깝게 해주고 장난기를 발휘할 때 재미를 위한 발판과 놀이터를 만들어준다. 하지만 한편으로는 답답하게 느껴질 수도 있다. '전통(tradition)'이라는 단어는 '항복(surrender)'을 의미하는 단어에서 파생됐다.

최고의 전통은 당신이 의식적으로 선택하거나 만든 것이다. 어떤 전통은 처음부터 당신에게 맞아떨어질 수도 있지만, 자신에게 의미 있는 전통을 만들려면 반란을 일으켜야 할 수도 있다. 내 친구 마리는 추수감사절 당일(11월 넷째 주 목요일)에 추수감사절 행사를 하지 않는다. 수요일에 행사 준비를 위해 집으로 달려가고 목요일에 일찍 일어나서 추수감사절 저녁상을 준비하느라 미친 듯이 요리를 하는 전통적인 일정이 모든 사람에게 스트레스를 준다는 걸 깨달았기 때문이다. 그래서 그녀와 가족은 반란을 일으키기로 했다.

그들은 목표를 확인하는 일부터 시작했다. 모두의 목표는 느긋하고 즐거운 휴일을 보내는 것이었다. 그리고 문제가 뭔지 확인했다. 24시간 안에 근사한 잔칫상을 마련하는 건 편하지도 않고 즐겁지도 않다. 그래서 그녀와 가족은 아이디어를 생각해냈다. 만약 목요일 대신 금요일에 추수감사절 행사를 한다면 어떨까?

그래서 그들은 지금 그렇게 하고 있다. 수요일 밤에는 서두르지 않고 남편과 함께 축하 칵테일을 마시고, 아이들과 함께 파이를 굽는 등 준비를 조금 해둔다. 목요일에는 원하는 시간에 일어나서 여유로운 속도로 행사 준비를 하며 하루를 보낸다. 그날 저녁에는 칠면조 대신 딤섬을 주문해서 먹는다. 그리고 금요일에 전통적인 추수감사절 행사를 치르기 위해 친구와 가족을 초대한다.

이 새로운 전통에는 여러 가지 반항적인 요소가 있다. 가장 명확한 반란은 다른 모든 이들과 다른 날에 추수감사절을 보내는 것이다. 이를 통해 행사를 더 편하게 치를 수 있을 뿐만 아니라 집단적

으로 반항하는 행동이 구성원들이 더 가까워지게 하는 효과를 발휘했다. 요한 하위징아는 "우리를 위한 것이지 타인을 위한 게 아니다"라는 점에서 놀이의 근본적인 특징이 생긴다고 말했다.

그들의 재미를 더하는 또 다른 반항 요소는 목요일에 먹는 전통적인 추수감사절 요리를 다른 유형의 특별한 음식인 딤섬으로 대체하기로 한 것이다. 사실상 그들을 가족으로 더욱 결속시키는 새로운 전통을 만든 것이다. 그 역시 또 다른 작은 반란이다. 반란에서 특별함과 특수성은 매우 중요하다. 그들이 목요일에 아무거나 남은 음식을 먹는다면 얼마나 재미없게 느껴질지 생각해보라.

마지막으로, 이들이 전통적인 추수감사절 식사를 하긴 하지만 추수감사절이 아닌 다른 날에 한다는 것 또한 다른 형태의 장난스러운 반항이며 이것은 흥미로운 사실을 강조한다. 정상적인 맥락 밖에서 뭔가를 하는 게 재미있다는 것이다. 놀이학자 미겔 시카트의 "장난기를 발휘한다는 건 놀이를 위해 만들어지거나 의도되지 않은 맥락을 적절하게 활용하는 것"이라는 말을 실증하는 사례다. 이걸 보면 왜 아이들이 온종일 잠옷을 입고 있는 걸 좋아하는지, 왜 저녁에 아침 식사용 음식을 먹는 게 재미있는지, 왜 편 스쿼드 회원의 겨울철 아이스크림 파티가 소중한 전통이 됐는지, 왜 7월에 크리스마스를 축하하는 게 즐거운지 알 수 있다.

믿음

이를 위해서는 뭔가를 믿는 이유를 자문해본 뒤, 그 믿음의 타당성에 의문을 품어야 한다. 그렇게 하면 아이디어를 촉발하거나 기회를 열어주는 쪽으로 사고방식이 바뀔 수 있다.

펀 스쿼드의 한 회원은 무의식중에 지적 자극이 자신의 재미 요소일 거라고 가정했다고 말했다. 하지만 그 가정에 의문을 품고 자신의 믿음을 무조건 받아들이는 데 반기를 들자 새로운 깨달음을 얻게 됐다. 그녀는 자기가 '재미있는 일'로 분류한 강좌 참석 같은 취미와 활동으로 일정을 가득 채웠지만, 곰곰이 생각해본 결과 그건 재미라기보다 성장 기회라고 표현하는 게 옳을 거라고 판단했다. 물론 그녀가 소중하게 여기는 일들이지만 기쁨보다는 지적 강화에 가까웠다. 그녀는 이렇게 적었다. "지난 몇 년 동안 사교 일정에 이런 일들이 가득했는데 갈수록 너무 지치는 기분이 들었다. 내가 좋아하는 일을 하면서 이런 기분을 느낀다는 게 속상했다. 그 이유를 이제야 알 것 같다."

그녀는 자신의 믿음에 반기를 든 덕분에 자기가 왜 특정한 여가 활동에 참여하고 있는지, 거기서 뭘 얻고 싶은지를 훨씬 정확하게 이해할 수 있었다. 그리고 이를 통해 일정을 훨씬 더 여유롭게 짜고 여가를 잘 활용하게 됐다.

형식

형식은 목적에 부합할 수도 있고 필요할 때도 있지만, 너무 엄격하거나 지루한 경우도 있다. 또 형식 때문에 거리감이 생기기도 한다. 우리는 연약한 기분을 느끼지 않으려고 격식 차린 모습으로 자신을 보호하곤 한다. 하지만 연약함은 우리를 인간답게 하고, 이런 인간다운 모습 덕에 다른 이들과 더 가까워지게 되며, 즐겁게 지내는 데도 도움이 된다.

형식에 반항한다는 건 자신의 실제 모습을 더 편안하게 받아들인다는, 그리고 진정한 자아를 다른 사람과 공유한다는 뜻이다. 어떤 면에서는 완벽주의에 대한 반란을 의미하기도 하는데, 완벽주의를 거부하는 건 정신건강에 좋을 뿐 아니라 더없이 자유롭다. 먼저 자신의 인생을 낱낱이 살펴서 자기가 이상적인 모습을 보이는 상황이 언제인지 찾을 수 있다. 누가 어떻게 지내냐고 물어봤을 때 정직하게 대답할 때가 얼마나 많은가? 남들에게 보여주고 싶은 꾸며낸 이미지가 아니라 그 순간 자신의 진짜 기분을 반영한 사진을 소셜 미디어에 올리는 경우는 얼마나 잦은가? 물론 아무런 여과 장치 없이 살아가야 한다거나 소셜 미디어에는 솔직한 모습만 올려야 한다고 말하는 게 아니다. 하지만 완벽주의와 형식에 반항하는 건 자신의 본모습에 편해질 수 있는 좋은 방법이다. 그러면 사람들이 당신에게 가까이 다가가고 재미를 안겨주고, 더 깊은 유대감과 자신감을 느끼게 해줄 것이다.

또 불안감과 스트레스를 느끼는 상황에 대처하는 데도 도움이 된다. 코로나19 팬데믹이 한창이던 시기에 한 기업의 수련회에서 가상 프레젠테이션을 해달라는 요청을 받았다. 전 세계에 흩어져 있는 1,000명 정도의 사람들이 온라인 행사에 참석할 것이라고 들었다. 하지만 내 컴퓨터 화면에서는 그들을 볼 수 없고 청중으로부터 시각적·청각적인 피드백도 없을 것이다. 게다가 그들이 콘퍼런스에 사용한 플랫폼의 별난 기능 때문에 내 모습조차 볼 수 없었다. 그냥 내 컴퓨터 카메라의 녹색 불빛을 향해 말해야만 하는 상황이었다. 완전히 혼자서.

게다가 또 한 가지 문제는, 이 책을 쓰는 동안 딸을 돌보는 데 부모님의 도움을 받으려고 우리 가족 모두 팬데믹 기간 대부분을 부모님 집에서 지냈다는 것이다. 난 어릴 때 쓰던 침실에서 잠을 잤고, 이 때문에 다 자란 성숙한 어른이라기보다 10대 청소년 같은 기분이 들었다. 집은 전반적으로 프로다운 배경에 잘 어울리지 않는 분위기였고, 식당 전체에 울려 퍼지는 걸로 유명한 우리 아버지의 재채기나 부모님이 키우는 활기 넘치는 개가 언제든 내 프레젠테이션을 방해할 위험이 있었다.

이 모든 사실을 알고 있는 나는 격식의 탈을 뒤집어쓴 채 모든 게 정상이고 난 전문적인 성인인 척하기보다 그 순간 내 삶의 모든 부분이 약간 부조리하다는 사실에 의지하기로 했다. 또 프레젠테이션을 완벽하게 진행하는 데 집중하기보다는 청중과 내가 재미를 느끼

는 데 최선을 다하기로 마음먹었다.

내 직업적인 경력을 소개한 뒤, 그 순간의 내가 실제로 어떤 인물인지 알려주는 슬라이드를 보여줬다.

- 41세
- 부모님 집에 거주
- 남편과 함께 홈스쿨 운영
- 7개월 동안 머리를 자르지 못함
- 다양한 장난감과 작은 플라스틱 개로 가득한 방에 비디오 프레젠테이션에 적합한 배경을 만들려고 노력함

내 프레젠테이션에는 형식과 완벽주의에 반기를 드는 요소들도 있었다. 도중에 얼굴 없는 청중을 향해, 강연 전에 잠옷을 갈아입는 데는 성공했지만 저녁 먹기 전에 운동을 좀 하려고 드레스 안에 스판덱스 바지를 입고 있다고 말한 것이다. 또 한번은 인쇄해놓은 노트에서 어느 부분을 얘기하던 중인지 확인하려고 하다가 놓치는 바람에 당황했다. 그래서 노트를 한쪽으로 던져버리고 그냥 즉흥적으로 진행하기로 했다. 주최자들이 나중에 보내준 녹화본을 보니, 내가 "그냥 노트 따위 던져버리죠"라고 말하는 장면이 찍혀 있었다.

참석자들이 모두 이런 방식을 높게 평가했는지 또는 노트를 던져버린 게 정말 좋은 아이디어였는지 확신할 수는 없지만, 나는 확

실히 더 재미있었다. 완벽주의와 격식에 반기를 들고 그 순간의 내가 진짜 어떤 사람인지 보여준 덕에 마음이 편해지고 긴장도 풀어져서 프레젠테이션을 더 매력적으로 진행할 수 있었다. 적어도 남들이 예측할 수 없는 방향으로 진행되긴 했다.

성인으로서 역할

당신이 부모라면 특히 효과적인 형태의 반항이다. 현대적인 육아 방식의 상당 부분이 옆에 서서 아이들이 노는 걸 지켜보는 것이란 점을 고려하면 말이다.

한 가지 방법은 분수 사이를 달리거나, 그네를 타거나, 아이와 함께할 수 있는 수업에 등록하는 등 아이들과 함께 놀이에 참여하는 것이다. 또 아이 같은 기분을 느낄 수 있는 경험을 찾아보는 것도 방법이다. 내 친구 크리스티와 그녀의 남편은 최근에 아이들 없이 둘만 호숫가 리조트에 가서 주말을 보내며 결혼기념일을 축하했다. 그곳에서는 모터보트가 끌어주는 튜브를 탈 기회가 있었는데 크리스티 말로는 그게 여행에서 가장 마음에 든 부분이라고 했다. 그녀는 호수를 한 바퀴 돈 뒤 튼튼한 튜브를 타고 물에 떠 있는 사진을 보내줬는데, 그걸 보니 크리스티의 말이 진심이라는 걸 알 수 있었다. 그 활기 넘치는 모습에 나도 마음이 동해서, 그런 물에 뜨는 기구를 타고 모터보트에 이끌려 호수 주변을 돌아다니고 싶다는 생각이 간절해졌다.

THE POWER OF FUN
파워 오브 펀

또 10대 시절에 자신을 즐겁게 해줬던 일들을 하면서 성인기에 반항할 수 있다. 이를 시작하는 한 가지 방법은 차를 타고 가는 동안 뉴스나 교육적인 팟캐스트를 듣는 등의 습관이 있는지 살펴보는 것이다. 아마도 당신은 책임감 있는 어른이기 때문에 이런 일들을 할 것이다. 인생의 어느 시점에서 책임감 있는 어른이라면 이런 일을 하는 법이라고 판단했을 테니 말이다. 하지만 누가 그런 규칙을 만들었을까? 당신이 실제로 뉴스와 교육용 팟캐스트 듣는 걸 좋아하더라도, 다음에 차에 탈 때는 열여섯 살 때 좋아했던 음악을 들어보면 어떨까? 평소보다 조금 더 볼륨을 높이고 노래를 따라 부르는 것도 좋다.

기대

자신의 직업적 페르소나와 상반되는 행동을 하거나 성격에 맞지 않는 행동을 하면서 기대에 저항할 수도 있다. 월트 휘트먼의 시 〈나 자신의 노래(Song of Myself)〉에 나오는 유명한 구절을 마음에 새기면서 말이다.

나는 나 자신과 모순되는가?
좋다, 그렇다면 나는 나 자신과 모순된다.
(나는 크고, 많은 것을 품고 있다.)

한 친구가 자기 지인인 언어학자에 관해 얘기해줬는데 그 사람은 로맨스 소설의 열렬한 애독자라고 한다. "일주일에 서너 권씩 읽는대." 내 친구는 이렇게 덧붙였다. "사람들이 교수가 읽어야 한다고 생각하는 책에 대한 고정관념을 완전히 뒤집는 거지."●

또 자기 자신에 대한 기대에도 반항할 수 있다. 예를 들어 당신도 나처럼 두뇌를 중시하는 사람이라면 더 많은 지적 참여를 위한 기회를 거절하고, 머리에서 벗어나 감각과 다시 접촉하는 일을 하는 방식으로 반항을 꾀할 수 있다. 예를 들어 내가 소속된 사교댄스 서클에서는 꼭 남자가 리드할 필요가 없다. 뭐든 숙달되는 걸 좋아하는 나는 지르박의 일종인 린디 홉(Lindy Hop)을 제대로 배워서 춤을 리드하는 기술을 익혀야겠다고 생각한 적이 있다.

하지만 실제로는 그렇게 하고 싶지 않다는 걸 깨달았다. 나는 내 인생의 대부분 영역에서 리더다. 춤과 관련해 내가 가장 좋아하는 건, 춤을 출 때는 머리에서 벗어나 몸으로 옮겨 가는 느낌이 든다는 것이다. 의식적인 생각 없이 실시간으로 다른 사람의 움직임에 반응하는 느낌을 좋아한다. 리드하는 법을 배우지 않는 건 나 자신에 대한 기대치에 반항하는 방법이고, 이것이 춤을 훨씬 재미있게 한다.

●　저널리스트인 이 친구는 자신의 사소한 반란에 대해서도 얘기했다. 신문사 동료와 함께 비밀리에 하는 게임인데, 최대한 많은 기사에 '회전초'라는 단어를 넣으려고 한다는 것이다.

THE POWER OF **FUN**
파워 오브 펀

책임과 의무

'해야 한다'라는 인식에 관해 얘기하자면, 우리는 책임과 의무에 반항할 수 있고 종종 완전히 이기적인 행동을 할 수 있다.

당신도 많은 이들과 비슷하다면, 이 문장을 읽고 움찔했을지도 모른다. 우리는 이기심을 악덕으로 생각하도록 훈련받아왔다. 하지만 왜일까? 왜 순전히 자신만을 위한 일을 한다는 생각이 우리가 받을 자격이 있고 정신건강에도 중요한 일이 아니라 반항처럼 느껴질까? 앞서 언급했듯이 자신을 먼저 돌보지 않으면 다른 사람도 돌보지 못한다. 게다가 내 얘기는 직장을 그만두고 가족에게서 도망치라는 게 아니다. 난 그저 힘들게 얻은 자유 시간 일부를 온전히 자신을 위한 일에 사용하라고 얘기하는 것이다.

이런 일들 중 일부는 비용이 들거나 실행 계획이 필요할 수도 있다. 예를 들어 늘 시도해보고 싶었던 수업에 등록하거나 친구들과 주말여행을 가는 경우가 그렇다. 저녁으로 쿠키를 먹거나(핀 스쿼드 회원이 공유한 사례) 수업을 빼먹고 휴대전화 없이 오후 시간을 보내는 것 같은 자발적이고 자유롭고 사소한 일도 괜찮다. 사람들은 우리가 항상 대기 상태로 있길 기대한다는 사실 때문에 휴대전화를 놔두고 하는 모든 활동, 심지어 짤막한 산책도 반항적으로 느껴진다. 처음에는 방종처럼 보이는 일에 시간과 노력과 돈을 투자하도록 자신을 설득하는 게 어려울지도 모르지만, 일단 시도해보면 오래 지속되는 긍정적인 효과에 충격을 받을 수도 있다.

친구들과 함께 연주하려고 모일 때마다 이런 기분이 든다. 행복한 몇 시간 동안은 일이나 육아, 어른으로서의 책임에 대해 생각하지 않는다. 대신 오로지 나만의 즐거움을 위해 뭔가를 하는 이 시간은 '장난스러운 유대감을 느끼는 몰입'이라는 달성하기 어려운 상태로 이어지고 항상 탈출한 듯한 기분을 안겨준다. 그 가벼운 기분과 해방감이 날 취하게 하고 일주일 내내 생기 있게 해준다. 정기적으로 재미를 누릴 기회를 갖는 건 날 게으름뱅이로 만드는 게 아니라 더 좋은 아내이자 엄마, 직장인, 친구, 그리고 함께 있기 훨씬 즐거운 사람으로 만든다.

또 어떻게 하면 다른 사람에게 반항적인 경험을 안겨줄 수 있을까? 친구나 파트너와 함께하던 일을 중단하고 오후 내내 여유를 즐길 수 있는가? 자녀가 있다면, 당신과 자녀를 위해 장난스럽고 무해한 일탈을 꾀할 기회를 만들 수 있을까? 펀 스쿼드 참가자들 중에는 정말 즐거웠던 경험을 얘기할 때 평소와 다른 특이한 일을 하면서 규칙을 어기는 것 같은 기분을 느꼈던 부모님과의 특별한 외출을 언급하는 이들이 많다. 그들은 평범한 삶에서 탈피하고 반항한다는 느낌 때문에 이런 기억이 더 소중하다고 했다.

이렇게 규칙을 깨는 경험이 반드시 극적일 필요는 없으며 심지어 공식적인 규칙을 깰 필요도 없다. 어떤 사람은 그냥 비 오는 날 할아버지와 함께 우산을 쓰지 않고 밖에 나가서 일부러 온몸을 흠뻑 적셨던 일을 가장 좋아하는 추억으로 언급했다. 당신이 어른처

럼 느껴지지 않는 일을 아이와 함께한다면 그게 무엇이든 아이도 좋아할 것이다. 그리고 아이들이 기뻐하는 모습을 보면 이런 종류의 반항이 아이와 어른에게 얼마나 멋지고 활력 넘치고 중요한지 깨달을 수 있다.

이런 관점을 통해 삶에 접근할수록 장난기 어린 반항이 일어날 기회가 많아진다. 그러니 자신에게 물어보자. 삶의 어느 부분에 반항할 수 있을까? 의문을 제기할 수 있는 습관이나 믿음이 있는가? 벗어날 수 있는 루틴이나 관습은? 새롭게 만들거나 재창조할 수 있는 전통이 있는가? 격식에서 벗어난 태도를 받아들이고, 완벽주의를 버리고, 이성적인 태도에서 벗어나 어린 시절의 자신과 다시 연결되고, 기대를 저버리거나 책임을 회피할 방법이 아주 조금이라도 있는가?

아이러니하게도 많은 성인은 이런 일을 할 기회를 자주 얻지 못하지만, 이런 반항을 실험하는 건 독립성과 자율성을 표현하는 데 도움이 된다. 또 양심적인 사람, 시민, 부모가 된다고 해서 반드시 우울하게 살 필요는 없다는 사실을 내면화하는 데도 좋다.

간단히 말해서, 월트 휘트먼의 말처럼 우리 안에는 많은 것이 담겨 있다. 어리석음과 진지함이 공존하고, 책임감과 반항이 공존하며, 성숙함과 아이 같은 모습이 공존할 수 있다. 그리고 사실 반항의 긍정적인 힘을 많이 활용하고 장난기가 빛을 발하게 할수록 다른 일을 위한 에너지도 증가한다.

10
꺾이지 말고 계속 노력하라

인생의 초점을 재미에 맞추는 건 꼭 운동과도 같다. 한 번 하고 잊어버릴 수 있는 게 아니라는 얘기다. 알렉스 수정 김 방이 《일만 하지 않습니다》에서 한 말이 떠오른다. 그는 휴식을 '에너지를 회복시키거나 새로운 창의력을 점화하는 것'이라고 광범위하게 정의하고, 휴식을 적극적으로 추구해야 한다고 주장한다. 수정 김 방은 "휴식은 세상이 우리에게 주는 것이 아니다"라고 썼다. "우리는 그걸 선물 받은 적이 없다. 휴식을 원한다면 차지해야 한다. 바쁜 나날을 보내고 싶다는 유혹을 뿌리치고, 쉴 시간을 만들어서 진지하게 활용하고 그걸 훔치려는 세상으로부터 보호해야 한다."

THE POWER OF **FUN**
파워 오브 펀

재미도 마찬가지다. 이 책에서 우리는 재미 자석과 재미 요소를 식별하는 방법부터 공간 창조, 열정 추구, 재미를 끌어들이는 방법 찾기, 반항 탐구에 이르기까지 진정한 재미를 위한 기회를 많이 만드는 다양한 방법을 연구했다. 이제 SPARK의 마지막 단계인 '계속 노력하라'에 도달했는데 기본적인 목표는 간단하다. 재미 추구가 우리의 관심과 시간을 빼앗는 온갖 일의 바다에서 길을 잃지 않도록 계속 재미를 우선시해야 한다. 그리고 내일 또는 다음 주까지만 노력하는 게 아니라 살아가는 동안 내내 그렇게 하겠다고 결심해야 한다.

이를 수행하는 방법에 대한 몇 가지 아이디어를 살펴보자.

자기만의 펀 스쿼드를 찾자

펀 스쿼드의 가장 기본적인 정의는 '함께 있으면 즐거운 사람들'이다. 즉, 그들은 당신의 재미 자석이다. 아마 당신 인생에는 이미 여러 개의 펀 스쿼드가 있을 것이다. 특정한 친구 모임, 같은 열정을 공유하는 사람들, 당신이 특별히 좋아하는 동료 등. 기존의 펀 스쿼드와 많은 시간을 함께 보낼수록 더 많은 재미와 더 큰 공동체 의식을 느끼게 될 것이다.

추가적인 펀 스쿼드를 원한다면, 관심 있는 그룹이나 팀에 가입하여 이미 존재하는 펀 스쿼드에 자신을 끼워 넣을 수 있다. 또 새로운 재미 추구 방식을 찾기 위해 특별한 펀 스쿼드를 만들 수도 있다. 일종의 메타 펀 스쿼드라고 볼 수 있다. 이런 펀 스쿼드를 스타 선수 대신 재미를 좋아하고 장난기와 유대감, 몰입을 추구하는 사람들이 모인 상상 속의 축구팀이라고 생각할 수도 있다.

이런 펀 스쿼드에 들어갈 수 있는 사람 또는 들어가야 하는 사람이 누구인가와 관련해 정해진 규칙은 없지만, 당신이 재미있다고 생각하는 이들과 재미를 더 많이 느낄 방법을 모색하는 데 관심이 있는 이들에게 초점을 맞춰야 한다. 다시 강조하자면, 흥을 깨는 사람은 받아들여선 안 된다. 아무리 친한 사람이라도 펀 스쿼드에 초대해야 한다는 의무감을 느낄 필요는 없으며, 초대하는 모든 사람을 특별히 잘 알 필요도 없다. 에너지가 제대로 느껴지게 하려면 잠재적인 그룹 역학에 집중해야 한다.

새로운 스쿼드는 당신과 친구 단 2명으로 이루어질 수도 있고, 6명 정도가 될 수도 있다. 《모임을 예술로 만드는 법》의 저자인 프리야 파커에 따르면, 친밀감과 높은 수준의 공유를 위해서는 이 정도 크기가 바람직하고 재미를 끌어들이는 데도 좋다. 나는 또 6개월 정도 노력해보는 걸 추천한다. 6개월은 진정한 변화가 일어나기에 충분하면서도 압도적으로 느껴지지는 않을 정도의 기간이다. 이 그룹이 순조롭게 진행된다면 6개월 이상 이어질 수도 있다. 이걸 6개월 동안 더 재미있게 보낼 기회라고 생각하면서 가능성 있는 참가자들에게 설명할 수 있다. 그런 기회를 누가 거절하겠는가.

목적과 구조 면에서 보면 펀 스쿼드의 주요 유형은 두 가지로 나 뉜다. 하나는 재미에 관해 얘기하거나 재미 추구를 중심으로 삶의 방향을 바꾸는 동안 서로를 지원하기 위해 만나는 모임이고, 다른 하나는 실제로 뭔가를 함께하는 모임이다.

앞의 문장은 마치 내가 행동보다 말하는 것에 기반을 둔 펀 스쿼 드를 싫어한다는 느낌을 줬을지도 모른다. 전혀 그렇지 않다. 당신 의 펀 스쿼드 회원들이 서로 멀리 떨어져 살거나 서로에 대해 잘 모 른다면, 또는 함께 뭔가를 하는 것보다 대화와 브레인스토밍을 더 즐기는 사람들이라면 대화는 훌륭한 옵션이다. 이런 그룹이라면 먼 저 스쿼드의 목적을 설명하고, 각 회원이 참여한 이유와 그 경험 을 통해 무엇을 얻기를 원하는지 듣고, 재미의 정의와 이 책을 읽으 면서 알게 된 것들에 대한 토론부터 시작하기를 권한다. 그런 다음 '재미 탐구'와 '재미 찾기'에 소개된 실습을 통해 모든 사람이 자신 의 재미 자석과 재미 요소를 식별하게 한다. 각 모임이나 회의 시간 일부를 할애하여 각자 다음 모임까지 할 일을 정해서 다들 계획을 세우고 떠날 수 있게 한다.

직접 만나든 영상 통화를 통해 만나든 그룹이 정기적으로 함께 하는 시간을 정하고(예: 한 달에 한 번), 그 시간을 이용해 얘기를 나누 고 새로운 아이디어를 생각하고 서로가 책임을 지게 한다. 계속 재 미에 집중할 수 있도록 특정한 대화 주제(예: 업무, 정치)는 배제하는 등 기본적인 규칙을 몇 가지 정해두는 게 좋다. 지금 당신은 일상생활에서 벗어나려고 노력하는 중임을 기억하자. 만났을 때 누가 공식적으로 대화를 주도할 것인지 미리 정해서 책임을 분담할 수도 있다.

함께 뭔가를 하는 펀 스쿼드는 이름 그대로의 모임인데, 비교적 가까운 곳에 살고 재미 요소가 비슷한 사람들에게 좋은 선택이 될 수 있다. 이런 스쿼드 모임을 시작할 때도 앞에서 설명한 것과 같은 방식(서로 알아가기, 의도 설정, 재미 정의, 재미 자석 및 재미 요소 파악 등)을 따른 뒤 일정과 기본 규칙을 정하는 게 좋다. 그런 다음 함께 시도하거나 진행하고 싶은, 그리고 실행할 수 있는 활동을 브레인스토밍한다. 소속감을 키우고 다양한 아이디어를 모으려면, 각 팀원이 여러 가지 아이디어를 제시한 다음 각자 아이디어를 한 가지씩 선택하게 하는 게 좋다.

그럼, 이제 한번 해보자! 이 모임을 통해 다 함께 새로운 것을 시도해보고 한데 어울려 이야기를 나누는 걸 번갈아 가면서 하고 싶을지도 모른다. 당신 팀에 맞는 형식과 리듬을 자유롭게 실험해보자.

스쿼드 팀을 처음 모집하거나 기존에 속해 있는 그룹에 다른 일을 하자고 제안할 때는 저항에 부딪히더라도 놀라지 말자. 대부분 사람은 지금 당신처럼 계몽되지 않았고 재미를 느끼는 것이 왜 중요한지를 완전히 이해하지 못한다. 진정한 재미와 가짜 재미의 차이는 말할 것도 없다. 당신이 왜 재미에 대해 장황하게 얘기하거나 그와 관련된 아이디어에 미친 듯이 반응하는 건지 의아해할 수도

있다. 예를 들어 내 친구 중 하나는 고등학교 때 친구 3명과 정기적으로 여행을 다닌다. 진정한 재미를 위한 기회를 만들자는 아이디어에 영감을 받은 그녀는 그냥 단순히 어울리기 위해서 모이기보다 함께 뭔가를 할 방법을 찾아보자고 제안했다. 그녀는 서핑이나 즉흥 코미디 워크숍 등록을 제안했다고 하는데, 둘 다 재미는 있겠지만 솔직히 말해서 첫 시도치고는 좀 공격적이다. 아니나 다를까, 친구는 이렇게 말했다. "결국 내 제안은 완전히 거부됐어."

이런 일이 당신에게 일어나더라도 단념하지 말자. 설득력을 높이기 위해 준비하거나 더 쉬운 일부터 시작해야 한다. 아니면 그냥 진행하는 방법도 있긴 하다. 내 친구 중에 교사들을 위한 워크숍을 주최하는 친구가 있는데, 그 워크숍에는 한 여성이 훌라후프와 스카프를 들고 와서 그걸 사용하는 방법을 직접 보여주는 과정이 포함돼 있다. 처음에는 회의적인 사람들도 있었지만 결국 이 부분이 행사의 하이라이트 중 하나가 됐다.

재미 자석의 우선순위를 정하자

자신이 재미를 느끼는 데 도움이 되는 활동, 환경, 사람을 알아내기 위해 많은 노력을 기울였으니 그 노력을 헛되게 하지 말자. 당신의 여가는 제한돼 있다. 그러니 재미 자석의 우선순위를 정하자.

재미를 위한 계획을 세우자

나도 안다. 재미를 위한 계획이라니 정말 재미없게 들린다. 게다가 재미는 포착하기 어렵고 자발성의 요소를 수반하는 경우가 많기 때문에 어쩌면 효과적이지 않을 수도 있다. 하지만 매우 중요한 과정이다.

첫째, 재미 자석이나 열정·관심사·취미에 관여할 기회를 계획하고 보호하지 않는다면 삶의 다른 부분이 달려들어 당신의 시간을 다 채워버릴 것이다. 둘째, '계속 노력하기'의 주요 목표 중 하나는 당신이 기대할 만한 뭔가를 매주, 가능하다면 매일 일정에 넣어두는 것이다. 심리학자들이 '예상적 음미(anticipatory savoring)'라고 부르는 것의 한 형태인 '기대'는 즐겁고 회복력을 높이며 스트레스를 줄여준다. 기대할 일이 있으면 그 순간의 생산성도 높아진다. 적어도 나는 저 너머에 보상이 기다리고 있다는 걸 알면 일을 끝내기가 더 쉬웠다.

항상 기대할 것이 존재하게 하려면 어떻게 해야 할까? 일정표에 재미를 위한 기회를 넣어둬야 한다. 그 방법은? 재미 자석, 취미, 관심사, 열정 목록을 이용해서 재미를 느낄 가능성이 있는 일들을 미량 투여와 부스터 샷 용도로 만든다.

미량 투여

미량 투여란 장난기, 유대감, 몰입을 느끼게 해주는 작고 일상적인

즐거운 경험을 말한다. 어쩌면 일정한 선을 넘어 완전한 재미를 느끼게 될 수도 있고 그렇지 않을 수도 있지만, 어쨌든 즐겁고 활력이 넘치며 이 일이 끝난 뒤에는 젊어진 듯한 기분이 든다. 그래서 하루에 한 번까지는 아니더라도 적어도 일주일에 몇 번은 재미와 관련된 활동을 미량 투여하는 걸 목표로 삼길 제안한다.

재미를 즉흥적으로 미량 투여할 수도 있다. 난 이를 일종의 카르페디엠(carpe diem, 눈앞의 기회를 놓치지 말고 현재를 즐겨라) 식 재미라고 생각한다. 예를 들어 여름날 오후에 차창을 내리고 음악을 크게 틀어놓은 채 드라이브를 하거나 식탁 대신 피크닉 담요를 펴고 저녁을 먹자고 즉흥적으로 결정할 수도 있다(장난스러운 반항). 이건 산만함을 줄이는 데 초점을 맞춰야 하는 또 하나의 이유다. 그 순간에 집중할수록 장난기·유대감·몰입을 미량 투여할 기회가 많이 생기고 이를 적극적으로 받아들일 가능성도 커진다.

미량 투여를 계획할 때는 자신의 재미 자석 목록을 확인하고 그중 몇 개를 정기적으로 일정에 포함할 수 있는지 알아보는 게 좋다. 내 기타 모임이 좋은 예로, 내가 매주 참석하는 재미 자석이다. 또 취미, 관심사, 열정을 즐기기 위해 매일 시간을 따로 떼어두는 것도 추천한다. 잠자기 10분 전이라도 좋다. 당신이 좋아하는 일들(장난기어린 유대감과 몰입을 느끼게 되느냐 아니냐와 관계없이 시간을 가치 있게 사용하는 방법)이고 비교적 짧은 시간 안에 혼자서 할 수 있기 때문에 특히 실용적이고 일정을 잡기도 쉽다.

재미를 미량 투여하는 또 하나의 방법은 매주 자신을 위한 시간을 내서 대낮에 사무실을 몰래 빠져나와 산책을 하거나 친구를 만나 점심을 먹는 등 장난스러운 반항의 순간을 의도적으로 추구하는 것이다. 일정표에 이를 위한 시간을 항상 비워두자. 참신함도 도움이 된다. 어떤 이들은 정기적으로 새로운 일을 시도하겠다고 다짐함으로써 재미를 미량 투여한다.

그리고 부디 주변의 기쁨을 알아차리는 연습을 계속하자. 유대감을 느낄 기회를 마련해서 자기 삶에 재미를 미량 투여할 수 있다. 친구와 매주 전화 통화를 하거나 만나서 커피를 마실 수 있는가? 매주 토요일 아침에 하이킹을 가는 것처럼 가족이 함께하는 의식이 있는가? 처음에는 강제적으로 느껴질 수도 있지만 결국 큰 이익을 얻게 될 것이다. 캐롤라인 애덤스 밀러가《어떻게 인생 목표를 이룰까》에서 설명한 것처럼, "행복한 가정에는 정기적으로 함께 노는 시간이 있다".

부스터 샷

부스터 샷은 휴가, 연례 모임, 행사처럼 규모가 더 크고 재미 지향적인 경험을 말한다. 일정을 잡고 계획을 세우는 데 더 많은 노력이 필요하긴 하지만, 고갈됐던 재미 탱크를 채우고 더 오랫동안 에너지를 보충해준다. 내 부스터 샷 중 하나는 앞서 얘기한 스윙 댄스 캠프다. 이 경험이 너무나도 즐겁고 재미있어서 1년 내내 그 5일이

기다려진다. 가능하면 계절마다 최소 한 번 이상 부스터 샷을 투입하는 걸 목표로 삼아서 언제나 다음 부스터 샷이 대기하도록 하는 게 좋다.

먼저 자기 삶에 이미 존재하는 부스터 샷부터 확인해보자. 새로운 장소로 휴가를 가는 게 당신의 재미 탱크를 채워주는가? 자신에게 기쁨을 안겨주는 모임에 정기적으로 참석하는가? 매년 특정 그룹의 친구들과 만나는 모임처럼 재미를 확실하게 채워주는 전통이 있는가? 우선순위를 정하자. 그런 다음 자신의 재미 자석과 재미 요소 목록을 뒤져서 덧붙일 아이디어가 더 있는지 살펴보자.

재미에 투자하자

재미를 추구하려면 시간과 관심이 필요하지만, 재미를 얻기 위해 비용을 많이 들여야 한다거나 심지어 조금이라도 돈을 써야 한다는 규칙은 없다. 파이 매드니스 대회를 예로 들어보겠다. 창의력이 필요한 대회지만 금전적인 비용은 파이 재룟값으로 한정된다. 미량 투여든 부스터 샷이든 재미를 위해 반드시 많은 돈이 필요한 건 아니다.

하지만 때로는 재미를 위한 기회를 만드는 데 비용이 들기도 한다. 특히 부스터 샷이 그렇다. 일테면 휴가는 무료가 아니다. 모임을 주최할 때도 종종 비용이 발생한다. 댄스 캠프에 갈 때 나와 남편은 항공권과 렌터카 비용뿐만 아니라 캠프 참가비도 내야 한다. 이럴 때는 재미를 받아들이기 위해 다른 걸 포기해야 할 수도 있다. 하지만 나는 새 TV보다 캠프를 택하겠다. 경험, 특히 다른 사람들과 관련된 경험에 돈을 쓰는 건 물건이나 소유물에 같은 액수의 돈을 쓰는 것보다 웰빙과 행복감 증진에 훨씬 효과적이라는 게 반복적으로 증명됐기 때문이다.

콜로라도볼더대학교의 신경과학자이자 심리학자인 리프 반 보벤은 다양한 유형의 지출이 행복에 미치는 영향을 연구했다. 그는 소유물은 사람들이 서로 비교하도록 부추기는 경향이 있지만(예: 누가 가장 좋은 자동차 또는 TV를 가지고 있는가), 경험은 사람들을 한데 모으기 때문에 이런 결과가 나왔을지도 모른다는 가설을 세웠다. 반 보벤에 따르면, 경험은 소유물보다 재미있는 대화를 위한 더 좋은 원천이며 더 오래 지속되는 즐거움과 만족을 안겨준다. 만약 물건에 돈을 쓰는 것과 다른 사람들과 소통할 기회에 돈을 쓰는 것 중 하나를 선택해야 한다면 후자를 선택하자. 마찬가지로, 여가가 제한돼 있다면 친구들과 시간을 보낼 수 있는 일에 우선순위를 둬야 한다.

기술을 올바른 일을 하는 데 활용하자

앞서도 얘기했듯이, 기술이 실제로 장난기·유대감·몰입을 촉진하고 관심사·취미·열정을 뒷받침해주는 방법이 많이 있다. 자연계에 대한 지식을 늘려준 내 식물 식별 앱은 야외에서 보내는 시간을 즐길 수 있는 또 다른 방법을 알려줬다. 기타 탭 앱은 새로운 노래를

배우는 걸 도와줬다. 또 나한테는 비디오 게임이 재미 자석이 아니지만, 다른 사람들과 함께 멀티플레이어 게임을 하면서 꾸준히 진정한 재미를 느끼는 사람들을 많이 알고 있다. 기술을 장난기·유대감·몰입을 촉진하는 방향으로 사용해서 공허감보다 참여하고 있다는 느낌을 갖는 게 요령이다.

당연한 얘기처럼 들릴지도 모르지만, 휴대전화는 전화기로만 사용하자. 휴대전화와 헤어지기 전에는 몇몇 사람하고만 통화를 했고, 문자 메시지를 통해 먼저 통화 일정을 잡지 않은 채로 전화를 거는 상대는 그보다 더 적었다. 하지만 문자 메시지와 이메일 사용을 줄인 뒤로는 부모님 세대 사람들과 같은 방식으로 친구들에게 전화를 하기 시작했다. 사전 경고나 뚜렷한 목적 없이, 그리고 가끔은 스피커폰으로 전화를 걸기도 했다. 산책하러 나가서 누가 전화를 받을 때까지 그냥 저장돼 있는 번호를 아무거나 누르곤 했다.

난 사실 부모님 세대의 일원이 아니기 때문에 이게 매우 어색하게 느껴졌다. 사전 경고 없이 누군가에게 무심히 전화를 거는 건 과격하고 심지어 무례한 행동처럼 느껴졌다. 또 전화를 받지 않는 사람들도 많았다. 옛날에는 친구가 전화를 받지 않으면 저녁을 먹고 있거나 집안일을 하는 모양이라고 가정할 수 있었지만, 지금은 누구나 휴대전화를 항상 가지고 다닌다. 따라서 그들이 전화를 받지 않는다면 내 전화를 놓쳐서가 아니라 날 차단했기 때문이라고 생각하게 된다.

처음에는 이런 상황을 대수롭지 않게 넘기기가 힘들었지만, 때로는 친구들이 정말 통화를 하고 싶지 않을 때도 있고 또 내가 전화벨이 울릴 때 느끼는 것과 같은 가벼운 불안감에 시달리는 이들도 있다는 걸 알게 됐다. 나 역시 전화로 얘기를 나누는 게 너무 어색해서 피하곤 했다. 하지만 내가 전화를 많이 걸수록 전화를 받는 사람도 늘어났고, 먼저 전화를 거는 친구들도 많아졌다. 결국 전화 통화가 훨씬 일상적인 일처럼 느껴지기 시작했다. 몇 달 전부터 계획을 세워야 하는 저녁 파티가 아니라 길에서 우연히 친구를 만나 즉흥적으로 커피를 마시는 것처럼 말이다. 나는 둘 다 좋아하지만 저녁 파티는 사전 계획과 어느 정도의 격식이 필요한 반면 즉흥적인 커피 데이트는 자발적이고 느긋하게 느껴진다. 대학 시절이나 젊을 때는 이런 즉흥적인 만남을 자주 가졌지만 친구들과 내가 나이가 들면서 점점 사라졌다.

전화 통화라는 이 새로운(새롭다기보다 잊힌) 기술에 능숙해진 뒤에도, 이 직사각형 금속을 주머니에서 꺼내 손가락으로 화면을 몇 번 찌르기만 하면 친구의 진짜 목소리를 들을 수 있다는 사실에 계속 놀랐다. 마치 방금 깨달음의 순간을 맞이한 과학자처럼 새로운 걸 발견한 것만 같았다. 당신 주머니에 있는 이 슬롯머신, 이 무한한 산만함의 상자로 실제 사람들에게 전화를 걸 수 있다는 사실을 알고 있는가? 산책하는 동안 친구와 대화를 나눌 수 있다는 건? 수천 킬로미터 떨어져 있다고 한들 문제가 안 된다는 것도? 그런데 왜 다들

이 기능을 이용하지 않는 걸까? 왜 다들 문자를 보내는 거지?

스크린과 삶의 균형을 유지하자

기술이 재미를 촉진하는 데 도움이 될 수도 있지만, 계속 노력하기 위해서는 스크린과의 경계를 유지해야 한다. 인터넷이 갈수록 빨라지고 보편화되는 데다가 손에 들고 있는 장치에 적용되던 기술이 우리 몸에 이식되는 쪽으로 전환됨에 따라 이 목표는 지금도 달성하기 어렵고 미래에는 더 어려워질 듯하다.

최악의 기술에 희생되는 걸 피하는 방법 가운데 내가 가장 좋아하는 건 정기적으로 전자 장비에서 벗어나는 것이다. 이를 위해 남편과 나는 전 세계 여러 종교의 전통을 빌려서 금요일부터 토요일 밤까지 스크린과 단절된 채로 보낸다. 앞서 얘기한 '디지털 안식일'이라는 관행이다. 이런 단절은 우리에게 자양분과 신선한 기분을 안겨주는 활동이나 전통에 사용할 공간과 시간을 확보하는 데 도움이 된다.

티파니 슐레인은 이 방면의 대가다. 영화 제작자이자 웨비 상 (Webby Awards) 창시자인 슐레인은 기술을 싫어하지는 않지만 10년 넘게 가족과 함께 디지털 안식일을 보내고 있다. 이제 10대인 그녀의 딸들은 이 전통과 함께 자랐다. 슐레인은 《24/6》에서 안식일이 어떤 식으로 진행되는지 설명했다. 금요일에 가족이 함께 집에서 빵을 굽고 친구들을 초대해서 격식에 얽매이지 않는 저녁 파티를 연다. 일을 쉽게 하기 위해 손님들에게 항상 똑같은 음식을 대접한다. 토요일에는 정원 가꾸기, 미술 프로젝트, 게임, 하이킹 등 주중에 시간이 없어서 하지 못했던 여가 활동을 한다. 다시 인터넷에 연결될 때쯤에는 기분이 상쾌해져서 기술의 긍정적인 측면에 새로이 감사하게 된다.

남편과 나 역시 디지털 안식일을 보낼 때마다 같은 경험을 한다. 첫날 저녁은 갈망과 불안에 사로잡혀서 뇌가 갑자기 저속 기어로 이동하는 동안 뭐든지 확인하려고 필사적으로 움직인다. 난 갑자기 떠오르기 시작하는 모든 아이디어와 할 일을 기록하기 위해 옆에 메모장을 놔두는 게 도움이 된다는 걸 알았다. 하지만 다음 날 아침에 일어나면 시간이 느려진 것 같고 정오쯤 되면 갈망은 안도감으로 바뀐다. 그 감각은 내가 짊어지고 있다는 사실조차 깨닫지 못했던 짐을 내려놓은 것처럼 몸으로 다가온다. 토요일 오후가 되면 이런 자유가 너무나 즐거워서 다시는 스크린을 켜고 싶지 않을 정도가 된다.

《휴대전화와 헤어지는 법》을 출간한 이후 24시간 동안 디지털 휴식을 취하면서 비슷한 경험을 했다고 말한 사람들이 많다. 구글도 〈'조모(JOMO, Joy of Missing Out: 놓치는 것의 즐거움)'를 향해: 이 순간에 집중하는 즐거움과 단절의 자유〉라는 제목의 보고서에서 똑같은 결론을 내렸다. 이 연구는 사람들이 전자 기기와 분리되면 처음에는 갈망과 불안을 경험하는데, 특히 그 분리가 자신의 선택에 의한

것이 아닐 때는 갈망과 불안이 더 심하다는 사실을 발견했다. 일테면 실수로 휴대전화를 집에 두고 외출했을 때가 그렇다. 하지만 인터넷과 단절된 것을 받아들이는 경지에 도달하면 휴대전화에서 벗어나서 얻은 휴식을 즐기기 시작했다고 한다.

재미 일지를 계속 쓰자

일지를 매일 쓸 필요는 없지만 장난기·유대감·몰입이 결합된 경험을 기록하는 연습을 계속하는 건 재미 추구를 우선시하고 진행 상황을 추적하면서 새로운 재미 자석을 식별하는 좋은 방법이다. 잠자기 전에 스크린 없이도 할 수 있는 일이 생기는 건 물론이고. 자기 성찰과 관련해서는 시간 경과에 따른 재미 수준을 모니터링하기 위해 4장에서 작성한 재미 빈도 설문지를 주기적으로 다시 작성해보는 것도 괜찮다.

재미를 위한 툴킷을 만들자

재미 일지를 계속 작성하는 것 외에도 영감을 얻거나 기운을 북돋울 필요가 있을 때 언제든지 의지할 수 있는 아이디어, 조언, 기념품을 모아놓은 재미 툴킷을 만드는 것도 좋다.

이 툴킷은 마음속에 간직하고 있거나 종이에 적은 아이디어 목록일 수도 있지만, 나는 재미를 위해 실제 물리적인 툴킷을 만드는 걸 추천한다. 우리 딸이 유치원에서 만든 '우정 툴킷'에서 영감을 얻은 아이디어인데, 여기에는 아이들이 우정을 쌓거나 회복하는 데 사용할 수 있는 '낙관주의 안경'이나 '나 중심 전달법' 마이크 같은 도구가 들어 있다(어른들에게도 도움이 되는 도구일 듯하다).

이 아이디어가 마음에 든다면, 예쁜 상자를 하나 준비하자. 그런 다음 유대감, 장난기, 몰입의 순간을 만들고 경험하고 음미하기 위한 도구를 수집하자. 예컨대 재미 일지, 기쁜 순간을 기록한 종잇조각을 담은 유리병, 스크랩북이나 사진 앨범, 티켓 조각 등 과거에 경험한 즐거운 시간과 관련된 기념품을 비롯해서 음미하고 싶은 추억을 떠올리게 하는 건 뭐든지 포함할 수 있다.

관심사·취미·열정을 상기시키거나 장난기·유대감·몰입의 느낌을 안겨줄 수 있는 활동을 나타내는 물건 또는 책으로 가득 찬 주머니를 만들자. 프리스비나 좋아하는 보드게임, 춤추고 싶은 노래 목록, 펀 스쿼드 회원들을 생각나게 하는 물건 등 재미를 위한 물리적 소품도 여기에 넣을 수 있다. 가고 싶은 여행, 참여하고 싶은 이벤트, 해보고 싶은 활동 등 당신과 친구, 가족을 위한 재미있는 부스터 샷 실행 목록을 보관할 수도 있다. 당신을 즐겁게 해준 카드 모음, 다른 사람들이 당신을 위해 해줬거나 당신이 다른 누군가를 위해 할 수 있는 친절한 일들의 목록도 좋다. 무작위로 친절을 베푸는 건 기분을 고양할 수 있는 검증된 방법이다. 비 오는 날 할 수 있는 활동에 대한 아이디어를 모아서 가방을 만들거나, 과거의 재미있는 경험을 담은 사진 컬렉션을 만들고 몇 달에 한 번씩 사진을 바꿔서

기억을 환기할 수도 있다. 그 사진을 보기만 해도 기뻤던 순간이 되살아날 것이다. 이런 기분이 사라지면 새 사진으로 교체할 때가 된 것이다.

무엇을 포함하기로 했든 간에, 재미 툴킷에 정기적으로 새로운 물건을 추가하자. 그런 다음, 우울한 날 또는 영감이나 활력을 얻고 싶을 때마다 툴킷을 열어서 찾아낸 걸 확인하자.

재미를 위해 노력하자

직관에 어긋나는 소리처럼 들리겠지만, 때로는 재미를 위해 노력이 필요하기도 하다. 휴가와 파티는 저절로 생기는 게 아니다. 요청하지도 않았는데 아이 봐줄 사람이 갑자기 나타나지는 않는다. 여행 가방은 저절로 꾸려지는 게 아니다.

진정한 재미가 얼마나 변덕스러운지를 생각하면 이 작업이 매우 벅차게 느껴질 수 있다. 당신의 노력이 성공할 거라고 보장할 수도 없다. 그리고 우리 뇌는 전자 장비를 통해 즉각적인 만족과 끊임없는 도파민 분출을 기대하도록 돼 있기 때문에, 재미를 위한 기회를 만드는 걸 포기하고 소파에 드러눕기가 더 쉽다. 하지만 살아 있다는 느낌을 만끽하고 싶은 사람에게 그건 끔찍한 결정이다.

스튜어트 브라운은 "놀이가 발휘하는 진정한 변화의 힘 중 일부는 순수하게 재미있지만은 않다"라고 썼다. 만약 쉬운 일만 한다면 자신을 속이는 꼴이 될 것이다.

또 이 작업 중 일부는 감정적일 수 있다는 사실을 기억하자. 재미는 투자 가치가 있다는 사실을 주변 사람들에게 이해시키거나 계속 상기시켜야 할 수도 있고, 자신의 불안을 최소화하고 부정적인 혼잣말을 바꾸기 위해 스스로 노력해야 할 수도 있다. 마지막 두 가지 과제가 가장 어렵지만 그만큼 가치 있는 도전일 것이다.

재미를 일로 바꾸지는 말자

재미를 위한 기회를 우선시하거나 만들려면 노력이 필요하기도 하지만, 그게 일처럼 느껴지지 않게 하는 것이 중요하다. 재미 추구를 숙제로 바꾸는 건 너무 쉽다.

펀 스쿼드 회원 중에도 이 문제에 관해 얘기한 사람이 있다. "재미를 위한 공간을 만들거나 계획을 세울 때 그 일에 너무 집착한 나머지 불안해지기 시작했다. '해야 할 일' 목록에 또 하나를 추가한 것처럼 말이다."

발걸음을 세는 것과 같은 과잉 성취적인 방법으로 재미를 계량화하거나 추적하려는 생각을 버리는 게 매우 중요하다. 애슐리 윌런스가 《시간을 찾아드립니다》에서 설명한 것처럼, "우리는 여가를 추적할 때마다 (…) 시간 효율에 지나치게 집중한다. 그래서 여가를 즐기기보다 본전을 뽑아야 한다며 조급해한다". 물론 어느 정도의 자기 모니터링은 유용한 통찰력으로 이어질 수 있으니 재미 일지는 계속 쓰는 게 좋다. 하지만 지나치게 과도한 모니터링은 곤란하다.

재미를 추구하는 목적은 인생을 즐기는 것이지 황금별을 얻는 게 아니다.

자신에게 친절해지자

내가 얘기할 마지막 요점은, 자신에게 친절해지라는 것이다. 이 책의 모든 제안을 따르고 모든 실습을 성실하게 수행해도 삶이 항상 즐겁다고 느껴지지 않을 수 있다. 그렇더라도 자책하지는 말자. 삶이 항상 재미있는 사람은 없고(나도 그렇다), 누구나 아침에 침대에서 일어나는 것조차 힘겹게 느껴지는 시기를 겪는다. 자신의 현재 모습을 있는 그대로 바라보고, 잘되고 있는 부분을 인정하고, 자신을 연민 어린 태도로 대하는 게 중요하다.

어떤 날은 재미를 추구하는 새로운 기회를 만들 에너지와 영감이 생길 테지만 어떤 날은 그렇지 않을 것이다. 후자의 경우에는 재미를 만들어내는 아이디어에 초점을 맞추지 말고, 그냥 저절로 생기는 장난기·유대감·몰입을 위한 기회에 개방적이고 수용적인 태도를 취하는 데 집중하자. 그리고 기쁨을 몇 가지나 알아차릴 수 있는지 확인하자.

이렇게 계속 노력하다 보면 장난기·유대감·몰입을 느끼는 일상적인 순간들 대부분이 잘 기억나지도 않을 정도로 작고 덧없어서 그게 얼마나 중요한지 의아하게 느껴질 수도 있다. 하지만 안심해도 된다. 그건 원래 그렇다. 이 순간도 다른 순간과 마찬가지로 확실하게 지나갈 것이다. 우리는 시간의 흐름을 멈출 수 없다. 하지만 우리 시간을 채우는 다른 많은 일과 다르게, 그런 순간은 사라지기 전에 우리에게 활력을 준다. 그러니 강도에 집중하지 말고 풍요로움을 추구하자. 자기 삶을 장난기·유대감·몰입을 느끼는 아주 작은 순간들로 채우려고 노력하다 보면 그걸 전부 기억하기가 어려워진다. 어떻게 보면, 그보다 더 좋은 일이 또 있겠는가.

마지막으로, 아무리 이상적인 환경에서도 더 재미있는 삶을 개발하려는 노력이 하루아침에 완성되지는 않는다는 걸 기억해야 한다. 그 노력은 시간이 지나야 꽃을 피울 것이다. 그런 면에서 보면 씨앗을 심는 것과 비슷하다. 햇볕을 쪼이고 물을 주고 새가 쪼아 먹지 않게 하고 잡초를 뽑아주며 살뜰히 보살핀다면, 마침내 꽃이 만발한 정원에서 살게 될 것이다.

재미는 결과가 아니라 원인이다

> 한 가지 일을 다르게 하는 것은 종종 모든 일을 다르게 하는 것과도
> 같다.
>
> 매트 헤이그, 《미드나잇 라이브러리》

이 책은 코로나19 팬데믹 기간에 썼는데, 그때는 장난기·유대감·
몰입을 느낄 기회가 부족하고 불안감이 내 인생의 어떤 시기보다
높다고 느꼈다. 전염병으로 인한 혼란을 겪으면서 내가 누리던 특
권에 감사하게 됐을 뿐만 아니라 기술의 여러 가지 긍정적인 측면
을 비롯해 그동안 당연하게 여기며 살아오던 것들에도 감사하게 됐
다. 하지만 얼마 지나지 않아 스크린 앞에서 너무 많은 시간을 보내
는 데 지쳐서 친구들의 입체적인 모습이 보고 싶어졌다. 다른 많은

이들처럼 몇 달 동안 단조롭고 고립된 생활을 하다 보니 공허하고 무기력한 상태에 빠졌고 좌절감을 느꼈다.

어떻게 보면, 매일 몇 시간씩 재미를 연구하고 생각하기에 나의 상대적인 재미 부족을 인식하게 돼서 더 좋지 않은 시기였다. 그런데 이상하게, 가장 좋은 시기였던 것 같기도 하다. 내 초점이 바뀌고 우선순위가 명확해지고 재미의 중요성에 대한 믿음이 강해졌으며, 제정신을 유지하기 위해 내 아이디어를 실천에 옮겨야겠다는 생각이 들었다.

여행 제한과 사회적 거리두기 때문에 휴가나 친구 만나기 같은 큰 재미를 누릴 기회는 분명히 없었다. 하지만 재미를 장난기·유대감·몰입으로 나눠서 생각하자 아주 적은 양의 재미를 내 삶에 끌어올 방법이 아직 있다는 걸 깨닫게 됐다. 눈여겨볼 만한 즐거움이 있고, 통화할 친구들이 있고, 내가 추구할 수 있는 관심사·취미·열정이 있었다. 또한 만들기의 즐거움을 전에 생각했던 것보다 잘 통제할 수 있었다. 심지어 그렇게 하는 게 어렵게 느껴지는 상황에서도 말이다.

나 자신의 조언을 받아들여 장난기·유대감·몰입을 만들어낼 방법을 모색하면 할수록 이 세 가지 상태 중 하나에 처해 있는 경우가 더 많아졌다. 기타 연습을 하거나 구름과 식물과 나무를 관찰하기 위해 밖에 나가 산책을 하면서 몰입에 빠져들었다. 친구와 전화통화를 하거나 마스크를 쓴 낯선 사람과 눈을 마주치면서 유대감을

느꼈다. 딸이 잠자리에 든 후 남편과 농담을 주고받으면서 우리 둘 사이의 장난기를 알아차렸다. 딸과 함께 과학 프로젝트를 할 때, 사회적 거리두기 상태에서 멀리 떨어진 친구들과 라이브 음악을 연주할 때, 딸이 가족끼리 술래잡기를 하자고 할 때, 따뜻한 봄날 자동차 창문을 모두 내리고 영화 〈사운드 오브 뮤직〉에 나오는 '도레미송'을 다 함께 목청껏 부를 때도 진정한 재미를 한껏 느꼈다.

이런 경험들은 대부분 딱히 극적인 것은 아니었다. 1년은 고사하고 한 달만 지나도 기억이 흐릿해질지 모른다. 하지만 이런 소소한 재미에 관심을 두고 감사할수록 그 효과는 더 커졌다. 이 잠깐 스쳐 지나가는 즐거운 시간 덕분에 활기를 되찾았다. 그 순간들이 불안을 줄여주고 감정적인 틀에서 벗어나게 해줬다.

그리고 스스로 내면화하길 바라는, 절대적으로 필수적인 것들을 명확히 할 수 있었다. 매일 진정한 재미, 아니면 적어도 장난기·유대감·몰입의 개별적인 순간을 느낄 기회가 항상 우리 주위에 떠돌고 있다. 우리 모두 그걸 발견하고 경험하고 창조할 능력이 있다. 그렇게 할 때마다 살아 있다는 기분을 더 강렬히 느낄 것이다.

내가 전작인 《휴대전화와 헤어지는 법》을 쓰면서 얻은 교훈을 한 문장으로 압축하자면, 우리가 관심을 주는 대상이 곧 우리 삶이 된다는 것이다. 나는 이 사실을 최대한 자주 떠올리려고 한다.

하지만 그 이후에 깨달은 사실은, 우리 목표가 장기적으로나 일상적으로나 의미 있고 즐거운 존재가 되는 것이라면 관심의 중요성을 이해하는 건 첫걸음에 불과하다는 것이다. 그다음에는 이 책을 쓰는 데 영감을 준 질문에 답해야 한다. 우리가 관심을 주고 싶은 건 무엇인가? 인생은 무한한 가짓수의 목표를 제공하지만 살날은 유한하고 우리 관심은 스포트라이트처럼 날카롭고 좁다면, 그 관심을 어디에 집중해야 할까?

이건 간단한 질문이지만 깊은 의미를 담고 있다. 어떤 순간이든 우리의 주의를 끌려고 경쟁하는 것들은 무수히 많다. 전자 장비 때문에 생기는 외부적인 산만함뿐만 아니라 우리 뇌에서 생성되는 온갖 생각과 감정(불안, 집착, 갈망, 자기비판, 불확신, 희망과 꿈, 두려움 등)도 마찬가지다.

인간은 항상 부정적인 것에 주의를 기울이고 잠재적인 공격에 대비해 지평선을 훑어보는 존재다. 그래야만 물리적이고 실제적인 눈앞의 위험을 물리치고 살아남을 수 있었기 때문이다. 하지만 지금 우리가 직면하는 많은 위협은 감정적이고 추상적인 것들이기 때문에 이런 성향은 도움을 주기보다는 오히려 해를 끼치고, 스트레스와 관련된 질병에 걸릴 위험을 높이며, 진화 과정에서 길어진 수명을 단축시킨다.

게다가 우리 삶의 경험에도 영향을 미친다. 우리는 올바르게 진행되고 있는 부분을 즐기고 키워나가는 것보다 잘못된 부분을 바로잡거나 고쳐야 할 문제를 찾는 데 훨씬 더 많은 관심을 기울인다. 자기 인생에서 잘 풀리는 부분을 얘기하려고 치료사를 찾아가는 사

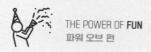

THE POWER OF **FUN**
파워 오브 펀

람이 몇이나 되겠는가. 그냥 심사숙고하는 것과 음미하는 것 중 어느 쪽에 마음이 끌리는지 자문해보자. 잘된 일을 축하하는 것보다 문제를 해결하는 데 얼마나 많은 시간을 할애하는가? 자신의 의무를 이행하거나 갈등에 참여하기 위해 쏟는 에너지와 재미로 이어질 기회를 만들기 위해 쏟는 에너지를 비교하면 어떤가?

그렇다고 우리가 긍정적인 부분에 신경을 쓰지 않는 건 아니다. 정말 신경을 많이 쓴다. 모두 의미, 행복, 만족, 기쁨으로 가득한 삶을 원한다. 하지만 거기에 도달하는 방법을 모른다. 이들은 명확한 경로가 없는 모호한 목적지들이다. 그래서 우리는 눈앞의 도로에만 집중하느라 멋진 풍경을 놓치는 운전자처럼 미래 목표를 향해 질주하면서 쫓고, 분투하고, 경쟁하고, 과거에 연연하며 시간을 보낸다. 성공에 관한 강연과 팟캐스트를 듣는다. 생산성에 관한 책을 읽고 휴대전화에 시간 추적 앱을 설치한다. 자기계발에 매진하면서 문제라고 생각하는 부분을 쳐내면 먼 훗날 행복해질 수 있으리라고 생각한다.

하지만 우리는 고쳐야 하는 문제가 아니라 삶 자체다. 받은 메일에 빠짐없이 답장을 보내거나, 소셜 미디어에서 누군가와 논쟁을 벌여 이기거나, 회사에서 승진을 한다고 해서 갑자기 인생이 시작되는 게 아니다. 삶은 모든 순간에 진행되고 있다. 바로 이 순간에도 그렇다.

지금 이 상황에서 무엇을 할지 결정하는 것은 이 순간 무엇에 관심을 기울이고 싶은지 자신에게 물어보는 또 다른 방법이다. 이 질문에 대한 답이 진정한 재미라고 결정했을 때, 내 삶은 더 나은 방향으로 극적으로 바뀌었다. 당신도 똑같이 했을 때 어떤 일이 일어날지 궁금하지 않은가?

재미를 둘러싼 많은 아이러니 중 하나는 기분이 너무 좋아서 경박해지리라고 가정하는 것이다. 우리 인생에는 아무런 조건 없이 찾아오는 게 수도 없이 많다. 기분이 좋다는 건 재미가 우리에게 좋은 것이라는 의미로 해석할 수 있다. 재미를 방종으로 분류하기보다 행복과 건강을 위한 기본 요건 목록에 추가해야 한다는 뜻일 수도 있다.

그 순간 우리를 기분 좋게 해주고 장기적인 웰빙에도 도움이 되는 요소들을 생각해보면 장난기·유대감·몰입보다 더 강력한 세 가지를 찾기는 어려울 것이다. 가장 만족스러운 관계, 가장 중요한 성취, 가장 강한 열정, 가장 소중한 추억에는 모두 이 세 가지 상태의 조합이 포함돼 있다. 일단 기본적인 욕구가 충족되면 재미가 인간의 잠재력을 최대한 발휘하도록 도와준다.

모든 사람이 장난기·유대감·몰입을 우선시하면 세상이 더 좋아질 것이라고 말하는 게 나로서는 과장처럼 느껴지지 않는다. 만약 시민이나 지도자, 국회의원 등이 모두 우리를 갈라놓는 요소보다 연결하는 요소에 초점을 맞춘다면 어떤 일이 벌어질지 상상해보라. 어려운 상황이 닥쳤을 때 다른 사람들을 공격하거나 자기방어의 벽

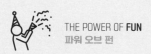

을 구축해서 반응하기보다 장난으로 긴장을 완화하는 방법을 찾는 다면 상황이 어떻게 달라질지 상상해보라. 그리고 모두에게 적절한 몰입 기회가 생기면 얼마나 많은 걸 배우고 창조할지, 얼마나 번영 하게 될지 상상해보라.

상상으로만 그치지 말자. 지금 바로 시작할 수 있다. 기쁨에 주목 하자. 호기심에 따라 새로운 관심사, 취미, 열정을 실험해보자. 당신 이 좋아하는 활동을 위한 공간을 만들자. 살아 있다는 기분을 안겨 주는 사람들과 시간을 보내자. 매일 재미를 위해 뭔가를 하려고 노 력하자. 우리가 자주 사용하는 보잘것없는 의미로서가 아니라 이 책 에서 정의한 방식대로, 우리의 웰빙에 절대적으로 중요한 것으로서 말이다. 그리고 장난기·유대감·몰입을 위한 기회를 찾는 게 시급하 고 필수적인 일인 것처럼 움직여야 한다. 그게 사실이기 때문이다.

이 책에서 다른 건 몰라도, 부디 이것만은 이해하길 바란다. 재미 는 우리가 풍요로워져서 얻게 된 결과물이 아니라 삶을 풍요롭게 해주는 원인이다. 재미는 세상과의 소통을 장려한다. 재미는 우리 에게 활력을 주고 자양분을 공급한다. 우리를 하나로 모은다. 우리 가 과거에 누구였는지, 그리고 어떤 사람이 되고 싶은지 생각나게 한다. 모든 것을 종합해볼 때, 내 딸의 말이 옳다. 진정한 재미는 햇 빛이다. 가장 순수한 형태의 재미는 삶의 에너지를 증류한 것이며, 재미를 자주 누릴수록 우리 삶은 그 빛 속에서 더 많은 꽃을 피울 것이다.

재미에 관한 책을 쓰겠다는 내 첫 번째 이메일을 받고 7분 만에 "마음에 드네요"라는 답장을 보내준 출판 에이전트 제이 만델에게 감사한다. 그 덕분에 다이얼 프레스에서 일하는 애니 샤노와 휘트니 프릭이라는 놀라운 재능을 지닌 전문적인 편 스쿼드를 만날 수 있었다. 처음부터 이 아이디어를 좋아해 주고 내 열정을 공유하면서 이 책을 지금과 같은 모습으로 만들어준 애니와 휘트니에게 감사한다. 함께 일하는 게 즐겁고 정말 재미있었다. 마침내 내 마음에 쏙 드는 출판사를 찾은 기분이다.

또 이 책을 위해 노력해준 다이얼 프레스와 펭귄 랜덤 하우스의 모든 분께도 감사드린다. 로즈 폭스, 도나 쳉, 데비 아로프, 세라 프라이포겔, 매디슨 데틀링거, 마리아 브랙켈, 아비데 바시라드, 앤드리아 헨리, 버지니아 노레이, WME, 엔데버 직원들, 내 아이디어를 실현해준 해리 워커, 엘리자베스 박텔, 예나 프래거, 머리사 허위츠, 자넌 카무, 돈 워커와 엘런 워커, 시바니 고사이, 에마 크리스텐센, 엘리자베스 허낸데즈, 피오나 바르드, 케이틀린 마호니를 비롯해

THE POWER OF **FUN**
파워 오브 편

많은 분께 감사 인사를 전한다.

스크린과 삶의 균형 커뮤니티와《휴대전화와 헤어지는 법》독자들의 피드백, 지원, 아이디어에 감사한다. 특히 시간을 내서 자신의 경험담과 통찰, 제안을 적어 보내준 핀 스쿼드 회원들에게 크나큰 감사를 전하고 싶다. 여러분의 재미있는 추억을 읽는 건 기분이 밝아지는 동시에 기뻐서 눈물을 흘리게 되는 확실한 방법이었다. 이 책을 쓸 수 있게 해준 여러분의 도움에 영원히 감사할 것이다.

마리 주츠, 보니 해밀턴, 알 한센, 브룩 벤포라도와 애덤 벤포라도, 넬 스토다드, 갈렌 보른, 존 로더릭, 엘리 존슨, 미리엄 스튜어트, 세라 힙켄스, 크리스티 아슈완든, 앤 리스카, 벤 허브스트만, 제니퍼 칸, 앤 테일러, 스티브 코로베시스, 스텟 샌본, 내털리 키트너, 사이먼 터커, 리즈 필리오스, 데릭 워커, 크리스틴 라이징, 리아나 오타비아니, 테리 헤네시, 마이크 윌메츠, 데버러 브라카즈, 샬레이 코크런과 존 코크런, 크리스티 키틸슨과 로렌 키틸슨, 에이드리언 코틴, 칼 셰퍼드, 알렉스 복서, 펠리시아 커비즐, 에밀리 웨스틴과 헨리크 웨스틴, 팀 켄들, 브리지트, 벤텔, 캐럴 크리스마스, 주디 커드버트슨, 파트리치아 마그니, 존 로즈, 샬럿 에스포시토 등 이 책을 쓰는 동안 웃음과 기쁨, 제안, 분별력, 지원을 제공해준 주변의 모든 이들에게 감사한다. 캐런 프리츠커, 린 웨이머, BLING 회원들, 열정과 파트너십을 발휘해준 헤드스페이스와 미라벨 팀, 이 프로젝트 초반에 치어리더 역할을 해준 로리 산투스, 댄 해리스, 아리아나 허핑턴, 찰스 두 히그, A.J. 제이컵스, 애덤 그랜트, 케빈 루즈, 그리고 에이미 조 마틴과 리건 월시, 니키 브라프만 등의 격려와 조언에도 감사한다.

내 프로젝트를 항상 지지해주는 시댁 식구 한나와 짐도 정말 고맙다(그리고 이 책의 첫 번째 예약 주문자가 돼준 것도). 니나 뉴비는 재미란 무엇인지 알려주는 평생의 역할 모델이 돼줬다. 그리고 내 음악적 기반을 마련해주고 거의 40년 동안 나와 가족 모두에게 영감의 원천이 돼준 토드 라이스에게 특별한 감사를 전한다.

내 인용문 서식을 만들고, ScreenLifeBalance.com의 비전을 실현하고, 강좌 컬렉션을 만들도록 도와주고, 이 책을 완성할 수 있도록 직책을 대신 수행해준 젠 트리아도에게 큰 감사를 전한다. 그리고 날 젠에게 소개해준 돈 패닉 매니지먼트에도 감사한다.

필라델피아에 마법을 안겨준 존 프란시스코(일명 '미스터 존')에게 감사한다. 그는 내 인생을 완전히 바꿔놓은 음악 커뮤니티를 만들었다. 모든 교사와 우리 반 친구들에게, 다시금 함께 연주할 수 있어서 정말 기쁘다는 말을 전하고 싶다.

에밀리 소파, 벤 펠드먼, 마크 허체그의 노래와 화음, 춤 동작, 웃음, 그리고 무엇보다 그들의 동지애에 감사한다. 함께 연주하는 것은 내가 내린 진정한 재미의 정의에 딱 들어맞는다. 요한 하위징아는 음악은 사람들을 "평범한 삶에서 기쁨과 평온의 영역으로" 옮기는 능력이 있다고 말했는데, 난 그가 말한 곳이 벤과 에밀리네 집의

뒷마당일 거라고 확신한다.

항상 그렇듯이 조시 베레진에게도 고맙다. 특히 아기가 갓 태어나 부모로서 힘든 일들을 겪으며 내 원고를 읽었다는 사실을 고려하면, 정말 놀라운 편집 능력을 발휘해줬다. 그는 내가 쓴 모든 책에 지대한 공헌을 해줬지만 내가 가장 중요하게 생각하는 건 그의 우정이다. 우리가 함께 나눈 모든 재미에 감사하고 앞으로 다가올 일들도 기대된다.

버네사 그레고리, 내가 그녀에게 무슨 말을 할 수 있겠는가. 우리가 서울 타워빌에서 보낸 한 달이 이렇게 꽃을 피울 줄 누가 알았으랴. 내가 쓴 모든 글을 읽어주고 항상 더 근사하게 다듬어줘서 고맙다. 그녀는 내가 어른이 된 것, 부모가 된 것, 글을 쓰는 것에 위로와 축하를 전해주고 또 기쁨에 대한 관심도 불러일으켜 줬다. 우리의 우정이 나한테 얼마나 소중한지 말로 다 표현할 수 없을 정도다.

어릴 때부터 글을 쓰도록 격려해주시고 팬데믹 기간에 아이도 돌봐주신(그리고 1년 넘게 당신들 집에 난입해서 함께 살 수 있게 해주신) 부모님이 없었다면 이 책은 결코 나올 수 없었을 것이다. 우리가 함께할 수 있었던 예상치 못한 시간에 감사하고, 또 부모이자 조부모로서 보여주신 모습에 이루 말할 수 없는 사랑과 감사를 전한다. 조부모님 얘기가 나왔으니 말인데, 내게 기타를 사주시고 음악과 춤에 대한 사랑을 통해 내 열정에까지 불을 붙이신 할머니께 이 책을 보여드릴 수 있다면 정말 좋겠다.

무엇보다 이 책을 위한 영감을 주고, 이 책을 쓸 수 있게 해주고, 내 가장 소중한 펀 스쿼드가 돼준 피터와 클라라에게 감사한다. 두 사람은 나의 햇살이야. 정말 정말 사랑해.

THE POWER OF **FUN**
파워 오브 펀

참고문헌

Jennifer Aaker and Naomi Bagdonas, *Humor, Seriously: Why Humor Is a Secret Weapon at Work and in Life* (New York: Currency, 2020), p. 234.

01 의외로 어려운 재미의 정의

1. I. C. McManus and Adrian Furnham, "'Fun, Fun, Fun': Types of Fun, Attitudes to Fun, and their Relation to Personality and Biographical Factors," *Psychology*, 1, no. 3 (2010)

2. Definition of *fun*, Lexico.com and Oxford University Press, accessed July 17, 2020.

3. Katia Hetter, "50 Fun Things to Do in the Fall (Take Your Pick)," CNN (website), "Health," September 22, 2020.

4. Lisa Millbrand, "33 Fun Things You Can Still Do This Fall (Even During a Pandemic)," *Real Simple* (website), August 18, 2020.

5. Johan Huizinga, *Homo Ludens* (Mansfield Center, Conn.: Martino Fine Books, 2014), p. 3.

6. Bruce C. Daniels, *Puritans at Play: Leisure and Recreation in Colonial New England* (New York: St. Martin's Griffin, 1995), p. xiii.

7. Harry T. Reis, Stephanie C. O'Keefe, and Richard D. Lane, "Fun Is More Fun When Others Are Involved," *The Journal of Positive Psychology* 12, no. 6 (August 16, 2016): 547–57.

8. Adrienne Lindbald, Stacy Jardine, and Michael R. Kolber, "Putting the Fun in Fungi: Toenail Onychomycosis," *Canadian Family Physician* 65,

no. 12 (December 2019): 900.

9. "Comparison is the Thief of Joy," *Quote Investigator* (website), February 6, 2021.

02 내면이 죽은 것처럼 느껴진다면

1. Sean Parker, "Sean Parker, Chamath Palihapitiya—Facebook is 'Ripping Apart Society,'" Ewafa, recording of November 8, 2017, *Axios* event in Philadelphia, YouTube video.

2. Maria Popova, "Simone Weil on Attention and Grace," *Brain Pickings* (website), August 19, 2015.

3. Sofie Bates, "A Decade of Data Reveals That Heavy Multitaskers Have Reduced Memory, Stanford Psychologist Says," Stanford University website, "News," October 25, 2018.

4. Tom Vanderbilt, *Beginners: The Joy and Transformative Power of Lifelong Learning* (New York: Knopf, 2021), pp. 11-12.

5. Lucy Dwyer, "When Anxiety Hits at School," *The Atlantic* (website), "Health," October 3, 2014.

6. Linda Flanagan, "Why Are So Many Teen Athletes Struggling With Depression?" *The Atlantic* (website), "Health," April 17, 2019.

7. 인간과 동물 집단의 놀이에 대한 자세한 내용은 다음을 참조하라. Stuart Brown, *Play: How it Shapes the Brain, Opens the Imagination, and Invigorates the Soul*, with Christopher Vaughan (New York: Avery, 2010); Gordon M. Burghardt, *The Genesis of Animal Play: Testing the Limits*, (Cambridge, Mass: The MIT Press, 2006).

8. Celeste Headlee, *Do Nothing: How to Break Away from Overworking, Overdoing and Underliving* (New York: Harmony Books, 2020).

9. Daniel Markovits, "How Life Became an Endless, Terrible Competition," *The Atlantic*, September 2019.

10. Robert Putnam, "Social Capital: Measurement and Consequences," *Isuma: Canadian Journal of Policy Research* 2, Spring (2001): 41-51.

11. Julianne Jolt-Lunstad et al., "Loneliness and Social Isolation as Risk

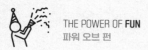

Factors for Mortality: A Meta-Analytic Review," *Perspectives on Psychological Science* 10, no. 2 (March 2015): 227-37.

12. G. Oscar Anderson and Colette Thayer, "Loneliness and Social Connections: A National Survey of Adults 45 and Older," AARP, "AARP Research: Life and Leisure," September 2018.

13. Ellie Polack, "New *Cigna* Study Reveals Loneliness at Epidemic Levels in America," *Cigna* (website), "News Releases," May 1, 2018.

14. Manuela Barreto et al., "Loneliness Around the World: Age, Gender, and Cultural Differences in Loneliness," *Personality and Individual Differences* 169 (February 2021), web edition.

15. National Academies of Sciences, Engineering, and Medicine, *Social Isolation and Loneliness in Older Adults: Opportunities for the Health Care System* (Washington, D.C.: The National Academies Press, 2020), p. 2.

16. Emily Buder, " 'The Voices of the Loneliness Epidemic,' a video by Alice Aedy," *The Atlantic* (website), "The Atlantic Selects," March 10, 2020.

17. Jean M. Twenge, "Have Smartphones Destroyed a Generation?" *The Atlantic*, September 2017.

18. Katherine Hobson, "Feeling Lonely? Too Much Time on Social Media May Be Why," *NPR* (website), "Shots: Health News from *NPR*," March 6, 2017.

19. Kaitlyn Burnel, "Passive Social Networking Site Use and Well-Being: The Mediating Roles of Social Comparison and the Fear of Missing Out," *Cyberpsychology: Journal of Psychosocial Research on Cyberspace* 13, no. 3 (2019) (web-based journal).

20. Ashley V. Whillans and Frances S. Chen, "Facebook Undermines the Social Belonging of First Year Students," *Personality and Individual Differences* 133 (2018): 13-16.

21. Giovanni Novembre, Marco Zanon, and Giorgia Silani, "Empathy for Social Exclusion Involves the Sensory-Discriminative Component of Pain: A Within-Subject fMRI Study," *Social Cognitive and Affective*

Neuroscience 10, no. 2 (February 2015): 153–64.

22. Stephen Marche, "Is Facebook Making Us Lonely?" *The Atlantic*, May 2012.

23. Maria Elizabeth Loades, "Rapid Systemic Review: The Impact of Social Isolation and Loneliness on the Mental Health of Children and Adolescents in the Context of COVID-19," *Journal of the American Academy of Child and Adolescent Psychiatry* 59, no. 11 (November 2020): 1218–39.

24. Catherine E. Robb, "Associations of Social Isolation with Anxiety and Depression During the Early COVID-19 Pandemic: A Survey of Older Adults in London, UK," *Frontiers in Psychiatry* (September 17, 2020) (web-based journal).

25. "How Much Time Do People Spend on Their Mobile Phones in 2017?" *Hacker Noon* (website), May 9, 2017.

26. "How much time on average do you spend on your phone on a daily basis?" *Statista Research* (website), July 7, 2021.

27. Ashley Whillans, *Time Smart: How to Reclaim Your Time and Live a Happier Life* (Cambridge, Mass: Harvard Business Review Press, 2020).

28. Brigid Schulte, *Overwhelmed: How to Work, Love and Play When No One Has the Time* (New York: Sarah Crichton Books, 2014).

29. "Working Memory," *Psychology Today* (website).

30. Ally Mintzer, "Paying Attention: The Attention Economy," *Berkeley Economic Review* (website), March 31, 2020.

31. Jaron Lanier and Adam Westbrook, "Jaron Lanier Fixes the Internet," *The New York Times*, September 23, 2019.

32. Jaron Lanier, *Ten Arguments for Deleting Your Social Media Accounts Right Now* (New York: Henry Holt and Co., 2018).

33. Roger McNamee, *Zucked: Waking Up to the Facebook Catastrophe* (London: Penguin Press, 2019).

34. Adam D. I. Kramer et al., "Experimental Evidence of Massive-Scale Emotional Contagion Through Social Networks," *PNAS* 111, no. 24 (June 17, 2014): 8788–90.

THE POWER OF **FUN**
파워 오브 펀

35. Kartik Hosanagar, *A Human's Guide to Machine Intelligence: How Algorithms are Shaping Our Lives and How We Can Stay in Control* (New York: Viking, 2019), p. 34.

36. Tristan Harris, "The Slot Machine in Your Pocket," *Der Spiegel* (website), "International: Zeitgeist: Technology," July 27, 2016.

37. Mike Allen, "Sean Parker Unloads on Facebook: 'God Only Knows What It's Doing to Our Children's Brains,' " *Axios*, "Technology," November 9, 2017.

38. "Slot Machines: The Big Gamble," reported by Lesley Stahl, produced by Ira Rosen, *60 Minutes*, aired January 9, 2011.

39. Miriam Stewart, "My Not-So-Silent Retreat," *What Begins with M* (website), February 18, 2018.

40. "What Is a Substance Use Disorder?" *American Psychiatric Association* (website), accessed July 16, 2021.

41. "Internet Gaming," *American Psychiatric Association* (website), accessed July 16, 2021.

42. Julie H. Aranda and Safia Baig, "Toward 'JOMO': The Joy of Missing Out and the Freedom of Disconnecting," *MobileHCI '18: Proceedings of the 20th International Conference on Human-Computer Interaction with Mobile Devices and Services* (September 2018): 1-8.

43. Nicholas Confessore et al., "The Follower Factory," *The New York Times*, January 27, 2018.

44. Robert Sapolsky, *Why Zebras Don't Get Ulcers* (New York: Henry Holt and Co., 2004).

45. Michelle Drouin et al., "Phantom Vibrations among Undergraduates: Prevalence and Associated Psychological Characteristics," *Computers in Human Behavior* 28, no. 4 (2012): 1490-96.

46. Nick Bilton, "Steve Jobs Was a Low-Tech Parent," *The New York Times*, September 10, 2014.

47. Linda Stone, "Beyond Simple Multi-Tasking: Continuous Partial Attention," Author's website, November 30, 2009.

48. Shalini Misra et al., "The iPhone Effect: The Quality of In-Person Social

Interactions in the Presence of Mobile Devices," *Environment and Behavior* 48, no. 2 (2014): 275-98.

49. Mike Allen, "Sean Parker Unloads on Facebook: 'God Only Knows What It's Doing to Our Children's Brains,' " *Axios*, "Technology," November 9, 2017.

50. Eric R. Kandel, "The Molecular Biology of Memory Storage: A Dialog Between Genes and Synapses," in *Nobel Lectures, Physiology or Medicine 1996-2000*, ed. Hans Jörvell (Singapore: World Scientific Publishing Co., 2003), pp. 393-439.

51. Greg McKeown, *Essentialism: The Disciplined Pursuit of Less* (London: Virgin Books, 2014), p. 68.

52. Brian K. Lee et al., "Associations of Salivary Cortisol with Cognitive Function in the Baltimore Memory Study," *Archives of General Psychiatry* 64, no. 7 (2007): 810-18.

53. "Stress effects on the body," *American Psychological Association* (website), "Psychology Topics: Stress," November 1, 2018.

54. Catherine Price, "Putting Down Your Phone May Help You Live Longer," *The New York Times*, April 24, 2019.

03 결국 진정한 재미가 답이다

1. Randy Pausch, "Randy Pausch Last Lecture: Achieving Your Childhood Dreams," Carnegie Mellon University, lecture delivered on December 20, 2017, YouTube video.

2. "Stress effects on the body," *American Psychological Association* (website), "Psychology Topics: Stress," November 1, 2018.

3. Jason Castro, "A Wandering Mind is an Unhappy One," *Scientific American* (website), "Mind," published November 24, 2010.

4. Solfrid Romundstad et al., "A 15-Year Follow-Up Study of Sense of Humor and Causes of Mortality," *Psychosomatic Medicine* 72, no. 3 (April 2016): 345-53.

5. Kaori Sakurada et al., "Associations of Frequency of Laughter with

THE POWER OF **FUN**
파워 오브 펀

Risk of All-Cause Mortality and Cardiovascular Disease Incidence in a General Population: Findings From the Yamagata Study," *Journal of Epidemiology* 30, no. 4 (2020): 188-93.

6. Julianne Holt-Lunstad et al., "Loneliness and Social Isolation as Risk Factors for Mortality: A Meta-Analytic Review," *Perspectives on Psychological Science* 10, No. 2 (2015).

7. Gregory N. Bratman et al., "Nature Reduces Rumination and sgPFC Activation," *Proceedings of the National Academy of Sciences* 112, no. 28 (July 2015): 8567-72.

8. Kathy Katella, "Why is Sitting so Bad for Us?" *Yale Medicine* (website), August 28, 2018.

9. Mara Gordon, "What's Your Purpose? Finding a Sense of Meaning in Life is Linked to Health," *NPR* (website), "Shots: Health News from NPR," May 25, 2019.

10. Suzanne C. Thompson and Michèle M. Schlehofer, "Perceived Control," website of the National Cancer Institute, "Program Areas: Behavioral Research," last modified September 24, 2020.

11. Stuart Brown, *Play: How it Shapes the Brain, Opens the Imagination, and Invigorates the Soul*, with Christopher Vaughan (New York: Avery, 2010).

12. Johan Huizinga, *Homo Ludens* (Mansfield Center, Conn.: Martino Fine Books, 2014).

13. D. W. Winnicott, *Playing and Reality* (Oxfordshire: Routledge, 2005), p 2-73.

14. Robin Marantz Henig, "Taking Play Seriously," *The New York Times*, February 17, 2008.

15. Hyo Jung De Smet, "The Cerebellum: Its Role in Language and Related Cognitive and Affective Functions," *Brain and Language* 127, no. 3 (2013): 334-42.

16. Caroline Adams Miller, *Creating Your Best Life: The Ultimate Life List Guide* (New York: Sterling, 2011), p. 172.

17. Miguel Sicart, *Play Matters* (Cambridge, Mass: The MIT Press, 2017), p. 18.

18. Christopher M. Masi et al., "A Meta-Analysis of Interventions to Reduce Loneliness," *Personality and Social Psychology Review* 15, no. 3 (2011): 219-26.

19. John Cacioppo, *Loneliness: Human Nature and the Need for Social Connection* (New York: W. W. Norton & Company, 2009).

20. Julianne Holt-Lunstad, Timothy B. Smith, and J. Bradley Layton, "Social Relationships and Mortality Risk: A Meta-Analytic Review," *PLoS Medicine* 7, no. 7 (July 27, 2010) (web-based journal).

21. Website of the U.S. Department of Health Resources and Human Services, "The 'Loneliness Epidemic,'" "eNews," January 2019.

22. "Social Isolation, Loneliness in Older People Pose Health Risks," *National Institute on Aging* (website), "Featured Research," April 23, 2019.

23. National Academies of Sciences, Engineering, and Medicine, *Social Isolation and Loneliness in Older Adults: Opportunities for the Health Care System* (Washington, D.C.: The National Academies Press, 2020).

24. Stephen Marche, "Is Facebook Making Us Lonely?" *The Atlantic*, May 2012.

25. Stephanie Cacioppo et al., "Loneliness and Implicit Attention to Social Threat: A High-Performance Electrical Neuroimaging Study," *Cognitive Neuroscience* 7, no. 1-4 (2015): 138-59.

26. Jennifer Senior, *All Joy and No Fun: The Paradox of Modern Parenthood* (New York: Ecco, 2015), p. 243.

27. Liz Mineo, "Harvard study, almost 80 years old, has proved that embracing community helps us live longer and be happier," *The Harvard Gazette*, April 11, 2017.

28. Liz Mineo, "Good Genes Are Nice, but Joy Is Better," *The Harvard Gazette*, April 11, 2017.

29. Nicholas Epley and Juliana Schroeder, "Mistakenly seeking solitude," *Journal of Experimental Psychology: General* 143, no. 5 (2014): 1980-99.

30. Ashley Whillans, *Time Smart: How to Reclaim Your Time and Live a*

THE POWER OF **FUN**
파워 오브 펀

Happier Life (Cambridge, Mass: *Harvard Business Review* Press, 2020), p. 56.

31. Rebecca Joy Stanborough, "Smiling with Your Eyes: What Exactly Is a Duchenne Smile?" *Healthline, physician review* by J. Keith Fisher, MD, June 29, 2019.

32. Gillian M. Sandstrom, "Social Interactions and Well-Being: The Surprising Power of Weak Ties," PhD diss., University of British Columbia, Vancouver (2013).

33. K. L. Wolf and K. Flora, "Mental Health and Function—A Literature Review," *Green Cities: Good Health* (website affiliated with the University of Washington, College of the Environment), December 26, 2020; updated September 16, 2015.

34. Kari Leibowitz, "What Scandinavians Can Teach Us About Embracing Winter," *The New York Times*, October 15, 2020.

35. Adam Grant, "There's a Specific Kind of Joy We've Been Missing," *The New York Times*, July 10, 2021.

36. Arnold B. Bakker, "Flow Among Music Teachers and Their Students: The Crossover of Peak Experiences," *Journal of Vocational Behavior* 66, no. 1 (2005): 26–44.

37. Mihaly Csikzentmihalyi, *Flow: The Psychology of Optimal Experience* (New York: Harper Perennial Modern Classics, 2008).

38. Héctor García and Francesc Miralles, *Ikigai: The Japanese Secret to a Long and Healthy Life* (New York: Penguin Life, 2017).

39. Lee S. Berk et al., "Neuroendocrine and Stress Hormone Changes During Mirthful Laughter," *The American Journal of the Medical Sciences* 298, no. 6 (December 1989): 390–96.

40. Richard Schiffman, "Laughter May Be Effective Medicine for These Trying Times," *The New York Times*, October 1, 2020.

41. Kaori Sakurada et al., "Associations of Frequency of Laughter With Risk of All-Cause Mortality and Cardiovascular Disease."

42. Michael Miller and William F. Fry, "The effect of mirthful laughter on the human cardiovascular system," *Medical Hypothesis* 73, no. 5 (2009):

636-39.

43. Viktor E. Frankl, *Man's Search for Meaning* (Boston, Mass.: Beacon Press, 1992), p. 54.

44. Richard Schiffman, "Laughter May Be Effective Medicine for These Trying Times," *The New York Times*, October 1, 2020.

45. Gurinder Singh Bains et al., "The Effect of Humor on Short-Term Memory in Older Adults: A New Component for Whole-Person Wellness," *Advances in Mind-Body Medicine* 28, no. 2 (2014): 16-24.

46. Brian K. Lee et al., "Associations of Salivary Cortisol with Cognitive Function in the Baltimore Memory Study," *Archives of General Psychiatry* 34, no. 7 (2007): 810-18.

47. R.I.M. Dunbar et al., "Social Laughter is Correlated with an Elevated Pain Threshold," *Proceedings of the Royal Society B: Biological Sciences* 279 (2012): 1161-67.

48. Kari A. Phillips et al., "Humor During Clinical Practice: Analysis of Recorded Clinical Encounters," *The Journal of the American Board of Family Medicine* 31, no. 2 (March 2018): 270-78.

49. Doris G. Bazzini et al., "The Effect of Reminiscing about Laughter on Relationship Satisfaction," *Motivation and Emotion* 31 (2017): 25-34.

50. American Physiological Society, "Anticipating a Laugh Reduces Our Stress Hormones, Study Shows," *ScienceDaily* (website), April 10, 2008.

51. Jennifer Aaker and Naomi Bagdonas, *Humor, Seriously: Why Humor Is a Secret Weapon at Work and in Life* (New York: Currency, 2020). 좀 더 역사적인 관점에서 보고 싶다면 다음을 참조하라. William James, *Talks to Teachers on Psychology: And to Students on Some of Life's Ideals* (New York: Henry Holt and Company, 1899.

52. American Physiological Society, "Anticipating A Laugh Reduces our Stress Hormones, Study Shows," *ScienceDaily*, (website), April 10, 2008.

53. Barbara L. Fredrickson, "The Broaden-and-Build Theory of Positive Emotions," *Philosophical Transactions of the Royal Society* 359 (2004): 1367-77.

54. Martin Seligman, *Flourish: A Visionary New Understanding of Health*

THE POWER OF **FUN**
파워 오브 펀

and Well-Being (New York: Atria Paperback, 2011), p. 24.

55. Bertrand Russell, "In Praise of Idleness," *Harper's Magazine*, October 1932.

56. Kristi Martin, "The price of anything is the amount of life you exchange for it," *Thoreau Farm* (website), February 28, 2017.

57. Adam Grant, "There's a Specific Kind of Joy We've Been Missing," *The New York Times*, July 20, 2021.

58. Celeste Headlee, *Do Nothing: How to Break Away from Overworking, Overdoing, and Underliving* (New York: Harmony Books, 2020), p. xvii.

59. Alex Soojung-Kim Pang, *Rest: Why You Get More Done When You Work Less* (New York: Basic Books, 2018).

60. Charles J. Limb and Allen R. Braun, "Neural Substrates of Spontaneous Musical Performance: An fMRI Study of Jazz Improvisation," *PLoS ONE* 3, no. 2 (February 27, 2008) (web-based journal).

61. Claudia Kalb, "What Makes a Genius?" *National Geographic Magazine*, May 2017.

62. David Epstein, *Range: Why Generalists Triumph in a Specialized World* (New York: Riverhead Books, 2019), p. 273.

04 재미 탐구 시작하기

1. Greg McKeown, *Essentialism: The Disciplined Pursuit of Less* (London: Virgin Books, 2014), p. 10.

05 어디에 숨었나! 재미 찾기

1. Bertrand Russell, "In Praise of Idleness," *Harper's Magazine*, October 1932.

2. Seth Margolis and Sonja Lyubomirsky, "Experimental Manipulation of Extraverted and Introverted Behavior and its Effects on Well-Being," *Journal of Experimental Psychology: General* 149, no. 4 (2020): 719-31.

3. Harry T. Reis, Stephanie D. O'Keefe, and Richard D. Lane, "Fun is More

Fun When Others Are Involved," *Journal of Positive Psychology* 12, no. 6 (2017): 547-57.

4. Martin Seligman, *Flourish: A Visionary New Understanding of Health and Well-Being* (New York: Atria Paperback, 2011), p. 20.

06 재미가 찾아들 공간 만들기

1. Stanley Aronowitz and William DiFazio, *The Jobless Future* (Minneapolis, Minn.: University of Minnesota Press, 1994), p. 336.
2. Eve Rodsky, *Fair Play: A Game-Changing Solution for When You Have Too Much to Do* (and More Life to Live) (New York: G. P. Putnam's Sons, 2019).
3. Taffy Brodesser-Akner, "Marie Kondo, Tidying Up and the Ruthless War of Stuff," *The New York Times Magazine*, July 6, 2016.
4. Libby Sander, "The Case for Finally Cleaning Your Desk," *Harvard Business Review*, March 25, 2019.
5. Maria Konnikova, "The Limits of Friendship," *The New Yorker*, October, 2014.
6. Viktor E. Frankl, *Man's Search for Meaning* (Boston, Mass.: Beacon Press, 1992), p. 112.
7. Bertrand Russell, "In Praise of Idleness," *Harper's Magazine*, October 1932.

07 몰입에 이르게 하는 열정을 추구하라

1. Bertrand Russell, "In Praise of Idleness," *Harper's Magazine*, October 1932.
2. Eve Rodsky, *Fair Play: A Game-Changing Solution for When You Have Too Much to Do* (and More Life to Live) (New York: G. P. Putnam's Sons, 2019), p. 102.
3. Stuart Brown, *Play: How it Shapes the Brain, Opens the Imagination, and Invigorates the Soul*, with Christopher Vaughan (New York: Avery,

THE POWER OF **FUN**
파워 오브 펀

2010), p. 211.

4. Margaret Talbot, "Is it Really Too Late to Learn New Skills?" *The New Yorker*, January 11, 2021.

5. Jenny Hansell, "Perspective," *Yale Alumni Magazine* LXXXIV, No. 3 (January/February 2021).

6. Thomas Curran and Andrew P. Hill, "Perfectionism Is Increasing, and That's Not Good News," *Harvard Business Review*, January 28, 2018.

7. Thomas Curran and Andrew P. Hill, "Perfectionism is Increasing Over Time: A Meta-Analysis of Birth Cohort Differences from 1989 to 2016," *Psychological Bulletin* 145, no. 4 (2019).

08 둥둥 떠다니는 재미 끌어 모으기

1. Martin Seligman, *Flourish: A Visionary New Understanding of Health and Well-Being* (New York: Atria Paperback, 2011), pp. 51-52.

2. Jennifer Aaker and Naomi Bagdonas, *Humor, Seriously: Why Humor Is a Secret Weapon at Work and in Life* (New York: Currency, 2020).

3. Tina Fey, *Bossypants* (New York: Little, Brown and Company, 2011), p. 84.

4. RenéT. Proyer et al., "Can Playfulness be Stimulated? A Randomised Placebo-Controlled Online Playfulness Intervention Study on Effects on Trait Playfulness, Well-Being, and Depression," *Applied Psychology: Health and Well-Being* 13, no. 1 (2021).

5. Martin Seligman, *Flourish: A Visionary New Understanding of Health and Well-Being* (New York: Atria Paperback, 2011), p. 38.

6. "Three Good Things," *Greater Good in Action* (website associated with the Greater Good Science Center at UC Berkeley).

7. Gillian M. Sandstrom, "Social Interactions and Well-Being: The Surprising Power of Weak Ties," PhD diss., University of British Columbia, Vancouver (2013).

8. Kostadin Kushlev et al., "Smartphones Reduce Smiles Between Strangers," *Computers in Human Behavior* 91 (February 2019): 12-16.

9. Jill Suttie, "How Phones Compromise Our Ability to Connect," *Greater Good Magazine* (website), January 30, 2019.

10. Stuart Brown, *Play: How it Shapes the Brain, Opens the Imagination, and Invigorates the Soul*, with Christopher Vaughan (New York: Avery, 2010), p. 161.

11. Jordi Quoidbach et al, "Positive Emotion Regulation and Well-Being: Comparing the Impact of Eight Savoring and Dampening Strategies," *Personality and Individual Differences* 49, no. 5 (October 2010).

12. Matthew A Killingsworth and Daniel T. Gilbert, "A Wandering Mind Is an Unhappy Mind," *Science* 330 (2010): 932.

13. Ross Gay, *The Book of Delights* (Chapel Hill, N.C.: Algonquin Books, 2019).

14. Stacey Kennelly, "10 Steps to Savoring the Good Things in Life," *Greater Good Magazine*, July 23, 2012.

15. Anne Marie Conte, "Wearable Sleeping Bags: the Height of COVID Function and Fashion," *The New York Times* (website), February 16, 2021.

16. Miguel Sicart, *Play Matters* (Cambridge, Mass: The MIT Press, 2017).

17. Johan Huizinga, *Homo Ludens* (Mansfield Center, Conn: Martino Fine Books, 2014).

18. Priya Parker, *The Art of Gathering: How We Meet and Why It Matters* (New York: Penguin Business, 2019).

19. Ingrid Fetell Lee, *Joyful: The Surprising Power of Ordinary Things to Create Extraordinary Happiness* (New York: Little, Brown Spark, 2018), pp. 5-6.

09 오늘만은 삐딱하게! 무해하게 반항하기

1. William James, *Talks to Teachers on Psychology: And to Students on Some of Life's Ideals* (New York: Henry Holt and Company, 1899), pp. 199-28.

2. Stuart Brown, *Play: How it Shapes the Brain, Opens the Imagination,*

THE POWER OF **FUN**
파워 오브 펀

and *Invigorates the Soul*, with Christopher Vaughan (New York: Avery, 2010), p. 193.

3. Johan Huizinga, *Homo Ludens* (Mansfield Center, Conn.: Martino Fine Books, 2014).

4. Jennifer Senior, *All Joy and No Fun: The Paradox of Modern Parenthood* (New York: Ecco, 2015).

5. William James, *Principles of Psychology* (New York: Henry Holt and Company, 1890), p. 625.

6. "The No Pants Subway Ride," *Improv Everywhere* (website).

7. This American Life, "Mind Games," episode 286, first aired April 8, 2005.

8. Miguel Sicart, *Play Matters* (Cambridge, Mass: The MIT Press, 2017), p. 2.

10   꺾이지 말고 계속 노력하라

1. Alex Soojung-Kim Pang, *Rest: Why You Get More Done When You Work Less* (New York: Basic Books, 2018), p. 10.

2. Priya Parker, *The Art of Gathering: How We Meet and Why It Matters* (New York: Penguin Business, 2019), p. 51.

3. Caroline Adams Miller, *Creating Your Best Life: The Ultimate Life List Guide* (New York: Sterling, 2011).

4. Leaf Van Boven, "Experientialism, Materialism, and the Pursuit of Happiness," *Review of General Psychology* 9, no. 2 (2005).

5. Julie H. Aranda and Safia Baig, "Toward 'JOMO': The Joy of Missing Out and the Freedom of Disconnecting," *MobileHCI '18: Proceedings of the 20th International Conference on Human-Computer Interaction with Mobile Devices and Services* 19 (September 2018): 1-8.

6. Stuart Brown, *Play: How it Shapes the Brain, Opens the Imagination, and Invigorates the Soul*, with Christopher Vaughan (New York: Avery, 2010), p. 213.

7. Ashley Whillans, *Time Smart: How to Reclaim Your Time and Live a Happier Life* (Cambridge, Mass: Harvard Business Review Press, 2020), p. 87.

살아 있음을 느끼게 하는 재미의 재발견
파워 오브 펀

제1판 1쇄 발행 | 2023년 1월 19일
제1판 2쇄 발행 | 2023년 1월 26일

지은이 | 캐서린 프라이스
옮긴이 | 박선령
펴낸이 | 오형규
펴낸곳 | 한국경제신문 한경BP
책임편집 | 노민정
교정교열 | 공순례
저작권 | 백상아
홍보 | 이여진 · 박도현 · 하승예
마케팅 | 김규형 · 정우연
디자인 | 지소영
본문디자인 | 디자인 현

주소 | 서울특별시 중구 청파로 463
기획출판팀 | 02-3604-590, 584
영업마케팅팀 | 02-3604-595, 562   FAX | 02-3604-599
H | http://bp.hankyung.com   E | bp@hankyung.com
F | www.facebook.com/hankyungbp
등록 | 제 2-315(1967. 5. 15)

ISBN 978-89-475-4873-1   03190